格差社会と現代流通

流通経済研究会 [監修]
大野哲明・佐々木保幸・番場博之 [編著]

同文舘出版

執筆者紹介 (章編成順)

<執筆担当章>

大野　哲明	(おおの　てつあき)	九州産業大学商学部教授	第1章・編者
森脇　丈子	(もりわき　たけこ)	流通科学大学人間社会学部准教授	第2章
中西　大輔	(なかにし　だいすけ)	岐阜経済大学経営学部専任講師	第3章
加賀美太記	(かがみ　たいき)	就実大学経営学部専任講師	第4章
宮﨑　崇将	(みやざき　たかまさ)	追手門学院大学経営学部専任講師	第5章
樫原　正澄	(かしはら　まさずみ)	関西大学経済学部教授	第6章
佐々木保幸	(ささき　やすゆき)	関西大学経済学部教授	第7章・編者
番場　博之	(ばんば　ひろゆき)	駒澤大学経済学部教授	第8章・編者
坂爪　浩史	(さかづめ　ひろし)	北海道大学大学院農学研究院教授	第9章
佐久山拓造	(さくやま　たくぞう)	株式会社マルイチ産商 デイリー商品本部	第9章
林　優子	(はやし　ゆうこ)	名桜大学国際学群上級准教授	第10章
石原　慎士	(いしはら　しんじ)	石巻専修大学経営学部教授	第11章
李　東勲	(い　どんふん)	石巻専修大学経営学部准教授	第11章

まえがき

　現代社会は大きく変化しており，流通分野においても同様である。こうしたなかで，社会科学研究者には，変化する現象を叙述するだけではなく，その現象の構造的解明が求められるであろう。そして，現象的変化が社会の諸階層にどのような影響を与えており，そのことによって社会構造はどう変化するのかを見据えることは必要なことである。流通経済研究にとっても，流通の変化は国民＝消費者に何をもたらすのか，そして国民生活はどうなるのかを解明し，国民にとって望ましい流通体系を提示することは大事なことであろう。

　1974年に結成された「流通経済研究会」は，これまでに国民本位の立場から科学的な流通研究を進め，それぞれの時代的課題に応えるための研究成果を発表してきた。

　本研究会のこうした伝統を踏まえ，1990年以降の日本社会の変化に焦点を当てて，流通研究を深めるために，2013年5月の世話人会において本書の企画が検討・立案された。

　ところで，流通の国際化，地域商業の再生，まちづくり，流通政策等々の分野においては研究の蓄積は進んでいるが，格差社会との関連で明示的に論究・解明されている研究はほとんどない。

　そこで，格差社会という新しい現象に対して，新しい流通経済研究構築に向けて，理論と実証の両分野から，研究を深めることとし，春と秋に年2回の研究会を開催して，格差社会の共通認識を形成し，論点整理を行ってきた。本書は，これまでの実証分野の研究が結実したものである。

　1990年以降のバブル経済の崩壊後の長期的な経済低迷によって，日本経済をより一層市場原理の貫徹する経済制度にするために，規制緩和が推進され，企業間・個人間の競争は激化している。このことによって，社会の格差構造は社会全体に広がっており，格差社会と呼ばれ，社会問題として取り上げられてい

る。

　本企画では，こうした現代社会の特質である格差社会を取り上げて，流通の視角から論じることとした。格差社会を問題とするにしても，様々な論点と研究方法が考えられるが，本企画においては，主として1990年以降の流通の変化と格差社会の広がりを念頭に置いて，検討・分析をすることとした。

　本研究企画が，新しい流通経済研究の契機となれば，幸いである。

　　2015年5月吉日

　　　　　　　　　　　　　　　　　　　　　　　　流通経済研究会
　　　　　　　　　　　　　　　　　　　　　　　　代表世話人　樫原　正澄

本書の構成

　資本主義は，元来「格差社会」であるが，その歴史的過程において種々の「修正」が施されてきた。しかしながら，1990年代以降，市場競争が重視され，グローバル化や規制緩和等が進展する一方で，「中流層」の衰退が叫ばれ，フリーターやワーキングプアに代表される非正規雇用，低賃金労働問題がクローズアップされるようになった。2000年代に入って，このような問題はいっそう深刻化し，「格差問題」は経済や社会に広がっていった。

　最近では，「格差社会」を考察する研究成果は多くなったが，消費や流通に対する影響，さらにはその反作用等を取り上げたものはあまりみられない。流通経済研究会は1974年以来の歴史をもち，流通を科学的に研究してきたが，本書では，このような課題に対して，さまざまな側面から分析を試みている。本書は3部11章から構成される。以下では，その内容を簡単に紹介しよう。

　第Ⅰ部「格差社会の消費と流通」では，論者ごとに「格差社会」の実相を示し，そのもとでの消費や小売業の変容を解明している。

　第1章「格差社会と小売業態」（大野哲明）では，最初に「格差社会」について概念規定し，それとの関連で小売研究の現代意義を提示している。その後，「格差社会」と小売業態，雇用問題，消費，ライフスタイル等の構造的な関連を明らかにしている。

　第2章「現代的貧困と消費の変化」（森脇丈子）では，「格差社会」における本質的な問題を「現代的貧困」としてとらえ，その諸相について相対的貧困，非正規雇用の増大，所得水準，資産格差，家計収支等の要素から多面的に分析している。

　第3章「格差社会と消費者の変化」（中西大輔）では，生活のさまざまな場面にまで商品交換の原理が浸透する現代社会を「消費の無時間性」という概念からとらえ直し，格差や貧困を再生産するメカニズムに言及している。また，「格

(4) 本書の構成

差社会」における消費の特性について，ブランド消費の側面から明らかにしている。

　第Ⅱ部「格差社会の進展と流通・マーケティング」では，「格差社会」が進展するもとでのマーケティングや流通チャネルや流通分野における労働の変容を解明している。

　第4章「格差社会の進展とマーケティングの変化」（加賀美太記）では，「格差社会」をマーケティングの環境要因として位置づけ，「中流層」の解体が進む中で，「脱コモディティ化」を志向するマーケティングの変化について考察している。

　第5章「格差社会と流通チャネルの変容」（宮﨑崇将）では，最初に家計消費について目的別に精査し，現代の消費動向を明らかしている。次に，消費構造が変化するもとで家電と衣料品分野を取り上げて，チャネルの変容を分析している。

　第6章「格差社会と食品流通の変化」（樫原正澄）では，食品産業や卸売市場制度を中心とした規制緩和の進展，グローバル化，食の安全・安心を求める動向等についてまとめ，その後，食品小売業の「格差問題」や現代の消費動向について明らかにしている。

　第7章「格差社会と現代の商業労働」（佐々木保幸）では，商業労働における「格差」の諸側面について言及し，次に商業労働における非正規雇用の増大に関して，歴史的分析と現状分析を行っている。

　第Ⅲ部「地域をめぐる格差と流通」では，「格差問題」のみならず人口減少や中心市街地の衰退，買い物弱者等，現代の地域社会が抱える多様な問題に対して流通という切り口からアプローチしている。

　第8章「中心市街地内における地区間格差―新潟市の事例研究から―」（番場博之）では，中心市街地の衰退問題を取り上げ，1990年代後半以降推進された中心市街地活性化について，新潟市を題材に「地区間格差」が生じている問題を分析している。そして，そこで重要となる「まちづくり」に言及している。

　第9章「生協における移動販売事業の展開とその意義」（坂爪浩史・佐久山拓造）では，買い物弱者問題に対して，その対応策としての生協の移動販売に注

目し，北陸3生協を取り上げて，詳細なケーススタディを行っている。

　第10章「地方都市における格差社会の現状―沖縄を事例として―」（林優子）では，沖縄県の産業構造や小売業の発展について概観した後，県内における大型店の成長について考察し，それに伴う「地域間格差」問題に言及している。

　第11章「郡部地域に居住する被災者に対する買い物支援のあり方」（石原慎士・李東勲）では，石巻市を中心に震災後の郡部地域の仮設住宅や在宅被災者の現状や生活状況について，フィールド調査にもとづいて分析している。そして，そこでの買い物支援問題を明らかにしている。

大野　哲明
編者　佐々木保幸
番場　博之

目　次

まえがき …………………………………………………………… (1)
本書の構成 ………………………………………………………… (3)

第Ⅰ部　格差社会の消費と流通

第1章　格差社会と小売業態 ──────────────2
第1節　格差社会論と小売研究………………………………………2
第2節　業態の発展と雇用格差の実態………………………………4
　1. 小売業態の発展―業種別流通から業態型流通へ ………… 4
　2. 業態多様化と雇用関係の非正規化 ………………………… 5
第3節　格差の進行を補完する業態型流通システム………………8
　1. 格差を構造化する小売業態 ………………………………… 8
　2. 都市のサービス化と格差拡大の論理 ………………………10
第4節　格差社会の消費スタイル………………………………… 12
　1. 経済格差と消費の階層化 ……………………………………12
　2. 連動しない経済格差とライフスタイル ……………………13
第5節　格差社会と業態研究の現代的課題……………………… 15
　1. ショッピングモールと現代消費 ……………………………15
　2. SC研究の現代的課題 …………………………………………17

第2章　現代的貧困と消費の変化 ―― **24**

はじめに……………………………………………………………… 24
第1節　現代的貧困の様相と雇用形態・収入の変化………… 26
　1. 先進各国に比べて「相対的に低い日本の失業率」………26
　2. 若年層ならびに高齢者層で急増する非正規雇用 ………28
　3. 非正規雇用の増大と所得水準の変化 …………………31
第2節　相対的貧困率，金融資産の有無から垣間見える
　　　　現代日本の格差の様相………………………………… 33
　1. 相対的貧困率の高い国，日本 …………………………33
　2. 個人金融資産額の増大と偏在 …………………………34
　3. 円安・株高の恩恵は誰のもとに？ ……………………36
第3節　消費の変化………………………………………………… 38
　1. 勤労者世帯の家計収支の推移 …………………………38
　2. 年間収入階級別に見た家計収支の特徴 ………………39
おわりに……………………………………………………………… 43

第3章　格差社会と消費者の変化 ―― **47**

はじめに……………………………………………………………… 47
第1節　消費の無時間性と階層格差の再生産………………… 49
　1. 消費の無時間性 …………………………………………49
　2. パイプラインの機能不全と階層格差の再生産 ………52
第2節　格差社会とブランド消費………………………………… 55
　1. 個性志向と自己承認欲求の無限肥大 …………………55
　2. 「見られていないかもしれない」不安 …………………57
　3. 三角形的欲望 ……………………………………………58
第3節　嗜癖的消費者と「学習Ⅲ」的消費者…………………… 60

第Ⅱ部　格差社会の進展と流通・マーケティング

第4章　格差社会の進展とマーケティングの変化 ── **66**

はじめに………………………………………………………………… 66
第1節　マーケティングをとりまく環境としての格差社会……… 67
　1. 格差社会とは何か ………………………………………………67
　2. 中流層の解体と貧困の拡大 ……………………………………68
　3. 格差社会における消費の実態と消費者意識 …………………71
第2節　格差社会におけるマーケティング課題の変化…………… 75
　1. マーケティング競争の基調となった価格競争 ………………75
　2. 格差社会で進む2つの「消費の二極化」 ……………………76
第3節　格差社会の進展にともなうマーケティングの変化……… 77
　1. 価格競争に対応するマーケティングの変化 …………………77
　2. 脱コモディティ化を目指したマーケティングの変化 ………81
おわりに………………………………………………………………… 82

第5章　格差社会と流通チャネルの変容 ── **86**

はじめに………………………………………………………………… 86
第1節　格差社会における消費の動向……………………………… 87
　1. 消費支出全体の動向 ……………………………………………87
　2. 目的別の名目消費支出の動向 …………………………………88
第2節　チャネルの変容（1）：量販店チャネルの拡大…………… 90
　1. 従来の家電流通チャネル ………………………………………90
　2. 家電量販店の成長と寡占化：ヤマダ電機を中心に …………92
第3節　チャネルの変化（2）：川下からの垂直統合……………… 93
　1. 従来の衣料品流通チャネル ……………………………………94

2．SPAの特徴：ユニクロ……………………………………………96
　おわりに……………………………………………………………… 99

第6章　格差社会と食品流通の変化 ── 102

　はじめに………………………………………………………………102
　第1節　食品産業の動向……………………………………………103
　　1．食品産業の生産額 …………………………………………… 104
　　2．食品産業の出荷額・販売額 ………………………………… 105
　　3．食品産業の対応 ……………………………………………… 106
　第2節　規制緩和と食品卸売市場の変貌…………………………107
　　1．規制緩和と卸売市場制度の改変 …………………………… 107
　　2．グローバル化と卸売市場の対応 …………………………… 110
　　3．食の安全・安心と食品流通 ………………………………… 111
　　4．食品流通と環境問題 ………………………………………… 112
　第3節　格差社会の進行と食品小売業の変貌……………………113
　　1．食品小売業の格差構造 ……………………………………… 113
　　2．食品小売業の再編動向 ……………………………………… 114
　　3．量販店の卸売市場取引 ……………………………………… 115
　第4節　格差社会と食品消費の変化………………………………116
　　1．勤労者世帯の食品支出 ……………………………………… 116
　　2．食生活の変化 ………………………………………………… 117
　　3．食品消費と食品流通業の再編 ……………………………… 118
　おわりに………………………………………………………………119

第7章　格差社会と現代の商業労働 ── 121

　第1節　商業労働の特質……………………………………………122
　　1．商業労働者の賃金水準 ……………………………………… 122

2. 商業労働における男女間賃金格差 ……………………………… 123
　　3. 商業労働における規模間賃金格差と賃金動向 ………………… 124
　　4. 商業労働における労働時間と労働力の流動化 ………………… 124
　第2節　商業労働における非正規雇用の拡大……………………………… 129
　　1. 今日における非正規雇用の増大と商業労働 …………………… 129
　　2. 商業労働における非正規雇用増加の始まり …………………… 131
　　3. 商業労働者雇用の新たな動向 …………………………………… 133

第Ⅲ部　地域をめぐる格差と流通

第8章　中心市街地内における地区間格差 ――――――― **138**
―新潟市の事例研究から―

　はじめに……………………………………………………………………… 138
　第1節　中心市街地内における地区間格差発生の背景………………… 139
　　1. 郊外化の進行と中心市街地の衰退 ……………………………… 139
　　2. 地域をめぐる商業問題の変質と地区間格差 …………………… 140
　第2節　新潟市の中心市街地内における地区間格差…………………… 142
　　1. 新潟市の中心市街地 ……………………………………………… 142
　　2. 中心市街地内における地区間格差 ……………………………… 146
　第3節　中心市街地内における地区間格差とまちづくり…………… 149
　　1. 新潟市の事例にみる地区間格差の本質 ………………………… 149
　　2. 郊外化の抑制とコンパクトなまちづくり ……………………… 150
　　3. 中心市街地の設定見直しとまちづくりのビジョン …………… 151

第9章　生協における移動販売事業の展開とその意義 ───156

　はじめに………………………………………………………………… 156
　第1節　移動販売事業の全国的な広がりと北陸3生協…………… 157
　　1. 生協による移動販売事業の展開 ………………………………… 157
　　2. 北陸3生協の概要 ………………………………………………… 157
　　3. 北陸3生協における移動販売開始の経緯 ……………………… 159
　第2節　移動販売の仕組みと利用者の特徴………………………… 160
　　1. 移動販売の規模と商品構成 ……………………………………… 160
　　2. 移動販売の仕組み ………………………………………………… 162
　第3節　生協移動販売事業の意義…………………………………… 167

第10章　地方都市における格差社会の現状 ───170
　　　　　　―沖縄を事例として―

　はじめに………………………………………………………………… 170
　第1節　沖縄県における産業構造の特殊性………………………… 171
　　1. 沖縄県経済の発展の経緯 ………………………………………… 171
　　2. 沖縄の都市経済の特殊性 ………………………………………… 173
　第2節　沖縄県における小売業の発展の経緯……………………… 177
　　1. 復帰以前と復帰後の状況 ………………………………………… 177
　　2. 沖縄県経済における位置づけと小売業の実態 ………………… 179
　第3節　大型店の発展と地域間問題………………………………… 182
　　1. 大型店の発展 ……………………………………………………… 182
　　2. 沖縄県内における地域間格差の問題 …………………………… 184
　おわりに………………………………………………………………… 187

第 11 章　郡部地域に居住する被災者に対する買い物支援のあり方 ――189

はじめに………………………………………………………… 189
第 1 節　郡部地域の仮設住宅に入居している被災者の生活状況… 191
　1. 郡部に開設された仮設住宅の入居状況 ………………… 191
　2. 仮設住宅居住者に対する調査 …………………………… 193
第 2 節　郡部地域に居住している在宅被災者の生活状況………… 195
　1. 石巻市雄勝地区の状況 …………………………………… 195
　2. 在宅被災者の生活状況に関する調査 …………………… 198
　3. 再調査の実施 ……………………………………………… 201
第 3 節　在宅被災者に対する買い物支援のあり方………………… 204
　1. 買い物支援に関する諸見解 ……………………………… 204
　2. 住民視点に基づくサポート策の創出 …………………… 206

事項索引 ――――――――――――――――――――――211
人名索引 ――――――――――――――――――――――215

第Ⅰ部

格差社会の消費と流通

第1章

格差社会と小売業態

第1節　格差社会論と小売研究

　ピケティ『21世紀の資本』の刊行を契機として，いま格差社会論議が白熱化している。同著の核心部分は，クズネッツの研究に代表される伝統的議論，すなわち経済成長による所得分配の平準化を説く定説に異論を唱えた点にある。彼は，大戦期や高度成長期を除く資本主義経済のほぼすべての時期で格差が拡大し不平等が社会に蓄積されてきた歴史的事実を，膨大な税務資料の分析結果をもとに実証的に明らかにした。

　ピケティは株・不動産の運用・相続などに由来する資本所得の実態，および富の集中度に注目することによって，資本収益率が経済成長率を上回る不等式（$r > g$）を「資本主義の基本法則」として提示する。資本主義経済は今後も格差が拡大してゆく傾向にあり，経済成長が格差の縮小化をもたらした20世紀的成長こそ例外に過ぎないとする彼の衝撃的主張に，論壇やメディアをはじめ多くの関心が集まることになった[1]。

　同書の翻訳出版以降，わが国でも多くの論評や解説書が出版されさまざまな批判が提示されているが，本章とのかかわりでいえば，さしあたり以下の2つ

の論点が重要であろう[2]。すなわち第一に，ピケティの議論のなかでは，経済発展と格差の関係が経験的データによって示されるのみで，格差拡大の構造化の論理が明示的に説明されているわけではない点である。そしていま1つは，資本所得や富の集中度といった側面だけでなく，被雇用者層の生活過程そのものに焦点を当てた格差社会分析が必要という問題提起である。

今日のわが国における格差問題の中心は，古典的意味での階級・失業問題ではなく，むしろ雇用関係の非正規化やワーキング・プアの増大といった議論に示されている勤労者，より明示的には「中流階層」の内部における格差問題の深刻化に求められるといってよい。そして他方，流通とりわけ小売部門は，飲食業や生活関連サービスといった伝統的サービス業と並び，非正規雇用や長時間・深夜営業など不安定就労と低所得を代表する部門でもあり，今日の格差社会を象徴する経済領域といえる[3]。このような観点から，本章では，格差問題を今日における小売業態発展の議論との関連のもとに考察する。

本章では，まず小売部門における非正規雇用問題に焦点をあて，業態の違いによって異なる格差の実態を確認することから始めたい。だが本章の課題は，小売部門における格差の実態解明それ自体にあるのではない。この作業は，あくまでわれわれの議論のイントロダクションにすぎない。

格差社会の進行と業態の発展はどのような構造的関係のもとにあるのか。その背後に存在する社会経済的な構造変化の内実は何なのか。そしてこれらの問題領域への接近は，業態研究にどのような新たな問題を提起し，分析枠組みの軌道修正や拡張を迫ることになるのか。

流通の末端に位置し勤労者の消費選択に影響を及ぼす生活文化産業としての現代小売業の性格を考慮するなら，小売部門における雇用・労働問題だけでなく，「格差社会」の消費過程と業態展開の構造的連関についても，あらためて焦点が当てられる必要があろう。これらの諸点について若干の整理を試みることが，本章の主要なテーマとなる。

第2節　業態の発展と雇用格差の実態

1．小売業態の発展―業種別流通から業態型流通へ

　今日に至る近代小売業の発展を、ごく簡単に説明するなら、家族従業と職人的加工技術によって特徴づけられる中小業種店から、革新的流通技術の採用により既存の業種の壁を越えて成長する多品目小売業態への転換プロセスと整理することができよう。それは、新たな小売業態の登場による伝統的商業集積（商店街）の内部組織化のプロセスと言い換えてもよい[4]。

　例えば、わが国近代化の過程で飛躍的発展を遂げた百貨店や総合スーパーは、商業集積のなかで多数の中小業種店によって全面的に担われていた小売機能を、部門別管理やチェーンシステムなど革新技術の採用による品揃えの多品目化の実現を通じ、自らの中に内部化した小売業であった。しかしとりわけ1990年代以降、小売部門の主軸として君臨した百貨店や総合スーパーの業績が低迷する中、大規模量販チェーンを中心とする企業間競争が激化し、業態展開の高度化と多様化が著しく進展してくる。

　高度成長期から現在までの小売業の開設年別店舗構成比を業態別にみてみよう。百貨店、およびそのかなりの部分が中小業種店から構成されている中心店や専門店の場合、現在開業している各々の店舗のいずれも5・6割以上が1984年以前に開設された事業所である。これに対し、ドラッグストアや専門スーパー、コンビニエンスストア、家電大型専門店などの場合、同時期に開設された店舗は1割未満ないし多くても2割弱にすぎず、いずれの店舗においてもそのかなりの部分が1995年以降の開業となっている[5]。

　これに伴い、小売販売額に占める業態シェアも徐々に変化している（図表1-1）。専門店・中心店の大幅な減少（69.9％から46.0％へ）を筆頭に、百貨店や総合スーパーなど旧業態がいずれもシェアを低下させる中、コンビニエンスス

図表 1-1 小売販売額に占める業態シェアの推移 (%)

業　　態	1985年	1994年	2004年	2012年
百貨店	7.6	7.4	6.0	5.0
総合スーパー	5.9	6.6	6.3	4.8
専門スーパー	5.7	7.3	18.1	21.8
衣料品スーパー	0.5	0.4	1.2	1.9
食料品スーパー	4.7	5.4	12.8	15.2
住関連スーパー	0.5	1.5	4.1	4.7
うちホームセンター	—	—	2.4	2.8
コンビニエンスストア	3.3	5.8	5.2	5.0
ドラッグストア	—	—	1.9	3.4
その他のスーパー	7.3	7.4	4.1	4.0
専門店・中心店	69.9	65.3	58.2	46.0
衣料品	9.3	8.6	6.7	4.4
食料品	17.0	13.9	10.1	5.4
住関連	43.6	42.8	41.3	36.3
家電大型専門店	—	—	—	4.8
その他の小売店	0.3	0.2	0.2	0.1
無店舗販売	—	—	—	5.1
うち通信・カタログ販売，インターネット販売	—	—	—	2.9

(出所) 経済産業省「商業統計表」および「経済センサス―活動調査報告」より作成。

トアを除く，専門スーパー，ドラッグストアなど新業態は，一貫してシェアを増大させている。とくに食料品スーパー (4.7%から15.2%へ)，および住関連スーパー (0.5%から4.7%へ) の伸びは目覚ましい。SPAによる自社商品開発により急成長を遂げたアパレル専門店も，その多くが専門（衣料品）スーパーの中に含まれている。まさに今日，業態多様化による小売部門の再編が急激に進行しているといってよい[6]。

2. 業態多様化と雇用関係の非正規化

　ここで注目したいのは，上述してきた小売業態の発展を従業構造の変化という別の角度から同時に眺めてみると，小売部門における「格差社会」の進行を

図表 1-2　小売業における従業構造の推移（1985-2012 年）

従業上の地位	1985年 従業者数(千人)	構成比(%)	1994年 従業者数(千人)	構成比(%)	1999年 従業者数(千人)	構成比(%)	2004年 従業者数(千人)	構成比(%)	2012年 従業者数(千人)	構成比(%)
個人業主・無給の家族従業者	2,112.6	33.4	1,498.0	20.3	1,052.9	13.1	895.5	11.5	531.4	9.6
有給役員					631.5	7.9	531.1	6.8	348.5	6.3
正社員・正職員	4,216.1	66.6	5,886.1	79.7	2,755.1	34.3	2,429.0	31.3	1,698.5	30.7
パート・アルバイト等					3,589.1	44.7	3,906.7	50.3	2,957.3	53.4
従業者数合計	6,328.6	100.0	7,384.2	100.0	8,028.6	100.0	7,762.3	100.0	5,535.8	100.0

(注1)　数値は法人事業所と個人事業所の合計値である。臨時雇用者は除外されている。
(注2)　2012年データには，本社や倉庫等，管理補助的活動を行う事業所における従業者数が含まれていない。
(注3)　1985年と1994年のデータでは，個人業主・無給家族従業者を除くデータが判別不能となっている。
(出所)　経済産業省「商業統計表」および「経済センサス－活動調査報告」より作成。

推察できる注目すべき傾向が認められる点である。

図表 1-2 は，1985 年から今日に至るわが国小売従業構造の推移をみたものである。およそ 30 年余りのあいだに，「個人業主・無給の家族従業者」の構成比が 33.4％から 9.6％へと大幅に減少し，中小業種店の業態店への転換や個人事業所の法人事業所への転換が急速に進んでいるのがわかる。重要なのは，それと併行するかたちで，雇用関係の非正規化が一貫して進展している点である。1999 年以降，「正社員・正職員」の比率が 34.3％から 30.7％へと減少傾向にあるのと対照的に，「パート・アルバイト等」非正規雇用者の構成比は，44.7％から 53.4％へと，年を追うごとに上昇を続けている。

小売部門における雇用の非正規化の進展は，それを業態別にさらに詳しくみたとき，明確かつ傾向法則的なかたちをとってあらわれる。図表 1-3 は，直近の 2012 年の小売従業構造を業態別にみたものである。より正確で詳細な資料とするため，前掲データと異なり，「臨時雇用者」なども含む小売就業者全体の構成比としてあらためて算出した。

図中最上の百貨店における出向・派遣従業者構成比の圧倒的高さが目をひくが，留意すべきは，90 年代以降の業態展開の主役となっている量販チェーンやコンビニエンスストアなど新業態の動向である。家電大型専門店を除く，ほぼ

図表 1-3　業態別にみた小売従業構造（2012 年）

(単位：%)

業　態	個人業主・無給の家族従業者	有給役員	正社員・正職員	パート・アルバイト等	臨時雇用者	他からの出向・派遣従業者	他への出向・派遣従業者
百貨店	—	0.2	19.6	17.7	2.5	60.6	0.5
総合スーパー	—	0.01	15.4	82.7	0.7	1.2	—
専門スーパー	0.1	0.6	16.5	77.5	4.5	0.8	0.05
衣料品スーパー	0.2	0.9	13.8	81.3	3.6	0.2	0.02
食料品スーパー	0.1	0.5	15.4	79.3	3.7	1.0	0.1
住関連スーパー	0.1	0.7	21.5	69.9	7.3	0.5	0.04
うちホームセンター	0.1	0.4	21.5	67.4	10.3	0.3	0.01
コンビニエンスストア	3.4	3.6	6.5	76.8	9.5	0.3	0.1
広義ドラッグストア	1.7	1.9	23.7	67.2	4.1	1.3	0.01
その他のスーパー	8.6	4.8	18.7	60.3	6.7	1.0	0.1
専門店・中心店	15.6	9.6	37.7	30.7	5.1	1.5	0.2
衣料品	16.4	8.5	36.4	29.8	5.7	3.3	0.1
食料品	25.8	8.0	23.7	34.9	6.5	1.2	0.2
住関連	12.2	10.4	42.5	29.5	4.5	1.2	0.3
家電大型専門店	0.03	0.4	49.2	37.6	11.5	1.3	0.1
その他の小売店	19.9	8.9	27.9	34.9	6.7	1.7	0.1
無店舗販売	5.9	7.4	49.6	26.5	3.4	7.7	0.6
うち通信・カタログ販売,インターネット販売	1.1	7.9	45.9	39.6	3.0	3.4	0.9
合　計	8.8	5.8	28.1	48.8	5.1	3.6	0.2

(注 1)　就業者は，従業者（「個人業主・無給の家族従業者」・「有給役員」「正社員・正職員」「パート・アルバイト等」）に「臨時雇用者」と「他からの出向・派遣従業者」を加え，「他からの出向・派遣従業者」を除いたものである。
(出所)　経済産業省「経済センサス－活動調査報告」より作成。

　すべての新業態で，非正規雇用の構成比が他業態のそれを圧倒しているのが，一見して明らかである[7]。それは，前項で衰退傾向にあると指摘した「専門店・中心店」の従業構造とまさに対照的な構造をなしている。

　たとえば，コンビニエンスストアの場合，非正規雇用（「パート・アルバイト等」と「臨時雇用者」の合計）率は86.3%と小売部門で最高の数値を示しており，「正社員・正職員」はわずか6.5%にすぎない。これに続くのが専門スーパー（82.0%）であり，とりわけ衣料品スーパー（84.9%）や食料品スーパー（83.0%）が高い比率を示している。そしてホームセンター，ドラッグストアなどがさらに追随していく。旧業態に属するとはいえ，総合スーパーが高い非正

規雇用率を示している点も，看過できない。

　小売部門における業態の発展とそこにおける従業構造の内実についてみてきたが，特筆すべきは，今日の業態多様化と雇用関係の非正規化の間に一定の相関関係が認められる点である。若干の例外は認められたが，成長を遂げている新業態ほど，非正規雇用の比率が高い傾向にあることが確認された。格差社会の進行を社会的に補完ないし構造化するサブシステムとして，今日の業態型流通システムの発展を明示的に位置づけていくことが，大筋において可能であるといってよいだろう。

第3節　格差の進行を補完する業態型流通システム

1. 格差を構造化する小売業態

　米国で注目を集めた地域社会の「ウォルマート化」に関する論議がある。このキーワードは，同社に象徴される大規模量販チェーンの全国展開により，地域社会の低所得化が進行しつつあるという危機的状況を表現した用語である。それはまさに，格差社会の進行を補完する今日の業態型流通システムに向けられた批判的コンセプトに他ならない[8]。それはわが国の格差問題と小売業の関係を考えていくうえでも，大いに参考になる。

　衝撃的事実として人々の関心を集めたのは，ウォルマート社を世界トップの小売企業へと成長させたEDLP戦略やスーパーセンター開発など革新的ビジネスモデルの背後に，それを支える低賃金労働や低福利厚生，反組合主義といった従業員への厳しい労務管理が根深く存在している事実であった。そこにおける批判の主旨は，同社の徹底したローコスト経営モデルが，納入業者や進出地域の他の小売企業へと模倣され波及していくことで，低所得化と不安定就労が社会的に構造化され，地域経済に歪みを生じさせている点におかれていた。

仕入れ先に対するウォルマートのバイイングパワーは，納入メーカーをコスト削減のための賃金カットや非正規雇用の増大など人件費の削減，さらには生産拠点の海外移転などへと誘導する。また同社の大々的なチェーン展開は，競争過程をつうじ，同一商圏内の他の小売企業にウォルマート型ビジネスモデルの採用を余儀なくさせる。まさに，地域社会の低所得化により勤労者にウォルマートに象徴される量販チェーンでしか購入する余裕を与えず，徹底的な低価格志向の消費選択を半ば強要する再生産システムの社会的完成である。

　上述の議論とは若干異なる視点から，小売部門における非正規雇用の構造化問題に焦点を当てた新雅史の研究がある[9]。彼は，わが国のコンビニエンスストアが，非正規雇用者の発注作業をシステムとして正当化することによって，地域のなかで不安定就労者を再生産する非人格的空間として機能していると主張する。新によると，コンビニエンスストアにおける仮説検証型発注システム[10]の本質は，「地域コミュニティの一員であり，コンビニの典型的な消費者である」素人，すなわちアルバイトやパートなど非正規雇用者への発注業務の委譲を容易化し，地域ニーズの発注への直結を可能にした点にある。

　コンビニエンスストアは，地域に「堆積」せざるをえない不安定就労者たちが「地域コミュニティの情報をたえずアップロードしつづける，巨大なネットワークとして構想されている」と彼はいう[11]。新によると，POSによる需要情報の徹底的な収集・分析が可能になった今日，かつて店舗運営の根幹をなした発注業務はもはや熟練労働とはみなされない。コンビニ本部の考えの根底には，発注は加盟店主ではなく，パートやアルバイトが分散して行うべきとする認識がある。アルバイトやパート一人ひとりが消費者としての感性を発注に活かす方が，結果としてコンビニにふさわしい品揃えになるからである[12]。

　コンビニを長期的な就業の場と考えず，発注業務に対する特別の金銭的報酬も求めないパート・アルバイトの流動性の高さは，人件費抑制という加盟店主の意向と合致するだけでなく，「深い人間関係など望んではいない」消費者の欲する匿名的空間の構築という点でも，高い合理性をもつと新は述べている。まさにコンビニ空間に存在するすべてのステークホルダーによって，非正規雇用関係が社会的に正当化されていることになる[13]。

2. 都市のサービス化と格差拡大の論理

　問題は, 紹介してきたような格差の構造化と業態展開の相互関係を, いかなる社会構造的連関のもとで論理的に理解していくかにある。問われるべきは, 格差社会の進行を補完し構造化する業態型流通システム発展の背後に, どのような社会経済的なマクロの構造変化が横たわっているのかである。

　グローバルな資本による空間編成の場として都市をとらえ, 国境を越える資本と労働の移動という観点から今日の社会編成の態様に注目するサッセン (Sassen, S.) の研究がある[14]。彼女の研究のなかでは, フォーディズムから, 脱工業化ないしサービス経済化の過程として進展する新たな経済システムの移行という文脈のなかに, 格差の構造化, さらにそれに伴う消費の階層分化の問題が明示的に位置づけられており, きわめて興味深い。いわゆる雇用不足による古典的貧困ではなく,「経済成長の新たな構造的過程の帰結」として, 現代社会における「新しい雇用中心型貧困」の顕在化を位置づけるサッセンの視点が重要である[15]。

　サッセンの主張を聞いてみよう。発展途上国への生産拠点の移転に象徴される企業活動の世界的分散化 (グローバル化) は, 他方で, それを管理する経営管理機能の本社への集中を促進し, 会計や金融・保険, 広告宣伝, 情報研究開発, エンジニアリングなど高度に専門化された知識・情報集約型の生産者サービス業の大都市への集中・集積を促進する。重要なのは, この生産者サービス部門の急成長が, 経済過程における労働の性格を, 高所得の専門・管理職であり高度の技能・知識を必要とする専門サービス労働群と, それを必要としない低賃金の労働集約的なサービス労働群へと社会的に分極化し, 格差を拡大させてゆくと彼女が主張している点である[16]。

　後者のサービス労働としてサッセンが例示するのが, 小売販売をはじめ, 看護, レジ係, ウェイター, 食品調理, 清掃やビル管理, 建設作業といった低賃金の非熟練労働である。これらの職種を中心に, 雇用関係の非正規化が著しく進行すると彼女は指摘する。非自発的なパートタイムやアルバイト雇用が常態化するとともに, 生産拠点の海外移転などにより新たに創出された外国人労働

者の流入も，この職種・部門で大いに加速されることになるという。

　大量生産—大量消費を特徴とする「フォーディズムが支配的だった時代」の経済システムにおいて，製造業を主導とした経済成長は，「中程度の技能や訓練を備えた労働者への需要」を高め雇用を社会的に安定化することによって中間階層を増大させ，格差の縮小をその帰結として生じさせた。しかし労働需要が上述の二極化に向けて再編される今日のサービス化した経済システムのもとでは，「企業が内部に労働市場をもつ必要も利点も減じ」，派遣業者への委託や雇用関係の非正規化が促進されてゆく。すなわち「経済成長が中産階級を増大させるのではなく，不平等を拡大する方向へと力学が作用」することになる[17]。

　ここで強調しておきたいのは，企業活動のグローバル化によって大都市には極めて高所得で高度な技能をもつ専門家的な機能が集積されるが，これらの管理機能を支えるためには，それをはるかに上回る膨大な低賃金労働者層が構造的に必要になると彼女が指摘している点である。

　経済成長の新たな原動力としての生産者サービス部門の成長は，そこで働く高所得者層を中心とする24時間化された独自の都市型消費やライフスタイルを支える消費者サービス部門の成長，すなわち低所得者層によって担われる膨大な数の単純サービス労働に支えられてはじめて可能となる[18]。とりわけ高所得者層向けの住居・商業施設を目的とした都心再開発によるジェントリフィケーション（富裕地域化）は，低賃金のサービス需要を大量に創出することにより二極化をさらに加速し，インナーシティ問題に象徴される都市の不均衡発展を著しく促進するとサッセンは書いている。

第4節　格差社会の消費スタイル

1. 経済格差と消費の階層化

　フォーディズムの行き詰まり，都市のサービス化という歴史的構造変化の中に格差社会進行の内実を見出すサッセンの見解は，我々の問題意識と重なり合う点も多く，有益な示唆を与えてくれる。今日の業態型流通システム発展の根拠も，フォーディズムの構造適合性が低下する中，従来の伝統的チャネルや旧業態によっては実現困難な，高度化し多様化する消費欲求やライフスタイルへの柔軟な対応という文脈の中に求めることが可能と考えるからである。

　フォーディズム・モデルが概ね妥当するわが国の高度成長期において最も適合的な小売業態は，スーパーやメーカー系列小売店であった。そこにおけるチェーンシステムの展開は，同質的な消費欲求，人並みを求める他人指向型の消費行動が支配的だった当時の社会背景のもと，規格化され標準化された製品の大量販売に多大なスケールメリットを発揮した[19]。

　所得水準の上昇と所得分配の平準化が同時併行的にすすみ，巨大な中間階層が誕生するなか，大量生産と大量消費のマクロ経済的好循環を実現する大衆消費社会が形成される。しかし高度成長期におけるような小売部門を主導する特定の業態が登場せず，さまざまな業態が併存している今日の状況は，フォーディズムの構造的安定性が揺らぐなか，多様化し拡散した消費需要を広くカバーできる単独の業態が，ある意味成立困難となっている点を表明している。

　特筆すべきは，サッセンが「経済格差は消費の構造にはっきりと反映される」[20]と述べ，消費の多様化や個性化として一般に語られてきたポスト・フォーディズム的な消費過程の内実を，消費の階層化，消費パターンの社会的分極化として構造的に明示化している点である。

　サッセンは，格差拡大とともに，中間階層の内部に「スタイル・高価格・超

都会的」な特徴をもつ高所得者層の労働集約的な新しい消費スタイルと,「機能性・低価格・郊外」によって特徴づけられる低所得者層の資本集約的な消費スタイルへの社会的分極化が生じてくるという[21]。前者の高所得者層の消費パターンを象徴する市場として例示されるのは,グルメ食品を扱う最先端の食料品店や,セレクトショップ,あるいはブランド家具や調度品,都会的な高級マンションに象徴される商品群である。

他方,低所得者層の消費パターンとして示されるのが,セルフサービス方式の巨大ショッピングモールやスーパーマーケットでの買物,家電から日曜大工に至るあらゆる電化製品,郊外の集合住宅などである。例示されてはいないが,ファストファッションやファミレスでの食事も,後者のカテゴリーに分類してよいだろう。生産・消費の両面においてフォード主義的蓄積を支えたマスはもはや解体傾向にあり,消費の多様化や個性化の根底には,階層分解,階層格差の拡大という構造問題が厳然として存在しているとするサッセンの認識と示唆が重要である。

2. 連動しない経済格差とライフスタイル

このような構造認識は,わが国の消費社会研究においても共有されつつある。たとえば,サッセンと同様,高級品市場と大衆商品市場への分化としてあらわれるポスト高度成長時代の消費の階層化に注目し,画一的な大衆消費時代から「階層消費」時代への構造転換を説いた小沢雅子の先駆的業績は,その代表例といえる[22]。小沢の議論の1つのポイントは,保有する金融資産の大小が所属する消費階層の決定に多大な影響を及ぼすとした点にある。この意味で,格差拡大の根本要因として資本収益率と経済成長率の乖離に注目した,冒頭のピケティの議論との接点が認められるといってよい。

さらに近年の三浦展の研究[23],すなわち「一億総中流化・平等化モデル」から「階層化・下流化モデル」への消費社会の転換を説き,格差拡大に伴う中流階層の「下流化」,多様な階層グループへの分裂に注目する「下流社会」論にも,各方面から注目が高まっている。生産・消費のマクロ的構造変化という歴

史段階認識に無自覚なまま，いわば大衆消費社会論の文脈の単なる延長線上で消費と小売業態の多様化を論じてきた見解に対し，サッセンの研究をはじめ，これらの議論が反省を促しているのは明白であろう[24]。

とはいえ，上述の階層分化論に全く疑問がないわけではない。問題は，これらの議論で想定されている，高所得者ほど高級志向の消費パターンになり低所得者ほど価格志向の消費パターンになるという命題の，現代消費研究における有効性と妥当性にかかわっている。ショッピングモールが低所得者層の消費パターンの象徴として，やや限定的・硬直的に理解されているように思われる点にも疑問が生じる。

今日のわが国の消費・流通研究における最大の論点は，後述していく，高級志向か低価格志向かといった二者択一的議論にはおさまらない新しい消費パターンの台頭や，さらには東浩紀・北田暁大らがユニクロ・ジャスコ的な消費形態の社会への浸透と表現した[25]，上述の議論では語ることのできない消費社会の新たな断面なのではないか。格差拡大による消費の階層化を否定しているのではない。経済格差と必ずしも直結しない今日の消費者のライフスタイルの内実こそ，問われるべき事柄であると主張しているのである。

たとえば野村総合研究所は，高級志向，低価格志向のいずれの文脈にも位置づけ不可能な消費者の「利便性消費」に注目する。利便性消費とは，「商品に対するこだわりも，価格の安さへの志向も，両方とも希薄な」，「商品やサービスにアクセスする過程の利便性を重視する」消費パターンである。それはわが国固有の発展を遂げたコンビニ消費に典型的に象徴される，日本人の消費行動を特徴づける最も重要な側面という[26]。

また田村正紀は，生活の質と合理化の同時的追求を目指す「バリュー消費」者の台頭に注目し，この個人にとっての顧客価値追求型の消費行動こそ現代消費市場の中核を占めるパターンに他ならないと主張する。田村によると，「バリュー消費」行動は，個々の製品選択レベルにおける高品質と低価格の同時追求，さらに消費支出の配分レベルにおける健康や個性，体験など特定消費分野への選別消費を通じた傾斜的消費支出として，2つの次元で認識可能としている[27]。

これらの成熟化し高度化した新しい消費パターンの台頭を考慮するなら，今

日の格差社会における我々の消費行動が，経済格差とリジットな対応関係にあるという先の議論と異なり，若干異なる様相を呈することは疑い得ない。この「利便性消費」や「バリュー消費」パターンに最も適合的な小売業態として，ここであらためて注目したいのがショッピングセンター（以下，SCと略する）である。現代的消費空間としてのSCに焦点を当てながら，格差社会の消費スタイルをめぐる議論にさらに接近することにしよう。

第5節　格差社会と業態研究の現代的課題

1. ショッピングモールと現代消費

　SCの業態としての特徴は，いうまでもなく，百貨店，総合スーパーをはじめ，大型量販チェーンや専門ショップなど個々の小売業はもちろん，飲食店や教養・娯楽，生活関連サービス業など，さまざまな流通業態を自らの内部に取り込み総合的な利便性を提供する多機能な複合的業態としての特殊性にある。

　たとえば田中大介は，他の一般的業態との違いについて，「自ら商品を提示する小売業というよりも，いわばネットワークのネットワーク，データベースのデータベースを構成し，そこにいる人びととの行為や関係を物質的に配置し，規制するアーキテクチャをつかさどる広い意味でのディベロッパー業に近い」と書いている。商品の仕入れでなく，店舗の取り揃え，さらには入れ替えに，業態としての戦略行動の核心部分が認められるというわけである[28]。

　1960年代末わが国に初めて登場したSCは，とくに90年代以降，郊外型SCの出店や，SCを中核に据えた都心再開発プロジェクトの展開などを通じ，大きな成長を遂げる。SCは我々の買物行動に重要な変化を生じさせ，単なるワンストップショッピングにとどまらない，滞在・滞留型の消費パターンを確立させた[29]。こうした消費パターンの変化に併行して，SCのテナント構成も，フー

ドコートや飲食チェーン,シネコンやアミューズメント施設など集客力に優れたサービス業が比重を増し,従来の商業施設から時間消費型施設への転換が進んでいった。今日ではさらに,医療・福祉施設や各種公共機関窓口,大学のサテライト施設までもが,SC 内に計画的に配置されるに至っている。

特筆すべきは,SC がまさに「ポスト 80 年代的消費社会としての現代を代表する施設ないし社会的場」として,我々の消費・社会生活を秩序づけ意味づける再生産機能を担っているという指摘である。たとえば若林幹夫は,上述の意味でまさに「生産」の場としての SC について,以下のように書いている。「SC は単に大量の店舗が集積した空間ではない。それはテナント構成,インテリアやエクステリア,空調や音響,上下水道などのシステム,店員たちのサービスなどによって形作られる,独特の様相と機能をもち,さまざまな意味やイメージを発信して,消費と余暇の特定の過ごし方を可能にする社会的な場所である」[30]。

留意されなければならないのは,オルデンバーグ(Oldenburg, R.)も指摘しているように,今日の社会生活において SC は,「消費主義と高度に管理された環境を,与えられるがままに受け入れるための基礎訓練の場」として機能しているという点である[31]。消費社会は,自らの個性やアイデンティティを消費財ないし消費スタイルの選択を通じて表現する社会である。伝統的生活様式に委ねられていた勤労者の消費過程を資本蓄積の一契機としてその内部に組み込む,資本制システムによる消費様式の再構造化のプロセス,まさにこの点に今日の消費社会の歴史的独自性がある[32]。そこにおいて消費行動は,人々を差異化しランクづけ階層化する実践となる。

重要なのは,大量生産体制が揺らぎ,社会生活のすみずみに商品関係が浸透してくるポスト・フォーディズムの下では,物的生産にかかわる伝統的労働に代わり,消費のイメージやスタイルなど消費欲望の創出・開拓にかかわるサービス労働や知識労働が,社会的労働の支配的形態となってくる点である[33]。SC の設計やテナント構成,広告宣伝など専門サービスから,不安定就労者によって提供される接客・販売サービスに至る,まさにサッセンが格差の構造要因として重視した分極化された相補的なサービス労働群が,現代的消費空間である

SCの内部に，需要を創出する労働として併存しているのは象徴的である。

ここで指摘しておきたいのは，消費が多様化し高度化していく中，他方では消費欲望や消費環境が画一化・均質化していく過程が，業態型流通システムとしてのSCの内部に組み込まれているという事実である。

たとえばSCにおける消費選択の内実を，若林幹夫は「均一な多様性」の広がる巨大で閉じた消費の世界と表現している。彼によると，SCは多様なテナントや商品が全国どこでも同じように存在するという意味で，均質な多様性を提供する閉じた消費空間である。しかしこの空間が，居住地域を超える首都や全国，世界と共通する内容や形式をもつ点では，巨大な開かれた普遍的空間でもあるという[34]。

このような特徴をもつSCでは，地域性や場所性，店舗（店員）の個性や，顧客と店員の個別的な関係性ではなく，圧倒的な情報量，すなわち「店の多さ，ブランドの多さと，それらのサンプル・カタログ的な網羅性」[35]が，消費者にとって何より重視されることになる。SCは，地域固有の文化・風土や，地理的近接性と直接的共同性に特徴づけられた伝統的な人間関係を，ブランド商品や全国的なチェーン店のネットワーク，画一的マニュアルによって解体し，非人格化され物象化されたグローバルな均質的市場の中に組み込んでいく[36]。

2．SC研究の現代的課題

このことは同時に，SCがまさに格差を覆い隠す装置と化していくことを意味している。利便性消費やバリュー消費志向に適合しつつ，人々の関係を流動化・非人格化し，消費の均質化と画一化を促進するSCシステムの普及により，厳然たる格差・差異の認知が困難になり，社会的格差の可視性が希薄化していく点に，特別の留意が必要である。たとえば東・北田は，経済格差とライフスタイルの格差が必ずしも連動していない事実に注目し，「富の格差をライフスタイルのレベルでキャンセルする」「文化資本の再配分装置」として，SCをはじめ，コンビニやファミレス，100円ショップといった業態のチェーン展開と，今日における情報財の圧倒的な低価格化・無料化に注目している[37]。

これらの議論との関連で最後に言及しておきたいのは，SC が買物・消費の場としての存在を超え，公共空間として機能するようになっている点である。都市の公共機能と SC の私的機能の境界が希薄化し，「都市のあらゆる場がショッピングモールと化している現実」を「ショッピングモーライゼーション」と名付けたのは，速水健朗である。それは具体的には，都市の公共空間がその地価に見合った収益を上げるために商業施設化している現状のことであり，都市の公共機能が競争原理を基本とする民間サービスによって支えられる「新自由主義的な街の変化」といってよい[38]。

注目すべきは，この公共空間のプライバタイゼーション（私化）の過程が，誰にでも開かれているという公共空間の開放性原則を衰退させ，特定階層の人々の排除を促進するというネガティヴな側面を併せもっている点である。たとえば原口剛は，米国を事例に，地価高騰や下層住民の立ち退きを余儀なくさせるジェントリフィケーションが，公園の封鎖というかたちで，住居を喪失した下層者へのさらなる排除を加速化させた問題について言及している[39]。これらの議論は，自らの業態コンセプトに適合しない低所得の単身者をはじめとするマイノリティやホームレスなどの貧困層を「招かれざる顧客」として排除する，まさにファミリー・ショッピングの拠点としての SC の「公共性」の内実に，厳しい批判を投げかけている[40]。

我々は格差社会の進行を構造的に支える業態型流通システムの内実に注目しながら，非正規雇用者の産出源であるとともに，ポスト・フォーディズムの下で資本制システムに消費過程を包摂していくもっとも適合的な小売業態として，SC に注目してきた。SC は厳密にいうと複数の業態から構成される商業集積であり，通常の意味での業態ではない。しかし商業集積としての SC がディベロッパーの統一的管理の下におかれる点では，それを 1 つの業態として理論的に位置づけることが可能である。にもかかわらず，SC が業態研究の中心に据えられることはほとんど皆無であった。他方，商業集積研究においても，関心の大半が疲弊する商店街の分析に向けられてきた現状がある。われわれの消費・社会生活に及ぼす影響力の大きさにもかかわらず，SC が業態・商業集積研究の主軸に据えられることはなかったといってよい[41]。

その1つの理由は、上述した消費・買物環境の画一化・均質化の議論の中では、SCの出店が地域社会の多様性を駆逐する一方的な暴力的プロセスとしてしか理解されてこなかった点にあると思われる。他方、失われつつある伝統的コミュニティや地域文化へのノスタルジックな評価が、SCの発展により衰退を余儀なくされている伝統的商店街の積極的評価へとつながっている現状も否定できない。

　もちろんこれらの議論の意義と役割を否定するつもりはないが、SCを新しいコミュニティや開放性を提供する生活の場と捉え直すとき、公共的消費空間としてのSCの積極的評価が可能になる。SCは、商店街が体現しているような、人格的で閉鎖的な人間関係が個人に対する強い拘束力として作用する伝統的コミュニティではなく、匿名的ではあるが非拘束的な、参入離脱が容易で開かれた新しいコミュニティ観を提示しているといえるからである。またSCの社会的排除や監視空間としての側面も、流動化・非人格化されよりグローバルな広がりをもった、消費者の新しい社会生活の下での公共空間の再設計という視点に立つことによって、その積極的側面に照射することが可能になると思われる[42]。

　消費という行為を媒介とした人々の関係形成の場を、いかにして格差社会の進行を抑制するための公共的議論の場へとつなげていくか。格差問題の深刻化によって隠蔽され周辺部に追いやられている消費者・勤労者の声を可視化するようなSC的公共圏をいかに構築していくか。これらの問題領域に、業態・商業集積研究の現代的課題が内包されているように思われる[43]。

〈注〉
1) 90年代以降に発表されたわが国の代表的な格差社会研究として、本章で取り上げる議論のほか、以下の業績を指摘しておく。橘木[1998]は長期不況による所得分配の不平等化、とりわけ株式・不動産価格の高騰によるストック保有者と非保有者間の格差拡大について言及している。また、所得・教育格差に由来する社会的流動性の低下問題、すなわち世襲的障壁による世代間階層移動の困難化に注目したのは、佐藤[2000]である。さらに山田[2004]は、努力が報われるという社会環境の喪失、個人の努力ではどうすることもできない「希望格差」の存在を明示化した。
2) たとえば『現代思想—総特集ピケティ「21世紀の資本」を読む』(2014年1月臨時増刊号、青土社)を参照してほしい。

3) 経済産業省が公表している『平成24年経済センサス―活動調査』によると，わが国の産業全体における正規雇用／非正規雇用（正社員・正職員／正社員・正職員以外の雇用者［「パート・アルバイトなど」と「臨時雇用者」の合計］）の比率は58.5％／41.5％。産業別にみると，正社員・正職員の割合が高いものが「電気・ガス・熱供給・水道業」（97％）や「情報通信業」（83.7％），その他「学術研究，専門・技術サービス業」（79.4％）「製造業」（75.0％）などとなっている。他方，非正規雇用の割合が高いものは，「宿泊業，飲食サービス業」（78.4％），「生活関連サービス業，娯楽業」（56.4％），「教育，学習支援業」（53.9％）となっている。ちなみに「卸売業，小売業」の比率は50.1％／49.9％である。小売部門のみの比率を上記の手法に基づいてあらためて算出してみると，その値は34.2％／65.8％となった。
4) 商業経済論の枠組みの中に小売業態論を位置づける先駆的業績として，石原［2000］がある。わが国における小売業態研究の展開については，石井・向山編［2009］を参照。
5) 詳細については経済産業省『平成24年経済センサス―活動調査報告・卸売小売業（業態別統計編）』概況を参照してほしい。〈http://www.stat.go.jp/data/e-census/2012/kakuho/gaiyo.htm〉
6) このような業態型流通の発展における小売業の革新が，サプライチェーンの改革など生産過程に遡及するシステムイノベーションとして，家電や化粧品など多くの消費財部門においてわが国流通の発展を牽引してきたメーカー・問屋主導の伝統的な業種別流通に変容を余儀なくさせている点には，留意しておく必要がある。
7) 家電大型専門店は，無店舗販売に次いで，小売部門で最も高い正社員・正職員の雇用率を示している。しかしそれでもなお，注3で紹介した産業部門全体の同比率と比べると構成比は低い。
8) 議論の詳細については，原田［2008］第3章を参照。
9) 新［2007］・［2008］が挙げられる。
10) 仮説検証型発注システムは，店員の勘や経験などを含む局所的な情報資源を発注に組織的に有効活用できるシステムと理解されている。そこでは本部から提供される推奨発注量や商品情報など支援情報をもとに，加盟店の担当者が自らの判断で発注業務を行うことになる。発注担当者の勘と経験のみを頼りに発注を行う古典的な発注方式とも，本部の推奨発注量の指示にそのまま従う自動発注方式のいずれとも異なる，両者の利点を総合化した第3の発注システムとして知られている。
11) 新［2008］p.214。
12) ただ留意されるべきは，パートやアルバイトらの発注作業が，主体的選択にみえつつも，現実には本部の支援情報に大きく依存したルーティン的発注とならざるをえないと新が述べ，消費空間の全国的均質化・画一化について言及している点である。「成熟することを断念させられた『消費者＝素人＝不安定就労者』たちのアドホックな欲望は，…本部が提示する『新しさ』をなぞることにしかならない」（新［2008］p.215）。
13) 新［2008］p.218。もちろん各々のコンビニ加盟店における発注作業が本部の思惑どおりに進むわけではなく，零細業種店からコンビニ経営に業態転換した加盟店主との間に軋轢（あつれき）を生む。加盟店オーナーは，旧い店主意識を引きずりアルバイトやパートに発注業務を委ねず，さらに人件費削減のため長時間レジに立ち続ける。しかしそれでは，発注が地域ニーズに直結しないだけでなく，「深い人間関係など望んではいない」（新［2007］p.207）消費者の欲する匿名的な買物空間の構築も困難となる。わが国における多くのコンビニエンスストアの抱えるジレンマが，まさにこの点にある。なお

新は，最近のコンビニ経営をめぐる論点として，アルバイト・パートの高年齢化（長期で働く中高年労働者の増大）と外国人労働者の増加を問題視している。
14) Sassen［1998］・［2001］が挙げられる。
15) Sassen［1998］（邦訳［2004］p.219）。
16) 「都市において，サービス産業の組織化にともなう分極化傾向が顕在化して経済的・社会的な勢力関係に差別的な衝撃を与えるのである」（Sassen（邦訳）［2004］p.220）。
17) Sassen（邦訳）［2004］，pp.232-236。
18) 「サーヴィスの技術水準や価格，サーヴィス部門における労働者の賃金・給与において分極化が強力に進行するかぎり，サーヴィス需要の増大は分極化を促進し，累積的因果関係によってこうした不平等の再生産をもたらす」（Sassen,（邦訳）［2004］p.221）。
19) 消費社会化と小売業態発展の相互関係に注目した議論として，平野［2005］の研究がある。
20) Sassen（邦訳）［2008］p.315。
21) Sassen（邦訳）［2008］p.315 および p.357。
22) 小沢［1985］が挙げられる。
23) 三浦［2005］が挙げられる。
24) 格差問題が人種・エスニシティ問題を構造的に内包した富裕層と貧困層の二極対立図式として激烈なかたちで顕在化する米国社会と，いわば多様な消費階層間でゆるやかな分化が進展しているわが国の格差社会の現状の違いには，もちろん留意が必要である。
25) 東・北田［2007］。
26) 野村総合研究所［2005］p.17。
27) 田村［2006］p.209。高品質と低価格の同時追求行動は「価格が少々高くても高品質製品を求め，それをできるだけ安く買おうとする」行動パターンとしてあらわれる（田村［2006］p.62）。
28) 田中［2013］pp.271-272。田［2008］は，総合スーパーから多業態小売企業へと成長を遂げたイオングループの収益構造に注目し，そこにおける総合スーパー部門の地位低下と，ディベロッパー部門の収益性上昇を実証的に明らかにしている（田村［2008］第4章を参照）。
29) SCにおける「モール的な消費」の究極の形態は，「何も買わずに長時間やり過ごしてもよい」，「買物を第一の目的としない」行動パターンであるという（若林編［2013］p.314）。そこでは，SCの中で過ごすひとときそのものが消費対象とされる。
30) 若林編［2013］p.213，および p.20。
31) Oldenburg（邦訳）［2013］p.445。
32) 賃労働関係の歴史的変容を資本制社会認識の核心に据えるレギュラシオン理論は，20世紀資本主義の歴史的独自性を「消費様式の変容」，すなわち「外延的蓄積体制」から「内包的蓄積体制」への転換に求めた。Aglietta（邦訳）［2000］第3章を参照。
33) フォーディズムは，このような意味でのポスト・フォーディズムへの転回によって新たなダイナミズムを獲得することになる。たとえば，斎藤［1990］第1章，および佐々木［2003］第3章を参照。また，レギュラシオン理論に依拠しながらポスト・フォーディズム社会の内実に焦点を当てた優れた論文として，宮本［1989］がある。
34) 若林編［2013］pp.198-212。建築学的な観点からみても，SCは，水平的な空間効果を活用した大量商品の魅惑的演出によるスペクタクル的な消費体験の提供と，他方における，テナント構成のフレキシブルな変更による柔軟な資本蓄積を可能にする多様な用

途に開かれた巨大な均質空間をつくりだしているという。
35) 若林編［2013］p.217。
36) このような研究の代表例として，わが国における三浦［2004］の議論がある。
37) 東・北田［2007］第3章 p.147 を参照。「資産10億の人も年収300万のひとも，結局は100円ショップ（百均）に行きファミレスで飯を食っている」（同上，p.146）。
38) 速水［2011］pp.31-32 および速水［2012］p.52。官民共同プロジェクトによるモール型の都心再開発が積極的に着手されるなか，観光地やテーマパーク，さらには伝統的商店街のモール化も今日著しく進展していると速水はいう。
39) 原口［2005］，とくに p.147 以降を参照。
40) ショッピングモールの公共性をめぐる米国の議論については，Underhill（邦訳）［2004］第5章が参考になる。そのなかで彼は小売業が本来もつ排除性について以下のように書いている。「ショッピングモールが危険な要素を排除するために特別な努力を払う必要はないと思われる。きわめて効率的な自己統制メカニズムが，すでにショッピングの世界の秩序を維持しているからである。それは象徴的な表現やニュアンスによって客を選別するメカニズムである」（Underhill（邦訳）［2004］p.61）。速水［2011］もまた，米国において郊外に登場したショッピングモールが，都心から郊外に移り住んだ中流層にとってのゲイテッド・スペースであったと述べている。
41) 阿部［2006］は，マックネアやイスラエリらの「小売の輪」仮説を批判的に援用しつつ，百貨店や総合スーパーからSCやコンビニ業態の発展に至るわが国の小売業態の変遷を説明する独自の業態発展モデルを提示している。
42) 「すべてを受け入れ，なにも排除しない公共圏という理想こそがユートピアでしかない」（北田ほか［2011］p.67）。
43) 近年のわが国の小売業態研究を批判的に検討しつつ，単なる企業間競争分析にとどまらない，消費社会分析を含む社会経済論としての小売業態研究の重要性について論じたことがある。大野［2012］を併せて参照してほしい。

〈主要参考文献〉

阿部真也［2006］『いま流通消費都市の時代』中央経済社。
石井淳蔵・向山雅夫編［2009］『小売業の業態革新』中央経済社。
石原武政［2000］『商業組織の内部編成』千倉書房。
東浩紀・北田暁大［2007］『東京から考える——格差・郊外・ナショナリズム』NHK出版。
斎藤日出治［1990］『物象化世界のオルタナティブ——現代資本主義と言語・情報・記号——』昭和堂。
佐々木政憲［2003］『オルタナティブ・ソサエティ』現代企画室。
新 雅史［2007］「被差別部落の酒屋がコンビニに変わるまで——グローバリゼーションと地域小売業の変容——」遠藤薫編『グローバリゼーションと文化変容』世界思想社。
新 雅史［2008］「コンビニをめぐる〈個性化〉と〈均質化〉の論理」遠藤薫編『ネットメディアと〈コミュニティ〉形成』東京電機大学出版局。
大野哲明［2012］「転換する流通と小売業態分析の視角」九州産業大学『商経論叢』第52巻第2号。
小沢雅子［1985］『新「階層消費」の時代』日本経済新聞社。
北田暁大・南後由和・速水健朗・東浩紀［2011］「座談会／ショッピングモールから考える——公共・都市・グローバリズム」『思想地図 β』vol.1，コンテクチュアズ。

佐藤俊樹［2000］『不平等社会日本』中央公論社。
橘木俊詔［1998］『日本の経済格差』岩波書店。
橘木俊詔［2014］「トマ・ピケティ著『21世紀の資本』の衝撃」『現代思想―総特集　ピケティ『21世紀の資本』を読む』第42巻第17号，青土社。
田中大介［2013］「消費社会という『自然』」若林編『モール化する都市と社会―巨大商業施設論』NTT出版所収。
田村正紀［2006］『バリュー消費』日本経済新聞社。
田村正紀［2008］『業態の盛衰』千倉書房。
中山智香子［2014］「悲観的クズネッツ主義者の挑戦」『現代思想―総特集　ピケティ『21世紀の資本』を読む』第42巻第17号，青土社。
野村総合研究所編［2005］『第三の消費スタイル』野村総合研究所。
ハーヴェイ,D.（長原豊訳）［2014］「ピケティ『資本』への補足」『現代思想―総特集　ピケティ『21世紀の資本』を読む』第42巻第17号，青土社。
橋本健二［2011］『階級都市―格差が街を侵食する』ちくま新書。
速水健朗［2011］「なぜショッピングモールなのか？」『思想地図β』vol.1，コンテクチュアズ。
速水健朗［2012］『都市と消費とディズニーの夢―ショッピングモーライゼーションの時代』角川書店。
原口　剛［2005］「公共空間の変容―ジェントリフィケーションから報復の都市へ」『現代思想』第33巻第5号，青土社。
原田英生［2008］『アメリカの大型店問題』有斐閣。
平野　隆［2005］「日本における小売業態の変遷と消費社会の変容」慶應義塾大学『三田商学研究』第48巻第5号。
三浦　展［2004］『ファスト風土化する日本―郊外化の病理』洋泉社新書。
三浦　展［2005］『下流社会―新たな階層集団の出現』光文社新書。
宮本太郎［1989］「ポスト・フォーディズムの社会と国家」『経済評論』日本評論社。
山田昌弘［2004］『希望格差社会』筑摩書房。
若林幹夫編［2013］『モール化する都市と社会―巨大商業施設論』NTT出版。
Aglietta, M［1976］, *Régulation et crises du capitalism.*（若森章孝・山田鋭夫・大田一廣・海老塚明訳［2000］『資本主義のレギュラシオン理論（増補新版）』大村書店。）
Oldenburg, R［1989］, *The Great Good Place*, Da Capo Press.（忠平美幸訳［2013］『サードプレイス』みすず書房。）
Piketty, T［2013］, *Le Capital au XXIe siecle.*（山形浩生・守岡桜・森本正史訳［2014］『21世紀の資本』みすず書房。）
Sassen, S［1998］, *Globalization and Its Discontents*, New Press.（田淵・原田・尹共訳［2004］『グローバル空間の政治経済学―都市・移民・情報化』岩波書店。）
Sassen, S［2001］, *The Global City: New York, London, Tokyo*, Princeton University Press.（伊豫谷登士翁監訳［2008］『グローバル・シティ』筑摩書房。）
Underhill, P［2004］, *Call of the Mall*, Yobow, Inc.（鈴木主税訳［2004］『なぜ人はショッピングモールが大好きなのか』早川書房。）

（大野　哲明）

第 2 章

現代的貧困と消費の変化

はじめに

　現代の日本では，貧困がさまざまな形で現象している。それらは，低所得や不安定就業との関連でとらえただけでも，非正規労働者の増加とそれによりもたらされる低賃金，生活の困難さや余裕のなさ，心身両面へのストレスの増大，雇用のチャンスに恵まれない失業者やホームレスの存在などがある。また，低所得のひとり親世帯や高齢単身者の増大といった世帯構造の変化などもあり，「少なくとも低所得層や不安定就業層の概念では，現代の貧困の複雑化した多様性は捉えられなくなる」[1]といった指摘もある[2]。いずれにせよ，現代は目に見える形での貧困が日本社会で再発見されているような時代である。
　とはいえ，2015年の春闘では昨年に引き続き大手企業を中心として賃上げが実施された。2014年後半からの原油安，株価の上昇，株主への配当増額，景気の上向き見通し等による人手不足感の現象，昨年に引き続き「管製春闘」と言われる政府からの賃上げ要請などを背景にして，アベノミクスが賃金にも影響を及ぼす局面が現れたといえる。春季交渉の3月20日時点での連合第1回統計（798組合，最終集計の1割強にあたる）による[3]と，賃上げ額の平均は7,497円（定期昇給とベースアップの合計）で，賃上げ率で2.43%（前年の第1回集

計対比でプラス 0.27 ポイント）となっている。300 人未満の中小企業の賃上げ額は 5,747 円で企業規模の差が明確である。では，昨年に引き続く今年の賃上げをどのように解釈すればよいのだろうか。日本社会では現在に至るまでの約 20 年の間に，雇用者報酬（役員を除く）[4] はリーマンショック発生前年の 1997 年を 100 とすると 2013 年には 89 程度にまで低下している[5]。一部の高額商品等を除いて消費支出は依然低迷しており，現状ではアベノミクスが理論的に可能だとするトリクルダウン効果は社会に行き渡ってはいない。雇用者報酬の低下は，雇用形態の変化や正規・非正規雇用者が共におかれている労働者間の競争による賃金引下げ傾向によるものである。こうした事態は働いても生活するに十分な賃金を得られないワーキングプアの増大や労働の質の大幅な低下，最低限の安全教育の未実施や経験不足や疲労による集中力の低下などから引き起こされる労働災害や過労死，一日の疲れが睡眠によって回復できないといった慢性的な疲れやメンタルヘルスの不調を訴える人々などを増加させている。

　アベノミクスが始まって以来，円の対ドル相場は異次元緩和導入前の 1 ドル = 92 円台から一時は 122 円台にまで下落し，株価は 1 万 2000 円台から 1 万 9000 円台へと推移し，2015 年 4 月以降には 2 万円台を突破する状況もしばしばみられる。輸出売上高の伸びの恩恵を受ける企業の収益は改善しており，また株高により一部の有価証券保有者の収入も増加している。そのおかげで 2014 年度税収[6] は上振れしており，税収合計は当初の 50.0 兆円見通しを大幅に上回り決算では 54.6 兆円になる勘定である。なお，経済の持ち直しを日本社会のより広範な領域にまで広げることを念頭におくならば，賃上げに関してはどの企業規模のレベルまで実施されるか，非正規雇用の労働者にどの程度まで波及するか，組合の賃上げ要求が一定程度の高水準で達成される状況はいつまで続くかといった問題などがある。

　本章では，勤労諸国民の生活・労働条件が悪化するきっかけとなった 1990 年代後半以降を中心に，さまざまな形で現象している現代的な貧困の問題を①雇用形態の変化，②収入の変化，③それらに伴う消費の変化を軸に分析し，よりましな労働・生活条件の獲得にむけて何が必要かについて検討する。それらを通して，現代日本の貧困の様相は，可処分所得の減少とそれを引き起こした雇

用形態の非正規雇用の拡大,勤労諸国民の可処分所得の低下と所得中間層の下位への移動として端的に現れていること,そのなかでも雇用の不安定化による格差の弊害はとりわけ若年層で深刻あることを示す。また,日本社会に緊急に求められる政策は,再分配のあり方の再検討,最低賃金の引き上げ,大企業ならびにその子会社とその次には中小企業ならびに零細企業で労働基準法を遵守させる仕組みの強化であることを提示する。中小企業以上の規模のレベルで労基法遵守が徹底されるだけでも労働者ひいては勤労諸国民の生活の安定に向けた環境の改善がある程度は見込まれると考えられるからである。

第1節 現代的貧困の様相と雇用形態・収入の変化

　本章では様々な貧困の形を生み出しているのは,社会的富の不平等な分配にその要因があるという立場[7]から,生活の基礎的基盤である収入と雇用,消費の実態についてとりあげる。本節では,西欧の福祉国家に比して日本が「相対的に低い失業率,高い不安定就業比率,高い相対的貧困率」[8]の国であることを統計データから示す。

1. 先進各国に比べて「相対的に低い日本の失業率」

　日本では1997年と2014年の2回の消費税率の引き上げが実施され,2008年にはリーマンショックによる影響,近年では原油価格の高騰を主な要因とする貿易赤字の急増など消費経済活動を損なう要因が次々と生じた。それにもかかわらず,失業率は他の先進諸国に比して常に低い値を示している。OECDの調査[9]によると,1995～2014年の日本の失業率をみると2002年の5.4%がもっとも高く,この期間の平均は4.4%にすぎない。EU諸国の雄であるドイツでさえこの期間の平均は8.2%,フランスは9.8%,イタリアは9.4%,スペインは

図表 2-1　年齢階層別の完全失業率（％）

〈男性〉

（年）	平均	15～19歳	20～24	25～29	30～34	35～39	40～44	45～49	50～54	55～59	60～64	65歳以上
1995	3.1	8.9	5.5	3.7	2.3	1.8	2.0	1.8	1.9	2.7	7.5	2.2
2000	4.9	14.1	9.6	5.8	4.2	3.0	2.9	3.2	3.8	4.5	10.4	3.2
2005*	4.6	10.9	9.7	6.4	4.2	3.7	3.3	2.9	3.3	4.3	6.2	2.5
2010*	5.4	11.1	10.3	7.8	5.4	4.4	4.0	4.1	4.1	5.0	7.1	3.3
2014	3.7	6.1	7.3	5.6	4.1	3.5	3.2	3.1	2.7	3.4	4.3	2.6

〈女性〉

（年）	平均	15～19歳	20～24	25～29	30～34	35～39	40～44	45～49	50～54	55～59	60～64	65歳以上
1995	3.2	7.5	5.8	5.2	4.7	3.0	2.2	2.1	2.0	1.7	2.6	0.6
2000	4.5	9.8	7.5	6.7	6.0	4.1	3.3	3.1	3.1	3.1	4.5	1.1
2005*	4.2	9.4	6.9	6.1	6.3	4.7	3.5	2.8	2.9	2.6	2.8	1.1
2010*	4.6	8.5	7.9	6.1	5.4	5.4	4.6	4.0	3.2	3.2	3.5	1.3
2014	3.4	4.1	5.7	4.6	3.8	3.6	3.4	2.7	2.7	2.2	1.5	

（注）「年次」欄の「＊」付の結果数値には、沖縄県分は含まれていない。
（出所）　総務省「労働力調査」。

15.9％である。

　「労働力調査」に基づき，日本の男女別の年齢階層別でみた完全失業率を5年ごとで比較すると，次のような特徴がある（図表2-1）。1つは，平均では1995年を除いて女性の失業率が低いこと，もう1つは，「30-34歳」層（2014年を除く），「35～39歳」層と「40～44歳」層では，男性の完全失業率が女性の完全失業率よりも低いもしくは同等であること，その他の年齢階層では，基本的に女性の完全失業率が男性のそれよりも低いこと（「25～29歳」層の1995年と2000年，「45～49歳」層の1995年と2014年を除く）である。産業構造が製造業からサービス業中心へと変化するなかで，先進諸国では女性就業者の数が増えてきた。そのうえ1990年以降になると国際競争の激化による先進諸国内の製造業の海外移転により国内製造業の縮小・閉鎖に伴う雇用者の削減が実施され

てきた。こうした経済環境の変化は先進各国でみられ、たとえばフランスでは近年の失業者の状況をみるとサービス産業での雇用拡大により男性よりも女性の失業率の方が低い年齢階層がでてきている[10]。

2. 若年層ならびに高齢者層で急増する非正規雇用

　雇用が保証され働きにみあった賃金が支払われたうえでの低失業率であれば、生活をするうえでの問題はないだろう。では日本社会の失業率の低さは、なにゆえに実現しているのだろうか。雇用形態の変化ならびに賃金の推移からその実態をみていこう。

　まずは雇用者（役員を除く）の雇用形態別の状況[11]についてである。2014年の役員を除く雇用者数は5240万人、雇用形態によるその内訳は「正規」が3278万人、「非正規」が1962万人で、それぞれ62.6％と37.4％となっている。「非正規」の内訳をみると、「パート・アルバイト」が1347万人、「派遣社員」が119万人、「契約社員」が292万人、「嘱託」が119万人、「その他」が86万人である。2002年には、役員を除く雇用者数は4940万人、そのうち「正規」は3489万人（70.6％）、「非正規」は1451万人（29.4％）、「非正規」の内訳は、「パート・アルバイト」が1053万人、「派遣社員」が43万人、「契約社員・嘱託」が230万人、「その他」が125万人であった。役員を除く雇用者に占める非正規雇用の割合は2003年に30％を超え、現在は4割に迫る勢いであり、とりわけ「派遣社員」の増加の勢いが際立っている。

　現代の日本における雇用に関する主要な問題は、①正規社員・従業員が減少していること、②これにより収入が不安定となり、生活の将来見通しが立てにくい状況があらゆる年代層に広がってきていること、③とりわけ若年層での雇用環境の悪化と劣化が激しいこと、④世界的にみても日本の経済発展を支えてきた分厚い中間層の崩壊が急速に進んできていることである。これらは各世帯の生活困難を引き起こすのみならず、低所得や無所得の人が増えれば税収も増えず、社会保障支出のさらなる増大の要因にもなりうる。

　2010年～2014年の雇用者数（役員を除く）の対前年度比の増減（図表2-2）

から，次のことがわかる。1つは2012年を除いて雇用者総数は，対前年比で増加していることである。だが同時に，「25〜34歳」層の雇用者数はすべての年で減少していること，「15〜24歳，在学中を除く」層でも2013年のわずかな伸びを除いて減少していること，働き盛りの「35〜44歳」層では2012年以降に増加数が激減し2014年にはついに減少に転じていること，「55〜64歳」層では2012年以降に減少が継続していること，反対に「45〜54歳」層では増加，「65歳以上」層では2012年以降の増加が顕著である。雇用者数の増大といわれる中身をのぞいてみると，年齢階層により増減の違いがはっきりとしている。

では，年齢階級別・雇用形態別にみた雇用者数の増減（対前年比）を男女別にみてみよう（2010〜2014年対象）。男性雇用者数の正規雇用者（図表2-3）について，2010年はマイナス21万人（以下マイナスは△と表示），2011年は△22万人，2012年は△13万人，2013年は△33万人，2014年は△8万人でこれらの合計は△86万人である。この減少数のうちもっとも高い割合を占めているのは「25-34歳」層であり，2013年以降になると「35〜44歳」層ならびに「55〜64歳」層でも大幅な減少がみられる。これに反して，この期間全体の非正規雇用は103万人の増加（2010年13万人，2011年31万人，2012年△5万人，2013年44万人，2014年20万人）である。年齢階級別にみると，「65歳以上」層での2013年以降の急速な伸びが顕著であること，若年層や働き盛りの層でも非正規での雇用が増えていることがわかる。

女性の雇用者数増減（図表2-4）では，2010〜2014年の期間に女性の正規雇用者は31万人減少しており，それに対して非正規雇用は132万人の増加している。年齢階級別の特徴としては，正規雇用では「25〜34歳」層で常にマイナス，「15〜24歳，在学中を除く」層では2013年のプラスマイナスゼロを除いてすべての年でマイナスを示している。2013年以降では「35〜44歳」層での減少，「55〜64歳」層での大幅な減少が目立つ。これに対し，非正規雇用では「35〜44歳」層以上の年齢層での大幅な増加がみられる。

一般的に，男女ともに「55〜64歳」層以上になると正規雇用の求人は極めて少なく，新しい職場を見出すのは困難である。また，雇用形態の変化や失業，

30　第Ⅰ部　格差社会の消費と流通

図表2-2　役員を除く雇用者数〈男女計〉の年齢階級別の増減（対前年比）

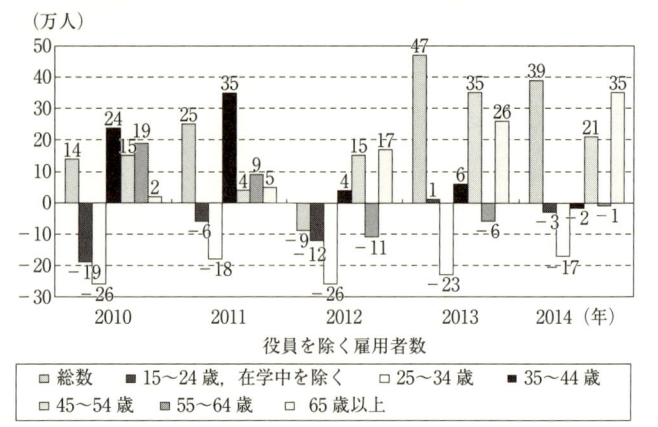

（出所）「労働力調査」（詳細集計）2014年平均結果統計表より作成。

図表2-3　役員を除く雇用者数〈男〉の年齢階級別・雇用形態別の増減（対前年比）

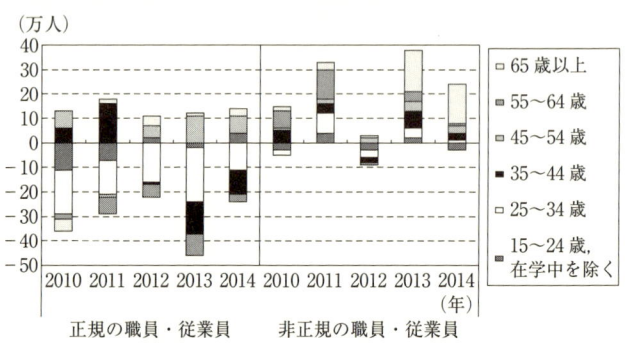

（出所）「労働力調査」（詳細集計）2014年平均結果統計表より作成。

図表2-4　役員を除く雇用者数〈女〉の年齢階級別・雇用形態別の増減（対前年比）

（出所）「労働力調査」（詳細集計）2014年平均結果統計表より作成。

年金額の引き下げや物価上昇などさまざまな要因により，非正規雇用であってもなんらかの収入を得ることで生活の安定を確保したいという人たちが増えている。日本では1990年代後半以降に非正規雇用の拡大をめざす財界の路線と政府の動き（法律の改正等）とが一気に推し進められた[12]。とりわけ2003年の製造業務での派遣許可の法改正と2005年5月の派遣法施行規則の改正での派遣業者による派遣労働者に対するメールでの就業条件提示の許可は，非正規雇用者の増大に拍車をかけた。第3次安倍内閣[13]のもとで量的な雇用拡大が進んではいるが，それらがまずは非正規労働者の増大により実現しており，その中心を高齢者や女性での非正規雇用が占めているのが現実である。

日本型雇用慣行を打ち破り，非正規雇用の増大と労働の質の劣化を引き起こすことで国際競争に勝てる「強い」日本経済をつくりだそうと試みる労働分野の規制改革を推進する論者は，輸出大手の業績改善により労働者にもインフレ期待が生まれ消費が拡大し，経済の好循環につながると考えている。保有株式や投資信託の価格上昇のおかげで，日銀発表による2014年12月末の家計の金融資産は過去最高の1694兆円[14]に達している。だが，私たちの生活する資本主義社会では，好景気の時期であっても常に相対的過剰人口をつくりだし[15]，労働者間で雇用や労働環境をめぐって競わせる仕組みがある。労働条件をより安全で生活できる水準に変えていくには，労働運動の発展とともに法律による規制が必要であるが，これらがともに弱い日本社会では，長時間労働や残業代未払い，アルバイトへのノルマ拘束，パワハラの横行や職場の協調関係の希薄化などといった状況がみられる。近年では，ブラック企業[16]と呼ばれる若年労働者を使い捨てにする企業の存在が問題化している。

3．非正規雇用の増大と所得水準の変化

収入は生活の主要な経済的基盤であり，雇用は収入を得るための主要な活動現場である。「国民生活基礎調査（H25年）」の「各種世帯別にみた所得の種類別金額の構成割合」では，全世帯の「稼働所得」の割合は73.8％である。同じく児童のいる世帯では89.6％，母子世帯では73.5％，高齢者世帯では18.0％

(「年金・恩給」が68.5％)である。すなわち年金支給資格のない年齢層では,生活基盤の大半が賃金によって支えられていることを考えると,賃金の低さは生活困難に直結しかねない問題としてとらえるべきであろう。仕事内容ではなく基本的には雇用形態により賃金が決まるという日本の賃金制度は,非正規雇用者の賃金水準を低いままにとどめておくこと,かつ,そうした非正規労働者の存在を圧力として作用させ正規労働者の賃金をはじめとする労働条件を低い方向へと移動させることを容易にしている。

総務省統計局「平成24年就業構造基本調査」[17]の雇用形態別にみた所得階級の状況によると,非正規雇用では「50～99万円」の所得がもっとも高く,次に「100-149万円」,「150～199万円」となっている。被扶養家族の枠組みのもとでのパート労働を選択する層が多くいることに加えて,非正規雇用での仕事しか見つからない雇用環境の広がりや年金等の補足を目的に働く高齢者の増大などを背景として,非正規雇用での就業者が増えていると想定される。総務省「平成25年労働力調査年報」によると,「25～34歳」の非正規雇用者の30.3％(男47.8％,女21.6％)が現職の雇用形態について正規の職員・従業員の仕事がないからと回答している。

「平成25年国民生活基礎調査の概況」より1世帯当たりの平均所得金額の推移をみると,2003年と2012年との比較で「全世帯」では579.7万円から537.2万円へと42.5万円の減少,「児童のいる世帯」でも702.6万円から673.2万円へと29.4万円減少している。それに対して,「高齢者世帯」では290.9万円から309.1万円へと18.2万円の増加である。現時点で退職年齢に近い層は日本の経済成長を経験し賃金の面でその恩恵を受けており,それらが退職金や年金にも反映していることから,平均すると「高齢者世帯」での所得の増加といった数字になると推測できる。また,蓑輪明子氏の分析によると,新自由主義の時代に進展した雇用は不安定化,低処遇化,長時間労働の標準化とともに,女性の労働力化は劣悪な労働市場への参入の形をとって進められてきたこと,高校生・大学生のいる世帯では夫の低所得化と妻の有業率の上昇(正規雇用の減少と非正規雇用の増大を伴う)がみられること,若い子育て世帯でも同様の傾向がみられ,末子3歳未満の世帯では妻の正規雇用者としての人数が増加しているこ

となどが詳細に論じられている[18]。

第2節　相対的貧困率，金融資産の有無から垣間見える現代日本の格差の様相

1．相対的貧困率の高い国，日本

　厚生労働省「平成25年国民生活基礎調査の概況」によると2012年の日本の相対的貧困率は，16.1％であり，1985年の12.0％から徐々に増大している。相対的貧困率は，「全体の所得水準の真ん中のさらに半分未満の人」の割合を示しており，2012年の調査時点のこれに該当する数値は，可処分所得（所得から税金や社会保険料などを差し引いた額）が122万円／年である。つまり，1カ月の可処分所得が10万円強で生活する人がおよそ6人に1人ということになる。2012年の「ひとり親と子」世帯の相対的貧困率は54.6％と過半を超えている。1985年以降ではこの世帯で最も低い数値は1991年の50.1％であるが，この期間を通して，つねに50％を上まわっている。所得再分配によって当初所得の是正がなされている面は確かに存在し[19]はするが，消費税の逆進性や子供の養育費・学費にかかる費用が各世帯の実収入に占める割合の高さなどを考慮すると，再分配所得の機能をさらに強化するとともに育児と教育に関わる費用の税負担の仕組みを作り直す必要があるといえよう。親の収入により子供たちの成育や学びの条件に不公平が生じることを避けなければならないからである。
　生活保護受給世帯数[20]は1984年の787758世帯から1992年の584821世帯へと減少した後，2014年の1599006世帯まで毎年増加を続けている。1992年と2014年で世帯類型別に数を比較すると，「高齢者世帯」は1992年の235119世帯から2014年の750580世帯へ，「母子世帯」は同57847世帯から同109146世帯へ，「障害者世帯・傷病者世帯」は同248038世帯から同456433世帯へ，「その他の世帯」では同43818世帯から282847世帯へと実数ではすべての世帯

で大幅な増加がみられる。これらを生活保護受給世帯数全体に占める構成割合に置き換えると,「高齢者世帯」は 40.2％から 47.0％へ,「母子世帯」は 9.9％から 6.8％へ,「障害者世帯・傷病者世帯」は 42.4％から 28.5％へ,「その他の世帯」は 7.5％から 17.7％へと変化している。実数では増加していながら構成割合は低下している「母子世帯」,「障害者世帯・傷病者世帯」がある一方で,高齢者人口の増加を主要因とする「高齢者世帯」での実数・構成割合の増加があり,さらに注目すべき点として「その他の世帯」の実数・構成割合ともの大幅な増加がある。後者では失業や疾病といった経済不況やそのもとでの労働環境の悪化等を主要な原因として保護が開始されている。それらの理由[21]について具体的にみると,保護開始理由の「全世帯」で上位を占めるのは「預金等の減少・喪失」29.4％,「疾病」26.4％,「その他」10.6％,「失業」9.0％である。これが「高齢者世帯」では「預金等の減少・喪失」が 36.6％,「疾病」15.3％,「老齢による収入の減少」12.8％,「その他」11.5％になり,「その他の世帯」では「預金等の減少・喪失」34.5％,「失業」18.7％,「疾病」14.8％,「その他」11.3％になる。保護開始理由で「預金等の減少・喪失」が「母子世帯」でも一番目であることから,日本では何らかの事情で支出金額が不足するような場合には,まずは預金等で賄うという個別世帯での対応がとられ,それらをはじめとする個人的方策が尽きると生活保護の受給に移る世帯が多いと推測できる。ホームレスの人数は厚生労働省の 2014 年調査では 7508 人となっており,2 万5000 人だった 2003 年から大幅に減少している。しかしながら,ネットカフェなどで長期間にわたって生活する人々が増加する[22]など,従来のホームレスとは異なる貧困の現実がある。

2. 個人金融資産額の増大と偏在

　日本の家計の金融資産残高は,2014 年 12 月末の自営業者の個人を含む総額で 1,694 兆円に達している[23]。その資産構成は,「現金・預金」が 52.5％,「保険・年金準備金」が 26.4％,「有価証券」が 16.7％,「その他」が 4.4％である。「家計の金融行動に関する世論調査 2014(二人以上世帯調査)」によると,金

融資産の保有額の平均値は1,182万円（前回調査：1,101万円），中央値400万円（前回調査：330万円）であり，2005年以降で保有額の平均値が最も高かったのは2007年の1,259万円（中央値500万円）である。金融資産のうち金融機関に関連するものの内訳は，預貯金（郵便貯金を含む）が54.1%（前回55.0%），生命保険18.0%（前回15.9%），有価証券（債権・株式・投資信託）16.8%（前回16.9%）である。同時調査の「年間手取り収入（臨時収入を含む）からの貯蓄割合（金融資産保有世帯）」では，2014年に「貯蓄しなかった」世帯は30.4%であり，前回28.9%よりも増大している。時系列的に5年単位でその推移をみると，1985年は18.0%，1990年は15.8%，1995年は18.2%，2000年は24.9%，2005年は24.3%と増加傾向にあり，1997年の大手企業の経営破たん以降に貯蓄ゼロ世帯や手取り収入から貯蓄に回す割合の低下といった形で世帯の貯蓄行動に変化が生じていることがわかる。生活条件の変化により世帯の支出額が不足する場合に貯蓄に頼ることの多い日本社会において，貯蓄の減少は緊急事態に対する個別世帯での備えを脅かすことになるだろう。

次に，総務省「家計調査（貯蓄・負債編）」から勤労者世帯（二人以上の世帯）を対象にした所得階級別の保有金融資産の違い（図表2-5）についてみてみよう。年間収入十分位階級別で所得の最も低いⅠ層と最も高いⅩ層との比較では，Ⅰ層の所得はⅩ層の所得のおよそ2割（19.5%）しかなく，貯蓄も同様に2割（22%）程度でしかない。またⅠ層の金融機関での保有資産を種目別にそ

図表2-5　年間収入十分位階級別貯蓄及び負債の1世帯当たり現在高（単位：万円）

	平均	Ⅰ	Ⅱ	Ⅲ	Ⅳ	Ⅴ	Ⅵ	Ⅶ	Ⅷ	Ⅸ	Ⅹ
収　入	694	275	399	467	530	595	671	750	845	996	1,411
貯　蓄	1,297	605	720	822	1,074	1,079	1,222	1,449	1,429	1,819	2,752
金融機関	1,245	598	711	811	1,059	1,047	1,174	1,387	1,349	1,708	2,601
通貨性預貯金	305	149	163	196	259	240	326	312	286	513	607
定期性預貯金	493	242	304	359	461	442	425	599	555	565	974
生命保険など	317	173	227	215	259	271	346	347	384	414	532
有価証券	130	34	18	42	80	94	77	128	126	217	487
金融機関外	52	6	9	10	15	32	48	62	79	111	150

（出所）「家計調査（貯蓄・負債編）」，二人以上の世帯のうち勤労者世帯，平成26年7～9月期。

の構成割合でみると「通貨性預貯金」は24.5％,「定期性預貯金」は24.8％,「生命保険など」は32.5％,「有価証券」は5.7％である。これに対してＸ層では「通貨性預貯金」は23.3％,「定期性預貯金」は37.4％,「生命保険など」は20.5％,「有価証券」は18.7％である。この２つの所得階層の比較から高所得層での「定期性預金」と「有価証券」の構成割合がⅠ層よりも高いこと,「生命保険など」の割合が低いこと,また,Ⅰ層の「通貨性預貯金」と「定期性預貯金」の額はＸ層のおよそ25％,「生命保険など」は約3分の1,「有価証券」は6分の1程度であることがわかる。

3. 円安・株高の恩恵は誰のもとに？

　4月10日,東京株式市場での日経平均株価が一時2万円を超えた。2万円台の回復は2000年4月以降およそ15年ぶりである。では,この株高は日本経済全体の活性化にどのような道筋をたどって好影響を与えてくれるのだろうか。野村総研によると,純金融資産が1億円以上5億円未満の「富裕層」と同5億円以上の「超富裕層」を合わせた世帯は2013年に100万世帯を超えており,この2年で約10万世帯も増加し,彼らの保有する純金融資産総額は241兆円になるという[24]。

　好景気を牽引する個人消費の拡大が期待され,さらには税の再配分効果により株式とは縁のない生活をしている人々にも消費促進の影響がでることが期待される。しかしながら,有価証券等から得た利益に対してかけられる税率は累進課税ではない。株式保有者は人口の12％にすぎず,また彼らの儲けに掛けられる税率は一定であることから儲けの額が増えれば増えるほど手元に残る金額は多くなる。2012年の申告納税者の所得税負担率は,財務省によると所得金額の合計が「5千万超〜1億円」層の28.3％がもっとも高く,それよりも所得の高い層では所得税負担率が低下していく。「申告納税者の所得税負担率と合計所得金額のうち株式譲渡の占める割合（平成20年分）」（図表2-6）によると,所得合計が10億円を超える層の所得税負担率は18.8％であり,この負担率は「2千万以上〜3千万円未満」層の18.4％をわずかに上回るにすぎない。所得税は

図表 2-6　申告納税者の所得税負担率と合計所得金額のうち株式譲渡の占める割合（平成 20 年分）

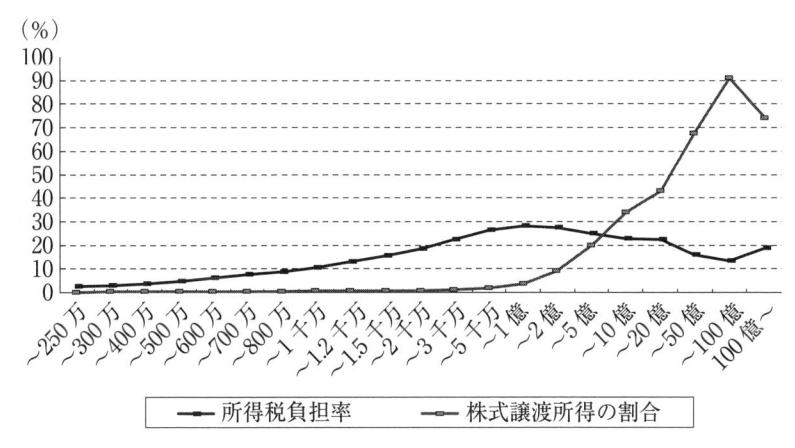

（出所）　財務省「参考資料（所得税）」平成 23 年 12 月 20 日，第 5 回社会保障・税一体改革作業チーム資料より作成。

　累進課税の仕組みをとっているにもかかわらずこうした現象が生じているのは，株式の売却益や配当金にかかる税率が所得金額に関係なく一定だからである。所得が高い層ほど株式等の有価証券保有率が高く，彼らの所得に占めるこれらから得られる金額が多いために，所得税率の逆転現象がおきている。

　行政サービスの安定的な財源として戦後の日本では所得税による税収が中心に置かれてきた。だが，所得税の累進課税は 1980 年代以降「小さな政府」論が席巻するなか最高税率が大きく減らされてきており，75％であった 1983 年までの最高税率は現在の 40％にまで低下している。1989 年に導入された消費税は税制のバランスを調整するためとも言われてきたが，この間の税金の増減をみると所得税と法人税での減税分と消費税による収入増分とがほぼ同額となっている[25]。社会全体の生活・雇用面での不安をなくすためには，所得の多い人により多く課税し再配分機能により援助を必要とする人々へ配る仕組みの強化が何よりも求められる。税の財源が枯渇しているわけではなく，税負担のあり方こそが根本にある問題だからだ。

第3節　消費の変化

1. 勤労者世帯の家計収支の推移

　次に，家計収支の動向をみてみよう。ここでは，総務省『家計調査年報』から勤労者世帯（2人以上の世帯）の調査結果とりあげる。図表2-7は，実収入（税込み収入）と消費支出，可処分所得（税金や社会保険料等を引いたあとの自由に使える額）を前年同月比でみた実質増減率を示している。1997年の大手企業の経営破たんが相次いだ翌年以降に実収入，消費支出，可処分所得の減少が2003年まで続き，2005年と2006年，2008年と2009年，2011年にもそれぞれの項目でマイナスになったことがわかる。2012年にはこれら3項目はそれぞれに対前年比で増加しているが，消費支出が可処分所得を上まわり，2013年には可処分所得がマイナスであるにもかかわらず消費支出が増大している。

　消費支出の増減は，たとえば同じ量の食料品を購入したとしてもその商品価格の値上がりにより支出総額が増えることがあり，反対に商品価格の値下がり

図表2-7　勤労者世帯（二人以上の世帯）の収入・支出・可処分所得の推移（前年同月比，実質増減率）

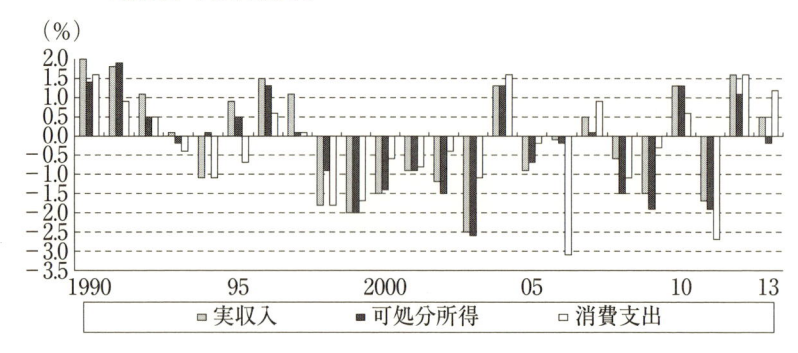

（出所）　総務省統計局「家計調査」より作成。

により支出総額が減ることがある。また，同じ商品の購入数量が増えた場合には，商品価格が同じであっても支出総額は増える。さらに，同じ種類の商品ではあっても上質の材料を使用した商品を購入する場合にはより高額となり，この場合にも支出額は増加する。こうした事情を考慮すると，物価上昇率を差し引いて実質的な増減をとらえた実質消費支出と実質可処分所得から消費をとらえる必要がある。一般的に私たちの生活では，可処分所得の範囲内で日常の生活費をやり繰りしており，可処分所得よりも消費支出が少ないのが一般的な生活のあり方だといえる。支出の使い道は世帯によってさまざまであり，世帯それぞれの形をもった消費活動が継続的に行われている。そのため，ボーナスや給料が減った場合でも，それに適応した消費形態に各世帯がすぐに対応できるわけではない。消費支出が可処分所得を上回るといった現象は，可処分所得が落ち込んでもその落ち込みにあわせて消費支出を削減できなかった結果だと推測できる（「ラチェット効果」）。

　2014年4月の消費税の引き上げは，消費支出の引き下げを招き，駆け込み需要が一段落すると考えられていた夏以降の回復も遅れた。消費税率引き上げが実施された1997年と2014年で各年の前年平均を100としてみた場合の消費支出（二人以上の世帯，季節調整済実質指数）の推移[26]によると，2014年の消費支出は1997年の消費税引き上げ時よりも回復が鈍かったことがわかる。一部の輸出企業の業績改善と大手企業での賃上げが新聞でとりあげられる一方で，生活改善の実感はわからないといった巷の声が多く聞かれるのはこうした消費回復の遅れが存在しているからである。

2. 年間収入階級別に見た家計収支の特徴

　次に，年間収入階級別にみた家計収支（2人以上の世帯のうち勤労者世帯）の特徴をみてみよう。1990年，1995年，2005年と2014年の実収入（税込収入，世帯員全員の現金収入の合計），可処分所得（手取り収入），消費支出の月平均額と黒字率をとりあげる（図表2-8）。

　まずは，実収入，可処分所得，消費支出の月平均額のすべてにおいて，1995

図表2-8　年間収入五分位階級[1]別1世帯当たり年平均1カ月の収支[2]

年次	平均	第Ⅰ階級	第Ⅱ階級	第Ⅲ階級	第Ⅳ階級	第Ⅴ階級
			実収入の月平均額	（円）		
1990	521,757	292,406	398,725	496,815	602,256	818,582
1995	570,817	328,271	440,953	546,120	648,268	890,473
2005	522,629	286,262	391,769	482,812	601,112	851,189
2014	519,761	288,485	401,044	487,332	591,293	830,653
			可処分所得の月平均額	（円）		
1990	440,539	260,405	348,632	426,092	506,575	660,989
1995	482,174	289,981	383,352	468,111	543,964	725,460
2005	439,672	252,624	338,271	411,220	501,977	694,266
2014	423,541	248,997	338,507	402,105	478,955	649,138
			消費支出の月平均額	（円）		
1990	331,595	217,123	271,074	326,525	368,974	474,277
1995	349,663	233,854	290,357	342,458	391,306	490,343
2005	328,649	218,424	270,341	312,423	377,968	464,098
2014	318,755	214,935	264,794	302,920	363,854	447,271
			黒字率[3]	（％）		
1990	24.7	16.6	22.2	23.4	27.2	28.2
1995	27.5	19.4	24.3	26.8	28.1	32.4
2005	25.6	17.0	21.4	21.3	25.4	32.7
2014	24.7	13.7	21.8	24.7	24.0	31.1

(注1)　「年間収入五分位階級」とは，集計世帯を年収の低いものから高いものへと順に並べ，5等分したもの。
(注2)　2人以上の非農林漁家世帯。
(注3)　黒字率：可処分所得に対する黒字の割合，小数点第二位以下を四捨五入。黒字：実収入と実支出との差。
(出所)　総務省「家計調査報告〔家計収支編〕」より作成。

年の値が最も高いということである。1990年代初頭のバブル経済の崩壊により株価と大都市圏を中心とした地価の暴落が起こり，それまでの右肩上がりの日本の経済成長は打ち止めとなった。しかしながらこのバブル経済崩壊による影響で企業の倒産件数の増加や失業率の増大などがみられたことは事実であるが，消費活動の面からみるとそうした影響がすぐに国民全体の消費状況を変えるものではなかった。労働者の雇用・生活に質的な変化をもたらしたのは，1997年にはじまる経済不況と労働・生活に関連する法改正やグローバル化の急速な進展による国内雇用環境の悪化であった。1990年代終盤になると収入の減少や先行き見通しの不安定さからくる勤労諸国民の消費節約行動が目に付くようになってきた。

実収入の平均では，1995年のピーク時と2014年との差額はマイナス51,056円（以下，マイナスは△で表示）であり，この差額は95年の実収入の約8.9％（以下，同様に表示）に該当する。年間収入階級別に1995年と2014年との実収入を比較すると，第Ⅰ階級の両年の差額は△39,786円（12.1％），第Ⅱ階級では，△39,909円（約9.1％），第Ⅲ階級では58,788円（約10.8％），第Ⅳ階級では56,975円（約8.8％），第Ⅴ階級では59,820円（約6.7％）である。

同様に，購買力の強さを測ることのできる可処分所得についても両年の差額を比較してみよう。平均では95年のピーク時に482,174円であったものが2014年には423,541円へと減少しており，95年に比して約12.2％の減少である。年収階級別にみると，第Ⅰ階級では40,984円（約14.1％），第Ⅱ階級では44,845円（約11.7％），第Ⅲ階級では66,006円（約14.1％），第Ⅳ階級では65,009円（約12.0％），第Ⅴ階級では76,322円（約10.5％）となっている。

消費支出の平均では，1995年の349,663円から2014年の318,755円へと30,908円の減少（約8.8％）している。第Ⅰ階級の減少額は18,919円（約8.1％），第Ⅱ階級では25,563円（約8.8％），第Ⅲ階級では39,538円（約11.5％），第Ⅳ階級では27,452円（約7.1％），第Ⅴ階級では43,072円（約8.8％）である。

つぎに，可処分所得に対する黒字の割合を示す「黒字率」についてみてみよう。黒字は，黒字＝「実収入」－「実支出」＝「可処分所得」－「消費支出」で示される。黒字率（可処分所得に対する黒字の割合）の平均は，1990年は

24.7％，1995年に27.5％になり，2014年には再び24.7％になっている。第Ⅰ階級では，90年の16.6％から95年には19.4％，そして2014年には13.7％へと低下している。第Ⅱ階級と第Ⅲ階級では，90年と2014年の黒字率との間にあまり差が見られず，前者におけるその差は0.4％，後者では1.3％である。第Ⅳ階級では両年の間に3％を超える開きがある。これらに対し，第Ⅴ階級では，90年の28.2％，1995年の32.4％，2005年の32.7％，2014年の31.1％と対90年で増加していることがわかる。これらの数字から推測できるのは，所得の高い第Ⅴ階級では黒字が増えていること，第Ⅱ，第Ⅲ階級では支出を抑えるなどしながら黒字維持しようとしていること，第Ⅰ階級と第Ⅳ階級では支出増により黒字が減少していること（なお，この両階級では支出項目での違いがあるため両者の比較には別の分析を必要とするが，ここでは金額面だけの指摘にとどめる）である。

　日本では教育や医療，育児や介護にも相当額の支出が必要とされるため，勤労者世帯が生活防衛のため貯蓄にはげまざるをえない。たとえば，世帯主年齢「40〜44歳」層の実収入に占める教育関係費の割合は7.1％，「45から49歳」層では11.2％，「50〜54歳」層では11.9％を占めている[27]。2013年度の私立大学（学部）の初年度学生納付金は1,312,526円で，初年度のみに課せられる入学料を除いた授業料と施設整備費の合計だけでも1,048,135円[28]，国立大学の授業料（年額）の標準額は，535,800円である[29]。日本では大学・短期大学等への現役進学率[30]は2007年に50％を越え，2013年には53.9％に達している。文部科学省の調べでは，就学援助を受けている児童・生徒は2012年度に155万人で，公立学校の児童・生徒の6人に1人（15.64％）に達している[31]。以上のことから，実収入や可処分所得が減少するなかで黒字率を維持している勤労者世帯の消費実態は，日常の生活を送るだけでも多額の支出を覚悟しなければならない「強いられた消費行動」により生み出されているといえるだろう。

おわりに

　雇用・生活面での現代的な貧困を考えるとき，最大の問題は若者の貧困である。現状では現役時代に比較的安定した収入を得ることのできた団塊の世代の退職者層が多数含まれることなどを要因として高齢者層での格差は小さくなる一方で，若者世代での格差が大きくなっている。

　本章では，日本の世界的比較における低失業率は正規社員から非正規社員への置き換えで実現されていること，近年の雇用者数の増大は非正規労働者の増加の占める割合が若年層や高齢層でとくに高いこと，1995年をピークとして実収入，可処分所得，消費支出の減少がすべての年間年収階級で続いていることなどを示した。働いても食べていけない労働条件の広がり，子どものある世帯での支出の増大，非正規労働者の増大により安定した収入の条件や技術力ひいては人間関係の形成が難しく，将来的な生活見通しの立てにくいといった状況は，働き盛りの世代だけにとどまらず若年層の生活にも直接的な悪影響を及ぼす。

　社会的にみれば，所得が少なすぎて納税することのできない人たちが多くなればなるほど，社会保障等の支出が増え，社会としては財源不足が悪化する。一方で過労死に結びつくような長時間労働と，長時間働いても生活ができないような雇用環境に置かれた人たちがいること，働く喜びが見いだせなかったり人間の尊厳までもが傷つけられるような労働・生活環境が放置されていたりすること，他方で余裕資金を株式等の運用にまわし高額所得を得ながら生活する人たちがいる。円安と株高により大手の輸出企業を中心に売上高ならびに経常収支の改善がみられ，一部の株式等の有価証券保有者たちの収入増によりデフレ脱却の道が開かれるかのような議論が続いている。だが，高度経済成長期をすでに終えた社会における経済面での貧困や格差の問題は，より多く稼ぐ人からより少なく稼ぐ人への社会的再配分によって解決するしか方法はないだろう。

　日本社会に生じている「"豊かさのなかの貧困"」[32] を再分配機能の適正化と

強化により最低限の生活保障と雇用の場の確保を実現すべきだといえよう。「脱時間給」の議論の前に，労働基準法で定められた労働時間の厳守と残業代の支払いの厳格化，パワーハラスメントの発生しやすい職場環境（長時間労働の是正，安全教育の実施，名ばかり管理職の実態把握と廃止，同一価値労働同一賃金の導入など）を整備し，働くことで生活できるだけの収入を確保できる層を増やすこと，それにより消費を拡大し中小零細企業の経営を安定させること，所得税や法人税を納めることのできる層の増大ならびに法人税の引き上げの実施が求められる。少なくとも，これらを実現するだけで雇用に関連する貧困状況は，かなりの程度改善されることが期待できる。

〈注〉
1) 中川［2009］p.8。
2) 中川［2009］によると，現代日本の貧困の特徴が2点にまとめられている。1つは多元化している点，「高齢者世帯とくに高齢単身者，ひとり親世帯とくに母子世帯，生きにくさに直面する若者たち，各種の非正規労働者，失業者，傷病や心身の障害を負う人々，各種の依存を抱える人々，災害・公害・薬害などの被害者，ホームレス，様々なマイノリティなど」(p.8)。もう1つは，1960年頃までは所得保障を中心とした貧困政策だけでは効果的な対応ができなくなってきている点である (p.6)。
3) 『日本経済新聞』2015年3月21日，朝刊2ページ参照。
4) 国内で雇われて働いている人が1年間に受け取った給料，賞与，手当等の総額。
5) 内閣府「国民経済計算」。
6) 『日本経済新聞』2015年3月22日，朝刊3ページ参照。
7) 都留［2009］p.146によると，「貧困とは，労働者をはじめとする勤労階級が作り出した「社会的富」が不平等に分配されることによる経済的窮迫状況であり，そして窮迫から人間の社会的尊厳が損なわれるという，一つの（共通の）形態である。不平等な分配は，個人の持つ事情からではなく，近代社会の土台である資本制の構造から招かれるものである（人間諸力＝労働力の商品化・競争による賃金の低下法則，衰退産業のスクラップ・零細業者の淘汰など）。」と説明されている。筆者はこの立場に賛成である。引用文の付点は都留によるものである。
8) 都留［2009］，伍賀［2009］p.35。
9) OECD, Short-Term Labour Market Statistics より，小数点第二位以下を四捨五入して表記。
10) 森脇［2015］。
11) 総務省統計局「労働力調査」の「長期時系列データ（詳細集計）」「年齢階級，雇用形態別雇用者数〈男女計〉−全国」より。
12) 森脇［2007］。
13) 2014年12月24日発足。第一次安倍内閣は2006年9月27日〜2007年8月27日，第二次安倍内閣は2012年12月26日〜2014年9月3日。

14) 日本銀行調査統計局「資金循環統計（2014年第4四半期速報）」2015年3月18日による。
15) 伍賀［2014］，「半失業者のプールを拡大することで失業者を隠蔽し，失業率を圧縮する手法が新自由主義の特徴である」(p.42)。伍賀は，働いていながらも貧困と直結したような近年の日本で急速に広がっている「見えない失業，見えにくい失業」を，「半失業」と呼んでいる (p.28)。
16) 今野［2013］・［2015］，大内・今野［2015］。
17) 「平成26年版 労働経済の分析」付2-(2)-1表。
18) 蓑輪［2013］。
19) 厚生労働省［2011］。
20) 厚生労働省「平成25年度被保護者調査」の「現に保護を受けた世帯数，世帯類型別（1か月平均）」。
21) 厚生労働省「平成25年度 被保護者調査（月次調査）」の「保護開始世帯数，世帯類型，世帯構造×保護開始の理由別」。
22) 『日経ビジネス』2015年3月23日参照。
23) 日本銀行調査統計局「資金循環の日米欧比較」2015年3月23日。
24) 野村総合研究所［2014］。
25) これを指摘する論者として，たとえば政府税制調査会の会長代理である神野直彦氏を挙げることができる。
26) 家計調査報告〔家計収支編〕」平成26年（2014年）平均速報結果の概況（要約），平成27年2月17日。
27) 出所：総務省「平成25年 家計調査」。
28) 文部科学省「私立大学等の平成25年度入学者に係る学生納付金等調査結果について」より。調査学校数：私立大学574大学，私立短期大学319大学，私立高等専門学校3校。
29) 文部科学省「平成22年度国立大学の授業料，入学料及び検定料の調査結果について」平成22年5月7日，86法人のうち81法人が授業料（年額）を標準額に設定。
30) 文部科学省「平成26年度学校基本調査（確定値）の公表について」平成26年12月19日。
31) 文部科学省「要保護及び準要保護児童生徒数の推移（平成7年度～平成24年度）」。
32) 高橋［2012］は「非自発的雇用の存在はGDP（国内生産）などの経済統計に現れる豊かさと，そこで暮らしている人びとが日常生活で実感する貧しさとのギャップ，すなわち"豊かさのなかの貧困"という点から見るなら，ケインズの時代の非自発的失業よりもずっと深刻な問題と言える」(p.33) と述べている。

〈主要参考文献〉

青木紀編著［2003］『現代日本の「見えない」貧困―生活保護受給母子世帯の現実』明石書店。
阿部彩・國枝繁樹・鈴木亘・林正義［2008］『生活保護の経済分析』東京大学出版会。
今野晴貴［2013］『ブラック企業ビジネス』朝日新書。
今野晴貴［2015］『ブラック企業2』文藝春秋。
大内裕和・今野晴貴［2015］『ブラックバイト』堀之内出版。
伍賀一道［2009］「雇用・失業の視点から見た現代の貧困―流動化する不安定就業に着目して―」『貧困研究』vol.3, 10月。

伍賀一道［2014］『「非正規大国」日本の雇用と労働』新日本出版社。
厚生労働省［2011］「所得再分配調査 平成 23 年」。
髙橋信彰［2012］『ケインズはこう言った』NHK 出版。
竹信三恵子［2009］『ルポ　雇用劣化不況』岩波新書。
都留民子［2009］「「福祉国家」はゆらいでいるか フランスの失業・貧困とその対策」『経済』9 月。
中川　清［2009］「貧困をめぐる社会構図の転換—現代日本の貧困の特徴」『貧困研究』vol.3，10 月。
新村　聡［2006］「平等と不平等の経済学—「新自由主義的「平等」と福祉国家的「平等」の対立」『季刊 経済理論』43(1)，4 月。
野村総合研究所［2014］，News Release，「日本の富裕層は 101 万世帯，純金融資産総額は 241 兆円」11 月 18 日。
蓑輪明子［2013］「新自由主義時代における家族の多就業化と新しい家族主義の登場」『現代思想』vol.41-12，2013 年 9 月。
森脇丈子［2007］「1990 年代における雇用・労働環境変化のもとでの消費支出の特徴」，仲上哲編著『「失われた 10 年」と日本の流通』文理閣。
森脇丈子［2015］「転機に立つフランス経済と雇用・移民・外国人労働者問題」，朝日吉太郎編『欧州グローバル化の新ステージ』文理閣。

（森脇　丈子）

第3章

格差社会と消費者の変化

はじめに

　バブル崩壊以降の長期的経済不況の下で,「格差社会」という言葉が叫ばれている。とくに1990年代後半から今日に至る20年余りの間に所得格差が拡大し,それが教育格差や文化資本格差を生み出して,格差が再生産され,固定化されているといわれている。今日いわれる「格差社会」は,経済格差が教育格差や文化格差を生み出し,生み出された教育格差や文化格差がさらなる経済格差を生み出すという連鎖によって,貧困が世代間で継承され,固定化される社会であるということができる。

　しかし,それにしても,今,なぜ「格差社会」なのだろうか。貧困の連鎖という今日の「格差社会」は,古典的な階級社会と何が違うのだろうか。さらには,高度成長期の消費社会とどう異なるのだろうか。

　主要先進国における新自由主義政策の推進と福祉国家政策の放棄に伴い,個々人の生活が不安定化・不確実化し,困窮化・棄民化するという今日的な現象を積極的に分析しているバウマン(Bauman, Z.)は,「貧困は,社会的・心理的な条件でもある」[1)]とし,当該社会で実践されている「普通の生活」という「基準に達していない」ことが貧困であり,そのことが悩みや苦痛や屈辱感の原因

になるとして，格差・貧困の意味が歴史的に変化することを論じている。それによれば，産業化初期段階以降のヨーロッパ社会で実践されることになった「普通の生活」とは，「労働こそがすべての人間の正常なあり方であって，働かないことは異常なことである」[2]という労働倫理に従って労働することであり，この「基準に達していない」こと，すなわち失業が，この時代の格差・貧困を意味した。そして，その後の消費社会における「普通の生活」とは，「愉快な感覚と生き生きした経験を味わうために，ひと揃いの公に提示された機会の中から自ら選択を行うことに専念する」[3]という消費の美学に導かれて消費することであり，格差・貧困の意味は，購買力がなく自由に選択できないことに変化した。

ここで注意しておきたいのは，労働倫理にせよ消費の美学にせよ，そうしたその時代に支配的な規範が守られれば守られるほど，意図せざる結果として格差・貧困が拡大したということである。貧しい人々を通常の工場労働へと引き寄せ，格差・貧困を撲滅すると期待された労働倫理は，人々を思考能力のない従順な存在に馴化しようとすることになり，悩みや苦痛や屈辱感をかえって抱かせることになったし，「働かなくとも得られる」給付は「適切でない」という原則を公にすることで，働きたくても働くことのできない貧民のための救貧法による支援を著しく限定することになった。「生産の衝動を創造する」[4]ことで格差・貧困を縮小すると考えることもできる消費の美学は，購買力のない人々に，選択すらできない「欠陥のある消費者」であるという苦痛を与えたし，「あてがわれた」のではなく「自由に選択された」という理由だけで，相対的に安全な福祉国家政策よりも，リスクのある新自由主義政策を優先させることになった。

今日いわれる「格差社会」が，まさに今日に特殊な社会であり，古典的な階級社会，あるいは高度成長期の消費社会と異なるのであれば，それは，かつての労働倫理や消費の美学のような特殊歴史的な支配的規範を有していると考えられる。また，同じく今日いわれる「格差社会」が，まさに格差を再生産し固定化する社会であり，その点でこれまでの社会と共通しているのであれば，今日の支配的規範もまた，それが守られれば守られるほど，意図せざる結果とし

て格差・貧困を拡大させる可能性を有していると考えられる。

では，今日の支配的規範とは何か。それはどのように格差・貧困を拡大させるのか。そして，それとの関連で，ブランド消費や消費スタイルの変化は，どのように理解できるのか。本章の目的は，これらについて検討しながら，「格差社会」における消費者の変化を明らかにすることである。

第1節　消費の無時間性と階層格差の再生産

1．消費の無時間性

まず，今日の支配的規範について検討したい。そのための手がかりになると思われるのは，諏訪哲二氏の議論[5]である。2001年までの40年近く高校教師を勤めた諏訪氏は，その豊富な指導経験を基に，1980年代中葉以降，子どもが学ぼうとしなくなり，自分を変えようとしなくなって，「オレ様化」し始めたと論じている。

そのことを諏訪氏に確信させた2つの事例がある。1つは，喫煙している所を見つかった生徒が，喫煙を現認した教師に対して，「タバコは吸っていない」と言い張り，喫煙したことを最後まで認めなかったという事例である。もう1つは，テスト中にカンニングペーパーを取り上げられた生徒が，「それは暗記するためにつくったのであって，カンニングのためではない」と言い張り，カンニングしたことを最後まで否定したという事例である。

こうしたことは1980年代までほとんど起きなかったという。では，なぜ子どもたちはこのように変容してしまったのだろうか。その理由を，諏訪氏は，「等価交換」から説明している。

それによれば，1980年代中葉からの子どもたちは生まれつき消費社会に住んでおり，最初から「『ものを買う者』（消費主体）として自立していく。消費主

体としては何らおとなと相違ない資格を有するようになる。商品経済がこまごまとした生活の全体をおおうようになれば,『商品交換』的な発想や考え方が強くなるのは当然で」[6],そうした消費主体としての今の子どもたちは,教育においても等価交換を求めるようになっている。つまり,喫煙した生徒もカンニングした生徒も,「自分の行為の,自分が認定しているマイナス性と,教師側が下すことになっている処分とをまっとうな『等価交換』にしたいと『思っている』。……しかし……対等な『等価交換』が成立するはずがない。そこで自己の考える公正さを確保するために,事実そのものを『なくす』か,できるだけ『小さくする』道を選んだ」[7]のである。

一方,「教師たちの意識では教育活動(行為)は『贈与』である」[8]。たとえば,教師側は生徒の好ましからざる行為に対して家庭謹慎3日などの贈与を与え,生徒がその時間をかけて反省してくれることを返礼として期待している。だが,生まれながらの消費主体は,そうした贈与を等価交換のやり取りに換えてしまいたいと思っている。つまり,今日の子どもたちは,時間的行為そのものをなくすか,できるだけ短くする道を選ぶと考えられるのである。

このような諏訪氏の議論を参考にしながら,内田樹氏は,今の子どもたちがあらゆることについて,「それが何の役に立つのか」と訊ねるようになっている理由を,「消費主体として人生をスタートする」[9]ことに見出している。超少子化もあって潤沢なお小遣いが供給されている今の子どもたちは,家事労働でも就学でもなく買い物から社会的活動をスタートする。それゆえ,人生のごく初期に法外な全能感を感じることになる。なぜなら,社会的能力はほとんどゼロの子どもであるにもかかわらず,お金さえあれば大人と同じサービスを受けることができるからである。この快感を一度知ってしまったら,子どもたちはそれから後,どのような場面でも,自らを消費主体として位置づける方法を探すようになる。たとえば,学校において子どもたちは,教育サービスの買い手というポジションを無意識のうちに先取し,「それを学ぶことにどんな意味があるのか」と訊ねるようになる。「消費主体は,自分の前に差し出されたものを何よりもまず『商品』としてとらえる。そして,それが約束するサービスや機能が支払う代価に対して適切かどうかを判断し,取引として適切であると思えば金

を出して商品を手に入れる」[10]。この幼い消費主体は，それが役に立つと思えば学び，思わなければ学ばない。

　ここにおいて危機的なのは，学校教育の場で示されるものの意味や有用性がまだよく分かっておらず，それゆえにこそ学ばなければならない子どもたちに，その意味や有用性を決める権利が委ねられていることである。たとえば，母語の修得が有意義であり，有利であると判断したから母語を学び始めたのではないように，学びとはその意味や有用性が分からないところから始まり，学んでいるうちにそれが分かってくるという時間的な現象である。だが，このような学びのプロセスは，消費主体として人生をスタートする今の子どもには理解できない。なぜなら，消費主体にとって何よりも重要なことは等価交換が適正に行われることであって，その意味や有用性が迅速かつ適切に分からないものに自らの貴重な時間をかけることはできないからである。かくして子どもたちは学びから逃走し，下流化する。

　以上の議論から確認すべきは，学びのプロセスは，消費主体には理解できないということ，すなわち，時間的な現象は，「等価交換原理で生きる人間には決して表象できない」[11]ということである。逆にいえば，消費主体が表象するのは無時間的な現象であるから，「消費とは本質的に無時間的な行為」[12]ということになる。

　この「消費の無時間性」こそ，今日の支配的規範ではないかと考えられる。消費行動においては通常，貨幣と商品の交換が同時的に行われる。貨幣を支払ったのにいつまでも商品が手渡されなければ不安である。しかし，今日ではむしろ，貨幣を支払う前に商品が届くシステムが支配的な形態になっている。買い物かごの中の商品には貨幣を未だ支払っていないにもかかわらず占有権が発生している。支払後でもクーリングオフで商品を返却して交換がなかったことにすることができる。いずれの場合も，消費がその無時間性を強めている。今日の社会は消費の無時間性が全面化した社会であると考えることができる。

2. パイプラインの機能不全と階層格差の再生産

　今日の支配的規範が消費の無時間性であるとすると，それはどのように格差・貧困を拡大させるのだろうか。この問題の検討に当たって手がかりになると思われるのは，山田昌弘氏の議論[13]である。山田氏は，将来の生活の予測可能性が徐々に低くなるという「リスク化」が1990年頃から生じ，それとの連関で戦後縮小に向かっていたさまざまな格差が拡大に向かうという「二極化」が生じて，今日では将来に希望がもてる人と絶望する人に分裂する「希望格差社会」が進行していると論じている。

　この議論の鍵概念に，パイプライン・システムがある。中学までの義務教育の後，高校受験によって各種高校に振り分けられ，高校のランクによって就職か専門学校または大学進学かが決まり，大学受験によって各種大学に振り分けられ，大学の学部とランクによって就職先が決まっていくというシステムである。これには，自分が乗っているパイプ，つまり，学校のレベルによって就職可能な職業を見通すことができるという利点がある。たとえば，中堅大学の経済学部に行けば上場企業のホワイトカラーになれるという見通しである。

　だが，1990年頃からそうした見通しが徐々に立たなくなってくる。パイプラインが傷み始め，各所に亀裂が入り出す。パイプラインをうまく流れ続け，各種学校を卒業して相応の安定した職に到達する人と，亀裂から漏れてしまい，卒業してもフリーターなどにならざるをえない人に分かれてくる。すなわち，「リスク化」と「二極化」であり，パイプラインの機能不全である。

　「そして，どのパイプラインに入るかによる格差，パイプラインに乗り続けるか漏れるかという格差は，本人の希望や努力という要因もあるが，親のインテリジェンスや経済力が影響してしまう。インテリジェンスのある親は，自分の子どもに漏れの多いパイプラインを勧めないし，経済力があれば子どもをより安全なパイプラインに送り込むことができるからである。また，経済的，知的に恵まれた親なら，あるパイプラインに入っても亀裂から漏れないように，アドバイスしたり，コネクションを使うことによって子どもを助けることができる」[14]。

今日の格差は親の能力や資力による影響が大きいというこの議論において参考にされているのは、教育の場で進む階層化の実態とそのメカニズムを解明しようとして行われた苅谷剛彦氏の実証分析[15]である。1979年と1997年に高校生を対象として実施された質問紙調査のデータを比較しながら、苅谷氏はまず、今日いわれる子どもたちの学習意欲の減退や学習時間の減少は一般的な現象ではなく相対的に出身階層の低い子どもたちに顕著な現象であり、それゆえ学習意欲の低下は階層格差の拡大を伴って進んでいるという実態を明らかにしている。

具体的には、1979年から1997年にかけて、子どもたちの学習時間という努力の量が大きく減少しているものの、大卒の両親をもつ子どもの場合には、その減少が極力抑えられ、中卒の場合には、その減少が大きくなっているとして、努力の階層間格差がこの18年間で拡大していることを明らかにしている。また、学習意欲も全般的に低下しており、社会階層の低い子どもほどその傾向が表れているとして、意欲の階層間格差も拡大していることを明らかにしている。さらに、1979年と1997年のいずれの年度でも階層によって学業成績の差がみられるが、その差は1997年で拡大しているとして、成績においても階層間格差が拡大していることを明らかにしている。

次に、子どもたちが自分自身をどのように見なしているかを分析することで、近年では、「学校を通じた成功物語」から降りてしまうことが、比較的低い階層の子どもたちにとって自信の形成につながること、そして、そのようにして形づくられる自己の有能感が、翻って、そうした子どもたちをますます学習から遠ざけてしまうというメカニズムが作動し始めていることを実証的に示している。

それによれば、1979年の時点では、親の学歴が高いほど、「自分には人よりすぐれたところがある」という質問に肯定的な回答をする生徒の割合が高かったのに対し、1997年になると、そうした親の学歴と自己能力感との間の統計的に有意な相関関係がみられなくなる。また、1979年時点では、人よりすぐれていると思う生徒ほどよく勉強したのに対し、1997年になると、そうした自己能力感と学習時間との間の統計的に有意な関係がみられなくなる。同じく、1979

年の場合には，自己能力感が高い生徒ほどより高い学歴を求めたのに対し，1997年になると，そうした自己能力感と教育アスピレーションとの間の統計的に有意な関係がみられなくなる。その一方，相対的に出身階層の低い生徒たちの場合にのみ，「将来のことを考えるよりも今の生活を楽しみたい」という「現在の享楽志向」が強いほど，さらには，「あくせく勉強してよい学校や会社に入っても，将来の生活にたいした変わりはない」という「学校を通じた成功物語の否定意識」が強いほど，「自分には人よりすぐれたところがある」という自信が強くなる関係がみられるようになる。また，同じく社会階層の相対的に低い生徒たちの場合にのみ，自分は人よりすぐれているという自己意識をもつほど勉強しなくなるという関係がみられるようになる。つまり，出身階層による自己能力感格差が消滅する一方で社会階層ごとに異なる自信形成メカニズムが作動し始めたのであり，「比較的低い階層出身の日本の生徒たちは，学校での成功を否定し，将来よりも現在に向かうことで，自己の有能感を高め，自己を肯定する術を身につけている。低い階層の生徒たちは学校の業績主義的な価値から離脱することで，『自分自身にいい感じをもつ』ようになっているのである」[16]。

以上の議論から，消費の無時間性という規範が守られれば守られるほど，意図せざる結果として格差が拡大するということが確認できるように思われる。山田氏がいうように，パイプラインに亀裂が生じ，パイプラインから漏れてしまうというリスクが発生しているものの，パイプライン・システム自体が消滅したわけではない。それゆえ，「ある職業に就きたければ，たとえば……上場企業のホワイトカラーに就きたければ，なれないリスクがあることを覚悟の上で，文科系大学に入学しなければならない。希望の職に就けないリスクがあると認識したところで，ともかくパイプラインに入らなければ，そもそもその職業に就けないのである。パイプラインから自分で降りてしまえば，希望の職業に就く見通しはない」[17]。「いくら亀裂が入っていると言っても，そのパイプラインに入れなければ，つまり，学校システムに入り込まなければ，状況はもっと悪くなるのだ。大学卒でさえ就職が難しいのに，大学卒でない人が採用される確率はもっと低いのである」[18]。だが，苅谷氏が明らかにしたように，比較的低い階層出身の子どもたちほど学びから逃走し，さらにはそうすることで，「自分

自身にいい感じをもつ」ようになっている。つまり，時間的な現象としての学びのプロセスを理解できない消費主体ほどパイプラインから漏れてしまうのである。

　等価交換原理で生きる消費主体にとってリスクを強要されることは許し難い。したがって，投入した努力に相応しい職という等価交換が保証されなくなったパイプラインから降りることは，消費主体として極めて合理的な行動である。だが，この合理性に従うほど，パイプラインに入らなければ状況はもっと悪くなるという単純な事実が見失われ，格差が拡大する。すなわち，消費の無時間性という経済合理的な規範が支配的になったがゆえに格差・貧困が拡大しているのが，今日の「格差社会」であると考えられるのである。

第2節　格差社会とブランド消費

1．個性志向と自己承認欲求の無限肥大

　では，こうした格差社会において消費者はどのように変化しているのであろうか。このことを明らかにするために，格差社会におけるブランド消費や消費スタイルの変化について検討したい。

　そこでまず注目したいのは，同じく近年の子どもたちの変容について考察している土井隆義氏の議論[19]である。かつての親友が自分の率直な想いをストレートにぶつけることのできる相手だったのに対して，昨今の親友はむしろそれを抑え込まねばならない相手になっているということを示す事件や調査結果に注目しながら，土井氏は，今の子どもたちにとって，親友という親密圏にいる人間は，過剰なほどの優しさを示し，異様とも思えるほどの配慮をして良好な関係を維持しなければならない重い存在になっていると指摘する。そして，子どもたちの親密圏がそのように変容してきた理由を明らかにするために，そ

の社会的背景について考察している。

この考察において鍵概念となるのが,「個性」である。土井氏も指摘するように, 個性とは相対的なものであり, 人間関係の函数である。自らの個性を見極めるためには他者との比較が必要不可欠で, 他者と異なった側面を自覚できて初めて独自性の認識が生まれうる。だが, 今日の若者たちにとっての個性とは,「人間関係のなかで切磋琢磨しながら培っていくものではなく, 自分の内面へと奥ぶかく分け入っていくことで発見されるもの」[20]と感受されていて, そうした個性が切望されている。「いまの自分にとって重要なことは, 自己の深淵に眠っているはずの『真のすがた』に気づくことであって, 社会生活の中でそれを練り上げていくことではないと感受されている」[21]のである。つまり, かつては社会的な基準に照らし合わせて決まるものであった個性が,「いまや自分の生理的な感覚や内発的な衝動に照らし合わせて決まるものとなっている」[22]。

しかし, こうした「現代の若者たちの多くに見受けられる内閉的な個性志向は, おそらく満足の域に達することはありえない……。個性とは本来は相対的なものであるはずなのに, 内閉化した世界ではそれが絶対的なものとして感受されているからで［ある］。しかも, その欲求は内閉的に高められていくので, 自らの分限を知るための社会的な視座がそこには存在し［ない］。準拠点がないので, 個性への欲望だけが無限に肥大しつづけることになる」[23]。「これから『自分らしさ』を創り上げることとは違って, すでにそうであるはずの確証を探す旅には, どこまでいっても終着駅がないので」[24]ある。

それゆえ, 今の子どもたちは,「自分の進む方向は果たしてこれでよいのだろうかと, つねに不安に脅えつづけることになり……その強迫的な不安を少しでも取り除くために, 周囲の身近な人間からの絶えざる承認を必要とするようにな」[25]る。友だち関係が異様に重いものと感じられるようになっているのは, このためである。

以上の議論から, 格差社会におけるブランド消費の問題点を見出すことができると思われる。個性への欲望を無限に肥大させ続け, 周囲の身近な人間からの絶えざる承認を必要としているのは階層下位の消費者であるということができる。なぜなら, 階層下位の消費者ほど消費の無時間性を内面化しているから

である。そうした消費者は，人間関係の中で切磋琢磨しながら個性を培っていくという時間的行為を表象することができないだけでなく，自己の深淵に眠っているはずの「真のすがた」に無時間的に気づくことを切望している。そのため，誰でも個性的だと思うような分かりやすい欲望の対象としてブランドを消費すると考えられる。だが，そうしてもたらされるのは，個性化を図ることで他者と同質化するという「差異化の悲劇」[26]でしかなく，個性に対するさらなる焦燥感へと駆り立てられ，強迫神経症的な不安に常に慄くことになる。それゆえ，階層下位の消費者は，個性の発現についての「無限という病」[27]を患っているかのようにブランド消費を繰り返すことになると考えられるのである。

2.「見られていないかもしれない」不安

　絶えざる承認を必要としているのであるから，階層下位の消費者は，「見られていないかもしれない」不安にも常に脅え続けることになる。「現在の若者にとって深刻な問題は，往年の若者が抱いていたような，大人たちに自分が『見られているかもしれない』不安などではなく，逆に，大人たちに自分が『見られていないかもしれない』不安なので［ある］。……なにか差し迫った要件があるわけでもないのに，彼らがひたすら無内容なメールや会話をケータイで交換しあうのは，絶えず友だちと自分がつながっていないと，そして絶えず自分が見られていないと，不安でしかたないからなので」[28]ある。ラカン派哲学者ジジェク（Žižek, S.）がいうように，「最近のインターネットの世界……われわれがここで手にしているのは，われわれは（潜在的に）『四六時中観察されて』おり，〈権力〉の遍在的な眼差しから免れるための場所をもっていないというベンサム－オーウェル的なパノプチコン社会の概念を悲喜劇的に逆転したものである。今日では，不安は，〈他者〉の眼差しに晒されていないかもしれないという思いから生じている」[29]のである。

　この「見られていないかもしれない」不安の議論にかかわって注目したいのは，1968年と2008年に起きた2つの無差別殺人事件を対比しながら現代の青年たちの状況を考察した見田宗介氏の議論[30]である。それによれば，当時19

歳であった永山則夫による1968年の事件と、それから40年後の25歳の加藤智大の事件には、両方とも青森県から来た貧しい青年が東京で起こした事件であるなどのいくつかの共通点があるが、決定的に正反対の相違点がある。1968年の事件は、非常に熱心に勉強して勤めようとした青年の志が、学歴や青森弁訛り、顔の傷といった表面的なところだけを見て決め付ける人々の目によって、つまり、「まなざしの地獄」によって挫折させられたために起きたのに対し、2008年の事件は、メール上の友人に対して何回も犯罪を予告したにもかかわらず誰も相手にしてくれなかったために、つまり、「まなざしの不在の地獄」のために起きたのである。格差社会の過酷な現実が背景にあるとしばしば解釈されている事件が、誰も見てくれないという地獄によって起きたとするこの議論は、重要である。

以上の議論から、格差社会の階層下位の消費者は、消費者行動論の泰斗ホルブルック（Holbrook, M. B.）のいう「露出症・窃視症共存」[31]に陥っているということができる。ホルブルックによれば、ポストモダンを迎えると社会階層や文化資本といった消費基準が虚構化し、他者に強い印象を与えたいと思う消費者は独自の消費行動を公然と見せびらかす先例のない好機を手に入れることになり露出症を発症する一方、消費基準が虚構化しているのであるから、露出症の裏面として、露出に値する独自の消費行動を探るために他者の消費行動を覗き見る窃視症患者にもなる。苅谷氏の議論から容易に推察できるように、今日の厳然たる格差社会において社会階層や文化資本といった消費基準を虚構化させているのは階層下位の消費者であるし、土井氏の議論から明らかなように、階層下位の消費者ほど他者に強い印象を与えたいと切望している。したがって、階層下位の消費者ほど露出症と窃視症を患っており、その幾何級数的に再帰的な共存関係によってブランド消費を繰り返すことになると考えられるのである。

3. 三角形的欲望

消費者は他者の消費を窃視して自らの消費を露出する。それは、他者の欲望を模倣して自らの欲望を発生させるということであり、欲望の本質は模倣であ

るということである。この命題を提起したジラール（Girard, R.）によれば，「一見，直線的に見える欲望の上には，主体と対象に同時に光を放射している媒体が存在するのである」[32]って，欲望は，欲望する主体から欲望される対象へと一直線に結びつくのではなく，欲望の媒体として模倣される他者を媒介として三角形的に結びつくのである。

それゆえ，ジラールの批判的継承者デュピュイ（Dupuy, J.-P.）がいうように，「模倣の世界にあって自らを目立たせたいという欲望は，同じ逆説に人を導く。第一の段階では，人は自分が他と異なったものと感じ，そうであることを望む。けれどもまた，『他者たち』がそのことを知っていなければならない。第二段階では，人はそのことを他人に知らせる。ところで，その目的のために用いる手段は，すべての他者たちのそれと同一の手段である」[33]。こうして，「それぞれが，自分自身の欲望の優先権と先在権を主張しながらも，他方を模倣する……不毛な対立」[34] に陥ることになり，自分の方が優れているということを，自分よりも劣っていると軽蔑する他者に認めてもらいたいという「本体論的病い」[35] を悪化させていくことになる。

ここにおいて確認しておくべきは，不毛な対立は，「二つの主体が互いに近接し，彼らの欲望が強くなるにつれて，ますます堪え難く，ますます無意味になってゆく対立」[36] となり，「媒体が欲望する主体に接近してゆくにつれて，本体論的病いは絶えず悪化してゆく」[37] という議論である。ジラールは，キリスト教徒とキリストのように主体と媒体との願望可能圏が互いに触れ合うことのないほど十分離れている場合を外的媒介と呼び，その距離が縮小して，それぞれの圏が多かれ少なかれ一方の領域に重なり合う場合を内的媒介と呼んで分類しているが，この分類も含めて考えれば，階層下位の消費者ほど不毛な対立を深めており，本体論的病いを患っているということができる。なぜなら，階層下位の消費者が衒示的に張り合ったり，自己の承認を求めたりしているのは，周囲の身近な他者であり，内的媒介だからである。

それだけではない。ジラールによれば，「内的媒介が産み出す諸矛盾は，遂には個人を破壊してしまう。……本体論的病いの宿命的な結果は，直接的にであろうと間接的にであろうと，常に自殺の形態である」[38]。欲望する主体と欲望

の媒体との接近の「自然的終極は死」[39]なのである。ここで，土井氏が，2004年の佐世保小6女児同級生殺害事件などの背後に，「友だち関係の重さ」という内的媒介の重さを見出していることや，見田氏が，「まなざしの不在の地獄」という内的媒介の地獄のために，秋葉原無差別殺傷事件が起き，人を殺すところまでは行かなくても今の多くの若者が自分の手首を切るリストカットという内向きの無差別殺人を行っていると論じていることを思い出したとき，格差社会が引き起こす問題は，恐ろしく大きいといわねばならない。

第3節　嗜癖的消費者と「学習Ⅲ」的消費者

　以上の議論を踏まえ，最後に，格差社会における消費者の変化を明らかにしたい。そのための有益な示唆を与えてくれると思われるのは，行動経済学のアディクション研究である。伝統的経済学とは異なり，人間の合理性には限界があると考える行動経済学は，喫煙や飲酒のような，やめたくてもやめられないアディクション（嗜癖）について興味深い経済分析を行っている。その中でも注目したいのは，依田高典氏の喫煙行動についての議論[40]である。

　それによれば，喫煙するということは2つの意思決定問題として定式化できる。第1に，喫煙は現在の小さな効用と将来の大きな効用の間の時間上の選択問題である。喫煙は今直面するストレスを発散させ，小さいながらも効用を高めてくれる一方，長年の喫煙習慣は健康を蝕み，将来の効用を著しく低下させるかもしれないから，喫煙しなければ将来の大きな効用を得ることが期待できる。

　このことは，依田氏が例示する，「10万円の賞金が今すぐもらえる」か「15万円の賞金がX年後にもらえる」かの選択問題を考えると分かりやすい。Xが大きいほど，現在の少ない賞金ではなく，将来の大きな賞金を待てるということであり，将来に消費することよりも現在に消費することを好む程度を表す時間選好率は小さくなる。喫煙者は将来の大きな利得よりも現在の小さな利得を

選好すると考えることができるため，喫煙者の時間選好率は非喫煙者のそれよりも大きいと予想される。実際，依田氏は，アンケート調査結果に基づいて分析を行い，非喫煙者は現在の100円と1年後の169円を等価とみなすのに対し，喫煙者は1年後の216円でないと納得しないなど，喫煙者の方が非喫煙者よりも時間選好率が高く，近視眼的であることを明らかにしている。

第2に，喫煙は増大するリスクをどのように評価するかというリスク下の選択問題である。喫煙は健康リスクを高めることが知られているが，その発現の仕方は人によって異なり，喫煙で命を落とす人もいれば，喫煙に関係なく長寿を全うする人もいる。

このことは，同じく，「10万円の賞金が確実にもらえる」か「20万円の賞金が確率X%でもらえる」かの選択問題を考えると分かりやすい。Xが大きいほど，たとえ確実性をあきらめてリスクに挑戦したとしても，もらえないリスクが小さい方を好むことになる。喫煙者は確実な小さな利得よりも不確実な大きな利得を選好すると考えることができるため，喫煙者の危険回避度は非喫煙者のそれよりも小さいと予想される。実際，依田氏は，喫煙者は手元の確実な100円と賞金が214円である当たりの確率が50%のくじを等価とみなすのに対し，非喫煙者は確率50%のくじの賞金を269円とみなすなど，喫煙者の方が非喫煙者よりも危険愛好的で，「自分だけは大丈夫と楽観的にリスクを見積もる傾向がある」[41]ことを明らかにしている。

以上の議論から，格差社会における階層下位の消費者は嗜癖性を強めていると考えることができる。なぜなら，階層下位の消費者ほど消費の無時間性を内面化していたのであり，消費の無時間性とはまさに時間選好率の極大化を意味するからである。そして，そうした消費者ほど，自分だけは大丈夫と楽観的にリスクを見積もり，自ら進んでパイプラインから降りていたからである。

格差社会において消費者が嗜癖性を強めていることは，徳野貞雄氏が1,000人の消費者を対象として2003年に行った食に関する意識についてのアンケート調査[42]からも指摘することができる。徳野氏は，単なる農産物の経済的価値だけでなく，環境や水の保全，教育や福祉機能など多面的機能をもつ「農の価値」が解るか否かという質問と，「農の営み」にお金を払ってくれるか否かと

いう質問を組み合わせて，消費者を4つのタイプに分類している。それによれば，農の価値が解ってお金を払ってくれる「積極型消費者」が5.5％，それほど農への価値づけは高くないが食への安全性を軸に健康について強い関心を示し，そのためにはお金を使うという「健康志向型消費者」が16.6％，近年のマスコミや行政の報道によって食への安全性に関する情報量や意識は高くなっているが，実際には安い輸入農産物を買ったり，外食への依存が多く食べている素材が何であるか解らなかったりする「分裂型消費者」が52.4％，食にも農にも関心がなく，ただ食べられれば良くて，安ければなお良いという「無関心型消費者」が23.0％，無回答が2.4％になる。徳野氏は，分裂型消費者と無関心型消費者が食と農に対する受動的態度と食品購入における商品主義的行動において親和性をもつとし，その合計が8割近くを占めることの問題を指摘しているが，この調査結果からも，今日の多くの消費者が嗜癖性を強めていると考えることができる。すなわち，食品による健康被害について自分だけは大丈夫と楽観的にリスクを見積もり，浮いたお金で自分の無名の苦しみを無時間的に個性化すべくブランドを消費していると考えられるのである。

　格差社会における消費者の変化が嗜癖性の強化であるならば，求められるのは，そこからの脱却である。そのためには，消費の無時間性という「"身にしみついた"前提を引き出して問い直し，変革を迫る」[43]ことがなされなければならない。それこそ，ベイトソン（Bateson, G.）のいう「学習Ⅲ」であって，嗜癖を克服するためには，「代替可能な選択肢群がなすシステムそのものが修正されるたぐいの変化」[44]が必要であると考えられる。すなわち，格差社会の階層下位から抜け出し，格差社会そのものを是正していくためには，消費者自身が，どのブランドを選択すればより経済合理的に個性を獲得できるのかという無時間的システムそのものを問い直し，そうしたブランド消費を相対化するような変化を実践することが必要であって，そのための理論的分析や研究が求められていると考えられるのである。

〈注〉
　1) Bauman [2005] p.37, 邦訳, p.75。

2) Bauman [2005] p.5, 邦訳, p.15。
 3) Bauman [2005] p.38, 邦訳, pp.75-76。
 4) Marx [1953], 邦訳, p.13。
 5) 諏訪 [2005]。
 6) 諏訪 [2005] p.81。
 7) 諏訪 [2005] pp.83-84。
 8) 諏訪 [2005] p.80。
 9) 内田 [2009] p.52。
10) 内田 [2009] p.52。
11) 内田 [2009] p.71。
12) 内田 [2009] p.78。
13) 山田 [2007]。
14) 山田 [2007] p.202。
15) 苅谷 [2001]。
16) 苅谷 [2001] p.207。
17) 山田 [2007] p.201。
18) 山田 [2007] pp.212-213。
19) 土井 [2004]。
20) 土井 [2004] p.25。
21) 土井 [2004] pp.29-30。
22) 土井 [2004] p.31。
23) 土井 [2004] p.42。
24) 土井 [2004] p.45。
25) 土井 [2004] p.45。
26) Baudrillard [1970], 邦訳, p.113。
27) Durkheim [1897], 邦訳, p.337, p.359。
28) 土井 [2004] p.52。
29) Žižek [2011] p.249, 邦訳, pp.294-295. ルビは原文イタリック。
30) 見田 [2012]。
31) Holbrook [2001]。
32) Girard [1961], 邦訳, p.2。
33) Dupuy [1982], 邦訳, p.165。
34) Girard [1961], 邦訳, p.111。
35) Girard [1961], 邦訳, p.309。
36) Girard [1961], 邦訳, p.111。
37) Girard [1961], 邦訳, p.309。
38) Girard [1961], 邦訳, p.309。
39) Girard [1961], 邦訳, p.309。
40) 依田 [2010], 第4章。
41) 依田 [2010] p.149。
42) 徳野 [2003] pp.16-17。
43) Bateson [2000] p.303, 邦訳, p.412。
44) Bateson [2000] p.293, 邦訳, p.399。ルビは原文イタリック。

〈参考文献〉

依田高典［2010］『行動経済学』中央公論新社。
内田　樹［2007（2009）］『下流志向』講談社。
苅谷剛彦［2001］『階層化日本と教育危機』有信堂高文社。
諏訪哲二［2005］『オレ様化する子どもたち』中央公論新社。
土井隆義［2004］『「個性」を煽られる子どもたち』岩波書店。
徳野貞雄［2003］「現代の"ムラ"と"農"から見た都市社会学」『日本都市社会学会年報』第 21 号。
見田宗介［2012］『現代社会はどこに向かうか』弦書房。
山田昌弘［2004（2007）］『希望格差社会』筑摩書房。
Bateson, G. [1972 (2000)] *Steps to an Ecology of Mind*, University of Chicago Press.（佐藤良明訳［2000］『精神の生態学（改訂第 2 版）』新思索社。）
Baudrillard, J. [1970] *La Société de Consommation: Ses Mythes, Ses Structures*, Denoël.（今村仁司・塚原史訳［1995］『消費社会の神話と構造（普及版）』紀伊國屋書店。）
Bauman, Z. [2005] *Work, Consumerism and the New Poor*, Second Edition, Open University Press.（伊藤茂訳［2008］『新しい貧困』青土社。）
Dupuy, J.-P. [1982] *Ordres et Désordres: Enquête sur un Nouveau Paradigme*, Seuil（古田幸男訳［1987］『秩序と無秩序』法政大学出版局。）
Durkheim, É. [1897] *Le Suicide: Étude de Sociologie*, Félix Alcan.（宮島喬訳［1985］『自殺論』中央公論社。）
Girard, R. [1961] *Mensonge Romantique et Vérité Romanesque*, Bernard Grasset.（古田幸男訳［2010］『欲望の現象学（新装版）』法政大学出版局。）
Holbrook, M. B. [2001] "The Millennial Consumer in the Texts of Our Times: Exhibitionism," *Journal of Macromarketing*, Vol.21, No.1.
Marx, K. [1953] *Grundrisse der Kritik der Politischen Okonomie*, Dietz Verlag.（高木幸二郎監訳［1959］『経済学批判要綱（第 1 分冊）』大月書店。）
Žižek, S. [2001 (2011)] *Did Somebody Say Totalitarianism?: Five Interventions in the (Mis) Use of a Notion*, Verso.（中山徹・清水知子訳［2002］『全体主義』青土社。）

（中西　大輔）

第Ⅱ部

格差社会の進展と流通・マーケティング

第4章

格差社会の進展と
マーケティングの変化

はじめに

　1990年代以降,日本社会の様相が分厚い中間層を特徴とした比較的平等な社会から,「格差」の大きい不平等な社会へと変わったといわれるようになった。こうした社会の変化は,価値実現に関わる対市場活動であるマーケティングにも影響を及ぼし,マーケティングにおいて新しい実践や変化が生じている。

　本章の課題は,所得格差や消費の変化といった視角から,格差社会と呼ばれる近年の日本市場のマーケティング環境を考察したうえで,現在の市場環境に適応するマーケティングの特徴を明らかにすることである。

第 1 節　マーケティングをとりまく環境としての格差社会

1. 格差社会とは何か

　日本が貧富の差の大きい格差社会に変化したという指摘は，1990 年代後半から広がった。橘木は，格差の現状を豊富な統計データを用いて検討したうえで，1980 年代以降，日本で貧富の差が拡大してきたことを主張した[1]。また橋本は，戦後の日本における格差拡大が 1980 年代からの長期的なトレンドであることを，階級構造の観点から指摘した[2]。経済学や社会学とは異なる分野においても格差の拡大は言及されており，著名なマーケターである三浦は，1980 年代以降にホワイトカラーなどの「新中間層」が減少し，今後は「下の上」や「中の下」を中心とした「下流」が日本における消費者のボリュームゾーンになると論じた[3]。他にも，日本における貧富の差の拡大，すなわち格差社会の進展を主張する議論は数多い[4]。

　一方で，「格差は新自由主義的政策の結果か」，あるいは「格差は是正されなければならないか」といった論点については，論者によって意見が分かれる。大竹は，1990 年代以降の格差拡大は政策の結果ではなく，その大部分は人口動態的な変化，すなわち高齢化によると主張した[5]。政府も，格差拡大のおもな原因は高齢化とする見解に立っている[6]。格差是正に関しても，人々の労働に対するインセンティブとして格差を必要とする見解や，正当な評価に基づく一定の格差は問題ないとする意見がある。

　しかし，日本社会が 1970 年代までの分厚い中間層に支えられた社会から，貧富の差の大きい社会へ変化しつつあるという現状認識は共通している。先行研究から見えてくるのは，1980 年代以降，所得格差をはじめとしたさまざまな格差が拡大してきた日本社会の姿である。

2. 中流層の解体と貧困の拡大

　マーケティングは，価値実現にかかわる販売を中心とした体系的な対市場活動である。マーケティングの計画や実践にあたっては，そこに関わる要素を統制可能な要因と統制不可能な要因とに分ける必要がある。前者はいわゆるマーケティング・ミックスの「4つのP」であり，後者は経済的環境や政治・法的環境，競合企業との競争環境といった企業内外の環境である[7]。すなわち，マーケティングとは，これらの環境に適応しながら，利潤最大化を目指して，市場に「4つのP」を通じて働きかける体系的な諸活動であり，マーケティングをとりまく環境の変化はマーケティングに変化をもたらす[8]。以下，マーケティング環境の1つである経済的環境について，1990年代以降に生じた格差の拡大という視角からみていこう。

　格差を計る際，一般的に用いられる指標が所得である。所得格差の程度を示すジニ係数は，1980年代後半から上昇基調にある（図表4-1）。

　こうした所得格差の拡大傾向は，1980年代以降の先進国に共通しており，そこでは富裕層への所得の偏りが問題視されることが多い。しかし，日本の富裕層への所得の偏りは先進諸国の中では比較的小さい。たとえば，成人人口の所得上位0.1％を「高額所得者」とし，彼らの所得が総個人所得において占める割合を示す「上位0.1％シェア」をみると，日本は約2％にとどまり，同シェアが

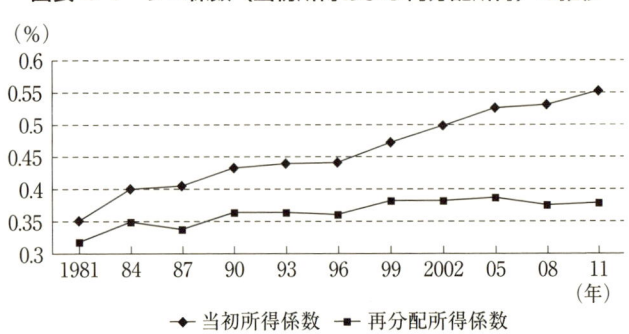

図表4-1　ジニ係数（当初所得および再分配所得）の推移

（出所）厚生労働省「所得再分配調査」により筆者作成。

約9%に達するアメリカに比べて低い水準にある[9]。

図表4-2は世帯の所得分布の推移を示したものである。図表4-2からは，所得600万円以上の上位・中位の割合が2000年代にわずかではあるが減少していること，翻って500万円を境にして，とくに100万円から400万円以下の低所得層が著しく増加したことがわかる。

他にも，厚生労働省の国民生活基礎調査によれば，所得が中央値の半分に満たない人の割合を示す相対的貧困率が2012年に16.1%（1985年は12.0%）へ上昇し，生活保護受給者も2014年12月時点の厚労省による被保護者調査では，受給者約217万人，約162万世帯の規模にまで拡大している。

所得と並んで経済活動を左右するのが貯蓄である。内閣府の国民経済計算をみると，家計貯蓄率は2000年の6.25%から2013年には-1.3%へと低下した。また，金融広報中央委員会の「家計の金融行動に関する世論調査」によれば，2014年の金融資産非保有世帯，すなわち無貯蓄世帯比率は30.4%に達する。

こうした所得や貯蓄の状況から，日本における所得格差の拡大は富裕層の拡大よりも，低所得層や貧困層の拡大によるところが大きいといえよう[10]。

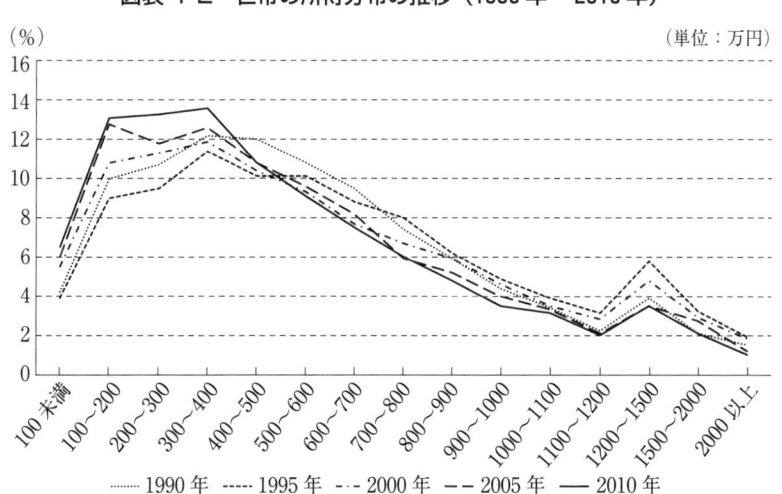

図表4-2 世帯の所得分布の推移（1990年〜2010年）

（出所）厚生労働省「国民生活基礎調査」により筆者作成。

低所得層の拡大を受けて，90年代後半以降の格差をめぐる議論では，貧困が注目を集めた。一般的に，貧困とは生活基盤の欠乏を意味する。70年代までの格差をめぐる議論では，基本的な生活基盤が充足した「豊かな社会の不平等」をめぐるものが多かったが，近年になって再び基本的な生活基盤の欠乏が問題視されるようになっている[11]。それでは，こうした低所得層や貧困層はどのような人々なのだろうか。

　まず，生活保護受給世帯をみてみると，もっとも多い世帯類型は高齢者世帯で，全体の約46％を占める。次いで，障がい者・傷病者世帯が約30％，母子世帯は約7％である[12]。構成比では，高齢者世帯の割合が上昇し，母子世帯の割合が下降したが，すべての世帯類型の実数は増加している[13]。これらの世帯類型が低所得層や貧困層の典型例である。

　なお，これらの世帯類型がすべて低所得層というわけではない。とくに年齢階級別の所得格差をみると，高齢世代の格差が他世代よりも大きい[14]。これは若年時からの積み重ねや定年後の就業状況から生じる所得差を反映した結果である。また，年齢別の資産保有状況をみると，高齢者の資産保有率や貯蓄率は多世代よりも高く，富裕層に高齢者が多いともいえる[15]。しかし，夫に先立たれた高齢単身女性世帯や十分な資産や貯蓄を準備できなかった高齢者世帯が経済的に困窮する事例は少なくない。多様な条件の積み重ねから，高齢者の所得格差は大きくなる傾向にあり，高齢化が進んだ日本では，富裕層であれ貧困層であれ，高齢者が占める割合は必然的に大きくなる。

　また，同年齢世帯と比較した際に，ひとり親世帯，とくに母子世帯が低所得であるケースが多い。ジェンダー間の賃金格差が大きい日本では，母子世帯の経済状況は極めて厳しく，国民生活基礎調査によれば，2010年の平均所得金額以下世帯の割合は，「母子世帯」では95.1％に達する。この他，障がいや傷病といった何らかのハンディキャップを背負った世帯が低所得層や貧困層に該当するケースが多い。

　再び年齢階級別の所得格差に目を向けると，34歳以下の若年層における格差も目立つ[16]。就職率の低下などが格差拡大に影響した結果だと考えられる。とくに深刻なのは正規雇用と非正規雇用の賃金格差の影響である。2014年の非正

規労働者は 1,962 万人，全就業者に占める割合は 37.4％に達する。とくに不本意非正規率が若年層で高く，25〜34 歳では 28.4％にのぼる[17]。2014 年の非正規労働者の平均時給は 1,229 円に過ぎず，経済的な困窮を理由にして，非正規労働者の未婚率は正規労働者に比べて高い[18]。しかし，現代の日本では，「低学歴」「非正規雇用」「家族なし」という条件に該当するほど貧困層へと転落する可能性が高くなる[19]。つまり，何らかの事情で就業できなくなった場合，未婚の非正規労働者は即座に貧困層へと転落する恐れがあり，かれらの多くは将来に不安を抱えている。

以上のように，格差の拡大した日本社会において，低所得層や貧困層に該当するのは，高齢者世帯や母子世帯，あるいは非正規労働者などであった。高齢化の進行と非正規雇用の拡大がトレンドである日本社会において，今後も低所得層や貧困層の拡大は続いていくと考えられる。マーケティング環境としてのこれまでの日本市場は，長期に渡る消費者の所得向上が見込まれたうえ，働き盛りの団塊の世代を中核とした比較的均一なマス・マーケットを想定しえた。しかし，所得の伸びの長期的な停滞とともに，消費者が世帯類型や世代，所得，就業状況などの面で多様化してきている。現代のマーケティングは，こうした経済的環境の変化に向き合わなければならなくなっている。

3. 格差社会における消費の実態と消費者意識

(1) 格差社会における消費支出の実態

低所得層の拡大という格差社会の進展は，消費にはどのように現れているのだろうか。次に，格差社会の下での消費の実態と消費者の意識を見ていこう。

1990 年代以降の消費の全体像だが，国税庁の民間給与実態調査によれば，勤労者の平均年収は，1997 年に約 467 万円でピークを迎えて以降，低下を続けている。それにともない，家計調査における勤労世帯の年間消費支出も 1990 年代後半をピークに低下してきている。

GDP における民間最終消費支出も 1998 年までは増加傾向にあったが，以降

は横ばいである。さらに家計最終消費支出は2000年代以降の名目値が横ばいであった一方で，実質値は上昇傾向にあった（図表4-3）。この名目値と実質値の乖離は2000年代に続いた物価下落の影響であると考えられる。とくに耐久財の急激な価格下落が実質的な購買力維持に寄与し，名目消費は減少させつつも，実質消費を堅調に推移させた。

さらに，前述の通り家計貯蓄率が1990年代後半から傾向的に低下しており，消費支出に回すため貯蓄を抑える，あるいは貯蓄の切り崩しが進んだ可能性がある。

こうした事実を踏まえると，所得が低下していたにも関わらず，貯蓄の切り崩しやデフレの影響もあって，国内における消費の劇的な縮小が避けられたと考えられる。

次いで，消費の内訳を国内家計最終消費支出（名目値）から見ると，減少傾向にあったのは自動車や家電等の耐久財と衣服や食器などの半耐久財である。食品などの生活必需品を含む非耐久財は横ばいで推移しており，通信費や医療費を含むサービスは一貫して増加傾向にある。1980年の消費に占めるサービスの割合は約44％だったが，現在は約58％にまで上昇しており，サービスが消費のけん引役になっていることがわかる[20]。

さらに，所得階層別の消費動向の詳細を年間収入五分位階級から確認しよう[21]。2014年の家計調査における階級別の1カ月の平均消費支出をみると，第

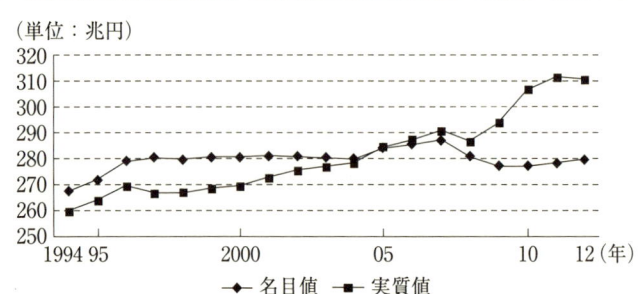

図表4-3　国内家計最終消費支出（名目値および実質値）の推移（1994年～2012年）

（単位：兆円）

（出所）　内閣府「国民経済計算」により筆者作成。

Ⅰ分位が193,246円，第Ⅱ分位が239,725円，第Ⅲ分位が270,759円，第Ⅳ分位が323,555円，第Ⅴ分位が428,723円となっている。第Ⅴ階級の消費支出は第Ⅰ階級の2.22倍である。消費支出に占める各費目の割合は，食料，住居，光熱・水道，保健医療は所得が高くなるに従って低くなる。逆に，被服及び履物，教育，交際費などの「その他の消費支出」は所得が高くなるに従って高くなる。

なお，2009年の年次経済財政白書は，五分位階級別の消費支出から「疑ジニ係数」を算出し，消費支出における格差を検討している。白書によれば，2000年から2009年にかけて消費格差は縮小しており，その理由として以下の3つをあげる。第一に，第Ⅰ〜第Ⅳ分位の世帯ではこの間の平均消費性向が上昇したのに対して，もっとも高所得の第Ⅴ分位の世帯でほとんど変化していないことである。第二は，高所得層の消費抑制が顕著なことである。いずれの階級でも消費支出と可処分所得は揃って減少したが，第Ⅰ〜Ⅳ分位の階級では，消費削減が所得減少の幅よりも低く抑えられている。翻って，第Ⅴ分位では相対的に所得減少は少ないにもかかわらず，消費も所得と同じ程度で削減していた。第三は，高所得層では消費に占める選択的支出のウエイトが高いため，消費抑制が可能だったことである[22]。

図表4-4は，五分位階級別の年間総支出を基礎的支出と選択的支出とに分類

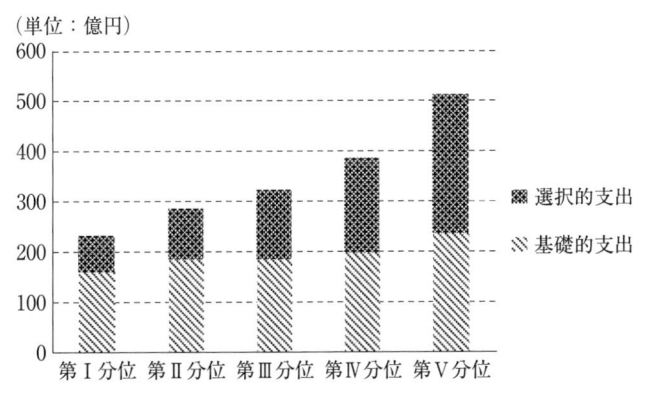

図表4-4 年間収入五分位階級別の年間総支出の内訳

(出所) 内閣府『平成26年度家計調査』により筆者作成。

した図表である。第Ⅰ～Ⅴ分位の世帯で基礎的支出額にはさほど大きな差は見られないが（第Ⅰ分位と第Ⅴ分位の差は746,937円で，1ヵ月当たり約6万円），選択的支出には200万円以上の差がある。消費において基礎的支出が大きな割合を占める低所得層が消費の規模を維持する一方で，高所得層が選択的支出を大きく切り詰めたことで，所得格差は拡大したにもかかわらず，逆に消費格差は縮小してきたのである。

（2） 消費者意識と消費行動の変化

次に，低所得層の消費者意識についてみてみよう。2013年にボストン・コンサルティンググループが実施した調査によれば，低所得層は日用品を中心として出費抑制の意向を持つなど，全体的に堅実な消費志向にある。しかし同調査からは，中・低所得層も「日常のプチ贅沢」にはお金をかける意向を持ち，一部の生活家電や「コト消費」と呼ばれる消費を対象に，全体として「ワンランク上」の消費意向が高まっている様子も伺える[23]。こうした意向は，中・低所得層が基礎的支出の特定部分，もしくは限られた選択的支出にこだわることで，所得低下にともなう消費制限の状況においても，自分たちなりの豊かな消費を実現しようとする姿勢を映し出しているといえよう。

一方，同調査からは，富裕層でも選択的支出における消費の抑制傾向だけではなく，低所得層同様に日用品を中心とした基礎的支出で消費を抑制する意向が強く現れている[24]。

まとめれば，現代の日本の消費者は所得の多寡に関わらず，消費支出の抑制意向が強いという特徴を持つ一方で，一部の消費に対しては積極的であった。こうした意識を反映して，所得低下に比して高い消費性向が維持されてきた。言い換えれば，無理をして収入以上の消費をするという高度成長期に見られた消費ではなく，収入に見合わない消費はしないという意味での堅実消費と，消費における満足を重視する「こだわり消費」が所得の多寡にかかわらず一般化しているといえよう。

第2節 格差社会におけるマーケティング課題の変化

1. マーケティング競争の基調となった価格競争

　格差社会におけるマーケティング課題を論じるにあたり，最初に日本を含めた近年の世界市場における普遍的なマーケティング課題について述べよう。

　今日のマーケティングにおける普遍的な課題は，本格化した低価格競争への対応である。もともとマーケティングは非価格競争を通じて高価格を実現し，利潤の最大化を目指すことを目的の1つとする。しかし，2000年代以降，世界市場のマーケティング競争において価格競争が激化し，現在ではマーケティングの前提に低価格を据えざるを得なくなっている。

　価格競争を激化させたのは，まず経済のグローバル化である。東西冷戦の終結後，資本が活動する市場が旧東側諸国を含めた地球規模へと拡大した。その結果，スケール・メリットが飛躍的に高まるとともに，新興・途上国の低賃金労働によるコスト削減が相まって，世界規模で低価格化が急速に進んだ。また，途上・新興国の経済成長が，こうした国々の企業の世界市場への参入を促し，競争そのものを以前よりも格段に厳しいものにしている。くわえて，世界市場のボリュームゾーンとなった新興・途上国の低所得層に向けた圧倒的低価格の実現が，グローバルに展開する資本にとっての喫緊の課題となっている。これらが重なりあい，世界市場におけるマーケティング競争では低価格の実現が極めて重要になっている。

　低価格化に拍車をかけたのが生産面での変化，とくに製品アーキテクチャの変化である。1990年代以降，部品や半製品が機能単位として自立し，それらを組み合わせることで最終製品とする製品アーキテクチャのモジュール化が進んだ。同時に，部品・半製品間のインタフェイスを産業内で共通化するオープン化が進んだ。この変化は世界的な企業間分業体制を生みだし，エレクトロニク

ス製品分野を筆頭に製品価格の急落をもたらした。

世界市場における価格競争の激化は，相互に深く関連した各国市場へも区別なく波及する。とくに格差社会の進展から消費抑制の傾向が強まった日本において，低価格化はマーケティングにとって重要な意味を持つようになっている。

2. 格差社会で進む2つの「消費の二極化」

格差社会というマーケティング環境は，価格競争とは異なる課題も生み出した。それは2つの「消費の二極化」への対応である。

「消費の二極化」の1つ目は，個人内での消費傾向の分化である。この場合の「消費の二極化」とは，2000年代初頭から注目された消費傾向であり，「ひとりの消費者の中で『消費の階層化 stratification in same person』が起きている」[25] という現象を指す。これは，自らが納得する消費には支出を惜しまない反面，その他の消費を可能な限り削減しようとする消費傾向であり，消費の縮小と選別の強化を意味する。とくに消費の抑制傾向は，商品の差別性が失われ，価格が選択基準となるコモディティ化を幅広い分野に押し広げた。

しかし，利潤最大化というマーケティングの目的にとって，価格の下落によって利潤が減少するコモディティ化は可能な限り回避しなければならない。つまり，個人の中で分化した消費傾向のうち，支出が惜しまれない消費者にとっての「こだわり」の対象となること，すなわち脱コモディティ化が格差社会におけるマーケティング課題の1つ目である。

もう1つの「消費の二極化」は，格差社会という性格をより反映した高所得層と低所得層への階層分化にともなう，階層間での消費内容の差異の顕在化である。

現在のマーケティングは，市場を地理的・人口統計的・心理的要因といった基準で細分化し，顧客を絞り込んでアプローチするセグメンテーション・マーケティングを基本とするため，階層間の消費における差異の顕在化は，階層に応じたマーケティングを必要とする。その際，問題となるのは，ボリュームゾーンである低所得層がさまざまな属性を持った世帯や人間で構成されており，

セグメントとしての同質性が低いことにある。

　つまり，細やかなセグメンテーション・マーケティングを実施するには，所得に基づく細分化を行ったうえで，低所得層をさらに細分化しなければならない。しかし，一般にセグメントの増加はマーケティングコストを増加させるため，過度のセグメンテーションは価格競争において不利を招く。すなわち，セグメントを絞り込むのか，複数のセグメントに対応するのかといったターゲティングに関わる意思決定，また仮に複数セグメントを標的とするのならば，増加するマーケティングコストの負担を回避する条件をつくることが，格差社会におけるマーケティングの課題の2つ目となる。

　以上，第1，2項の内容を整理すれば，進展した格差社会におけるマーケティング課題とは，①本格化した価格競争と消費の縮小・選別の強化に対応しつつ，利潤を上げる条件を作り上げること，②所費の縮小・選別の強化に対応しつつ，価格競争を回避する脱コモディティ化を実現することの2つである。

第3節　格差社会の進展にともなうマーケティングの変化

1. 価格競争に対応するマーケティングの変化

　格差社会におけるマーケティングの変化を論じる前に，90年代までの日本市場におけるマーケティングの特質を確認しておこう。

　佐久間によれば，日本企業，とくにメーカーのマーケティングの特徴は製品政策とチャネル政策とに色濃く現れており，製品政策は漸進的な新製品投入・顧客ニーズ対応・製品多様化，チャネル政策は建値制と系列によって特徴づけられる。当時のマーケティングにおける最大の課題は，両政策によって垂直的価格体系を維持し，価格競争を回避しながら，利潤の最大化を実現することであった[26]。

しかし、現在の世界市場および日本市場における格差社会の進展はマーケティング環境とそこでの課題を大きく変えた。こうした中で、マーケティングの諸活動にも変化が生じている。変化が顕著に現れているのは、製品政策とチャネル政策、そしてセグメンテーション・マーケティングである。以下、順を追ってみていこう。

(1) 製品政策の変化

製品政策における変化は、製品と価格との兼ね合いが「高品質で高価格」というパラダイムから「満足のいく品質で低価格」へとシフトしたことである。

品質には、スペックなどの客観的に計測しうる絶対品質と消費者の認識する知覚品質がある。これまでは絶対品質の向上が知覚品質の向上をもたらし、そうした高品質化が高価格を理由づけてきた。しかし、格差社会における消費者は、絶対品質と知覚品質の両方からなる品質の高さから、知覚品質で評価する製品の「満足」へと、価格との兼ね合いを測る基準をシフトさせている。

実際、2000年代以降に売上やシェアを伸ばしたのは、高品質かつ高価格帯商品ではなく低価格帯商品であった。たとえば、自動車保有台数に占める軽自動車のシェアは17.1%（1981年）から37.9%（2014年）にまで上昇した[27]。軽自動車は、維持費を含め普通車よりも低価格でありながら、消費者の自動車に対する基本的なニーズを満たす点が評価されている。同様に、家電製品ではブランド企業の多機能かつ高価格な製品ではなく、非家電産業出身企業や新興国企業が機能を絞り込んで格安で提供する低価格帯製品が存在感を高めており、日用品でもメーカー製品より低価格な小売業のプライベートブランド（PB）製品が本格的に普及しつつある。これらの製品も低価格でありながら、消費者を十分に「満足」させるだけの知覚品質を実現した点を強みとしている。

すなわち、消費者の評価基準の「満足」シフトを受けて、高品質を追求することで高価格を実現する方向から、消費者ニーズを絞り込んで、消費者が納得できる低価格を実現する方向へと製品政策が変化したのである。

(2) チャネル政策の変化

チャネル政策における変化は，建値制と系列による垂直的価格体系の維持から，大規模小売業も含め，大手同士の協調を通じた流通費用の削減による価格競争への焦点のシフトである。

格差社会の進展と新自由主義的政策における規制緩和は，大量販売による低価格を実現しながら，これまでの小売業とは異なる多様な価値を提供する大規模小売業の台頭をもたらした。メーカーをリーダーとするこれまでの流通チャネルは，建値制を通じて垂直的価格体系を維持し，高価格と構成員への利潤分配を実現してきた。しかし，これが格差社会における消費者からは敬遠されるようになった。

かわってメーカーは大規模小売業と互いに協調することで，流通経費の削減を図り，利潤を維持する方向へチャネル政策を変化させている。たとえば，売上情報の共有化や物流センターへの出資などによって，卸売業の中抜きやロジスティクスの効率化による経費削減に取り組んでいる。あるいは，販売機会を増やすためのメーカーから系列販売店への有形無形の支援が削減され，大規模小売業への販売員派遣やリベート分配が強化されるなどしている。すなわち，メーカーはチャネルにおける大規模小売業の比重を高めつつ，全体としての流通経費の削減を図り，大規模小売業はメーカーの協力によって品揃えの拡大や低価格による競争優位を実現することで，互いに価格競争に対応する条件を作りながら一定の利潤を獲得する方向へとチャネル政策が変化したのである。

(3) セグメンテーション・マーケティングの変化

価格競争下におけるマーケティングの変化の特徴の3つ目が，セグメンテーションにかかわる変化である。

格差社会の進展した日本市場は，所得階層の分化と低所得層の多様化が生じており，セグメンテーション・マーケティングの実施における高コスト構造になっている。高度成長期以降の日本企業は，市場の細分化に基づいたマーケティングを実施してきたが，本格化した価格競争と消費の縮小・選別の強化にともなって，そうしたマーケティングのコスト増加が無視しえない状況になって

いる。この状況を打開するため，低所得層を中心に，複数セグメントに横断的なアプローチができる製品やブランド作りが進められている。

典型的な事例が，無印良品やユニクロといった日用品・半耐久財におけるブランドである。西友のPB商品を出発点とする無印良品は，当初に掲げた「わけあって安い」商品が，今日では過剰さを排除したシンプルな暮らしというコンセプトへと発展し，日用品分野で老若男女を問わず高い人気を誇る独自の地位を築いた。アパレルでは，2000年代前半にかけて一度は停滞したファーストリテイリングの展開するユニクロが，ユニセックスでベーシックな，奇をてらわない商品コンセプトを柱とすることで成長路線へと回帰した。その他，GAP，ナイキやアディダス，ノースフェイスやパタゴニアといったスポーツ・アウトドアブランドなども，年代や性別を問わず広く支持を集めている。

さらに，耐久財の分野でも同様の傾向が伺える。たとえば，従来は女性向けのイメージが強かった軽自動車だが，今では男性も積極的に軽自動車を選ぶようになっている。エレクトロニクス製品でも，iPhoneに代表される製品ラインを絞り込み，あらゆる顧客に同一の商品を提供する企業が売り上げを伸ばしてきた。三浦は，こうした変化は老若男女の消費傾向が似通ってきたことを示唆しており，従来のセグメントごとに製品やブランドを細分化するマーケティングの有効性に疑問を投げかけている[28]。

だが，より注目すべきはこうしたセグメント横断的な製品の多くが低価格のみを競争優位にするのではなく，むしろ相対的には高価格を維持していることである。たとえば，ユニクロは圧倒的な販売量でもって高機能繊維を用いた製品を普及させ，価格競争の激しいアパレル産業における独自のポジションを獲得した。

言いかえれば，これらの製品やブランドは，格差社会にあっても削ることが難しい基礎的支出の範囲で，相対的に高い価格にもかかわらず，消費者から支持されるポジションを確立している。このような多様なセグメントに統一的にアプローチする製品政策やブランド政策を通じて，マーケティング・コストの削減による低価格化とブランドのオリジナリティを同時に追求する戦略の優位性が顕著になってきたこと，これが格差社会におけるマーケティングの3つ目

の変化である。

2. 脱コモディティ化を目指したマーケティングの変化

　これまでの日本市場におけるマーケティングの非価格競争は，製品多様化やブランド拡張によるものが中心であった。しかし，格差社会の進展は価格競争の回避を困難にしており，消費の成熟化も相まって，多くの領域でコモディティ化が進んできた。そうしたコモディティ化からの脱却のため，非価格競争の焦点が，ソーシャル・マーケティングと呼ばれる社会的責任を素材とした差別化と経験価値や意味的価値といった製品の消費経験を素材とした差別化へとシフトしている。

　脱コモディティ化を目指した現代における特徴的な非価格競争の1つ目が，ソーシャル・マーケティングである。ソーシャル・マーケティングとは，社会志向のマーケティングとも呼ばれ，マーケティングの社会的影響を考慮する，あるいはマーケティングを通じた社会貢献を重視する点を特徴とする。こうした社会的責任を企業が自覚し，社会に貢献しようという姿勢は，コモディティ化した市場における差別化の要素として機能すると指摘される[29]。

　実際，2011年の東日本大震災以降，社会貢献に関わる寄付金支出が増加するとともに，購買意思決定において社会貢献や社会への影響を重視するという回答が，消費者調査で上昇してきた[30]。とくに，高所得層は社会貢献やつながりといった価値に関心が高く，こうした差別化が有効である傾向が強い。また，若い頃から成熟した消費経験を持ち，社会への貢献意識が高い現代の若年層にとっても魅力的な差別化要素となっている。

　もう1つの差別化競争は，経験価値や意味的価値といわれる商品の消費経験を素材とする差別化である。経験価値とは，製品の消費を通じて得られる心理的・感覚的な価値を意味し[31]，意味的価値とは顧客の主観によって位置づけられ，顧客との共創によって形作られる価値を指す[32]。

　こうした消費経験に基づく差別化は，消費余力の高い高所得層だけでなく，低所得層に向けた訴求点にもなりうる。実際，低所得層も自分の「こだわり」

のある消費への支出意向は高く，その際には消費経験を重視する傾向にある[33]。そのため，マーケティングにおいてこれらの価値が積極的に位置づけられるようになっている。たとえば，近年のショッピングモールは「体験型消費」をコンセプトに，単なる大規模商業集積を志向するのではなく，レジャーや文化施設をも内部に統合して，エンタテイメントとしての消費空間を演出することに力を入れている。また，メーカーも販促政策の一環として，消費から体感する価値を前面に打ち出すとともに，そうした体験が円滑にできるサポート体制を組織している。

こうした新しい差別化軸の導入が，格差社会の進展に伴うコモディティ化を脱し，安定的に利潤を獲得するためのマーケティングの変化である。

おわりに

格差社会の進展にともない，所得の多寡にかかわらず，消費の抑制と選別強化が一般化している。同時に，階層と個人内において消費の二極化が生じており，消費が絞り込まれる一方で，限られた部分の消費が高い水準で維持されていた。こうした格差社会における消費が，マーケティングの課題を激化した価格競争下における利潤維持と脱コモディティ化へと変化させ，製品政策やチャネル政策，差別化競争といったマーケティングの内容を80年代までとは異なるものへ変化させた。

しかし，この変化は消費性向がまだ高い水準で保たれている現在の格差社会というマーケティング環境に適応するものであり，いっそうの格差拡大と消費の強制的な縮小が見込まれる今後に向けて，さらなる変化が問われることになるだろう。

〈注〉
　1) 橘木［2008］。

2) 橋本［2013］。
3) 三浦［2005］。
4) たとえば，佐藤［2000］，白波瀬［2009］，盛山ほか［2011］，佐藤・尾嶋［2011］など。
5) 大竹［2005］。
6) 内閣府［2006］・［2009］。
7) 保田編［1999］，池尾ほか［2010］。
8) なお，現代のマーケティングは環境に適応するだけでなく，積極的に環境に働きかけて，自らにとって都合のよい環境へと変化させる性格も持っている（保田編［1999］）。
9) The World Top Income Database による。なお，依拠する統計で値は変わる。たとえば，The Economist によれば，アメリカでは人口上位0.1%の所得は，総所得の22%を占めるに至ったという。
10) これは日本の格差拡大における富裕層と貧困層の量的関係に過ぎず，富裕層の重要性が低下したわけではない。民間調査によれば，不動産を含まない株や証券などの流動資産のみで100万ドル以上を保有する日本の富裕層は124万世帯，世界第3位の規模にある（BCG［2014］）。
11) 盛山ほか［2011］pp.178-179。
12) 国立社会保障・人口問題研究所調べ。
13) 同上。
14) 内閣府［2014a］。
15) 内閣府［2014a］。
16) 内閣府［2014a］。
17) 厚生労働省調べ。
18) 内閣府［2014b］。
19) 岩田［2007］。
20) 共立総合研究所［2012］。
21) 「五分位階級」は収入に基づき，調整集計世帯を五等分して分類したものである。収入の低い方から順に，第Ⅰ，第Ⅱ，第Ⅲ，第Ⅳ，第Ⅴ分位階級と呼ぶ。
22) 内閣府［2009］。
23) BCG Japan［2013］。
24) BCG Japan［2013］。
25) 辰巳［2004］。
26) 佐久間［2009］。
27) 全国軽自動車協会連合会調べ。
28) 三浦［2013］。
29) 恩蔵［2007］。
30) 野村総合研究所ほか［2013］。
31) Schmitt（邦訳）［2000］。
32) 延岡［2011］。
33) BCG Japan［2013］。

〈参考文献〉

阿部　彩［2015］「格差を考える（下）対立避け社会の連帯を」『日本経済新聞』2015年2

月 12 日付朝刊。
池尾恭一・青木幸弘・南知恵子・井上哲浩［2010］『マーケティング』有斐閣。
岩田正美［2007］『現代の貧困―ワーキングプア／ホームレス／生活保護』筑摩書房。
大竹文雄［2005］『日本の不平等』日本経済新聞社。
恩蔵直人［2007］『コモディティ化市場のマーケティング論理』有斐閣。
加藤義忠・斎藤雅道・佐々木保幸［2007］『現代流通入門』有斐閣。
共立総合研究所［2012］「縮む『見える』消費，拡大する『見えない』消費」『Report』146号，pp.3-14。
佐久間英俊［2009］「日本メーカーのマーケティング」仲上哲編著『「失われた10年」と日本の流通』文理閣，PP61-91。
佐藤俊樹［2000］『不平等社会日本』中央公論新社。
佐藤嘉倫・尾嶋史章編［2011］『現代の階層社会1 格差と多様性』東京大学出版会。
白波瀬佐和子［2009］『日本の不平等を考える―少子高齢社会の国際比』東京大学出版会。
橘木俊詔［2008］『格差社会 何が問題なのか』岩波書店。
辰巳渚［2004］『なぜ安アパートに住んでポルシェに乗るのか』光文社。
内閣府［2006］『平成18年度年次経済財政報告書』。
─── ［2009］『平成21年度年次経済財政報告書』。
─── ［2014a］『平成26年版高齢社会白書』。
─── ［2014b］『平成26年版男女共同参画白書』。
日本流通学会編［2009］『現代流通辞典［第2版］』白桃書房。
延岡健太郎［2011］『価値づくり経営の論理』日本経済新聞社。
野村総合研究所・松下東子・日戸浩之・濱谷健史［2013］『なぜ，日本人はモノを買わないのか？』東洋経済新報社。
橋本健二［2013］『「格差」の戦後史―階級社会日本の履歴書（増補新版）』河出書房新社。
松田久一［『「嫌消費」不況からの脱却』PHP研究所。
三浦展［2005］『下流社会 新たな階層集団の出現』光文社。
─── ［2012］『第四の消費 つながりを生み出す社会へ』朝日新聞出版。
─── ［2013］『日本人はこれから何を買うのか？「超おひとりさま社会」の消費と行動』光文社。
三浦展＋三菱総合研究所生活者市場予測システム［2014］『データでわかる日本の新・富裕層』洋泉社。
盛山和夫・神林博史・三輪哲・片瀬一男［2011］『日本の社会階層とそのメカニズム―不平等を問い直す』白桃書房。
保田芳昭編［1999］『マーケティング論［第2版］』大月書店。
Schmitt B.H., *Experiential marketing : how to get customers to sense, feel, think, act, and relate to your company and brands.* （嶋村和恵・広瀬盛一訳［2000］『経験価値マーケティング―消費者が「何か」を感じるプラスαの魅力』ダイヤモンド社。）
「Consumer X（2）シニア広がる格差」『日本経済新聞』2014年12月7日付朝刊刊。
「私だけの『日本』探して 富裕層，変わる価値観」『日本経済新聞』2014年12月6日付朝刊。
厚生労働省〈http://www.mhlw.go.jp/stf/seisakunitsuite/bunya/0000046231.html〉（2015.5.31.）。
国立社会保障・人口問題研究所〈http://www.ipss.go.jp/s-info/j/seiho/seiho.asp

(2015.3.10.)。

全国軽自動車協会連合会〈http://www.zenkeijikyo.or.jp/statistics/index.html〉。
　(2015.5.31.)。

BCG Japan［2013］「BCG世界消費者調査2013（日本版）」〈http://www.bcg.co.jp/documents/file151673.pdf〉(2015.3.10.)。

───［2014］「日本の富裕層世帯数は124万世帯」〈http://www.bcg.co.jp/documents/file164228.pdf〉(2015.3.10.)。

The Economist "Forget the 1%"〈http://www.economist.com/news/finance-and-economics/21631129-it-001-who-are-really-getting-ahead-america-forget-1.〉。(2015.3.10.)。

The World Top Income Database〈http://topincomes.parisschoolofeconomics.eu/〉。(2015.3.10.)。

（加賀美　太記）

第5章

格差社会と流通チャネルの変容

はじめに

　本章の課題は，格差社会の進展が，流通チャネルにもたらした変容について明らかにすることである。

　流通チャネルとは，生産者から消費者にいたる商品の経路のことである。1990年代以前の日本の流通チャネルの特徴は，市場を支配するメーカーをチャネルリーダーとした流通系列化であった。流通系列化とは，メーカーが資本的には独立した流通業者を組織し，流通業者の再販売活動を管理するものである。それにより流通業者間の価格競争を防ぎ，いわゆる定価販売によりメーカーは安定期に利益を確保していた。

　このメーカー主導の流通チャネルは，一般に高度成長期に形成されたと考えられている。すなわち，日本経済が成長するにつれて所得が増加し，一億総中流と言われる経済社会の中で形作られたということである。しかし，バブル経済が崩壊した1990年代以降，日本経済は停滞し，リストラや非正規雇用の拡大によって格差社会の問題が指摘されるようになっている。こうした経済社会の変化は，流通チャネルにいかなる変化をもたらしているのか。

　以上の問題意識に基づき，本章では，格差社会が流通チャネルにもたらした

変化について，まず格差社会の下での消費の変化について明らかにする。その上で，特徴的な傾向を示している家電分野と衣料品分野の流通チャネルの変容を明らかにする。

第1節　格差社会における消費の動向

1．消費支出全体の動向

本節では，流通チャネルの前提となる消費の動向について確認する。

図表5-1は，1995年以降の名目消費支出と物価の推移を示している。まず，名目消費支出の動きをみると，多少の増減はあるもののほぼ横ばいに推移していることが分かる。その一方で，物価の変化を示すデフレーターは，持続的に

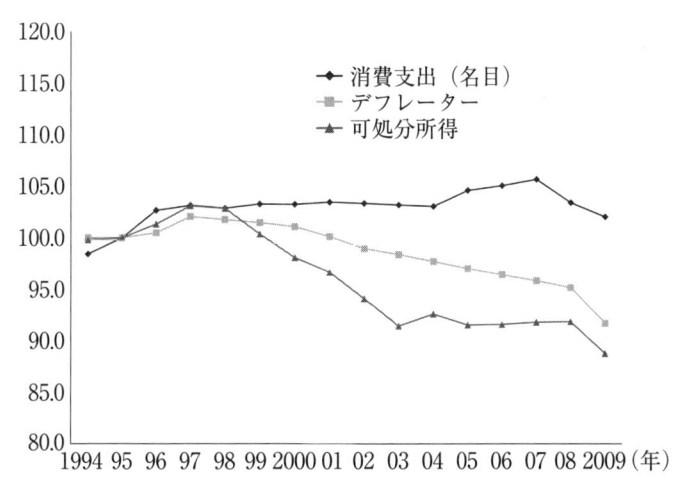

図表5-1　名目消費支出と物価の推移（指数）

（注）1995年＝100とする。
（出所）『国民経済計算年報』各年版より作成。

図表 5-2　五分位階級別の名目消費支出の 2000 年と 2013 年の増減（指数）

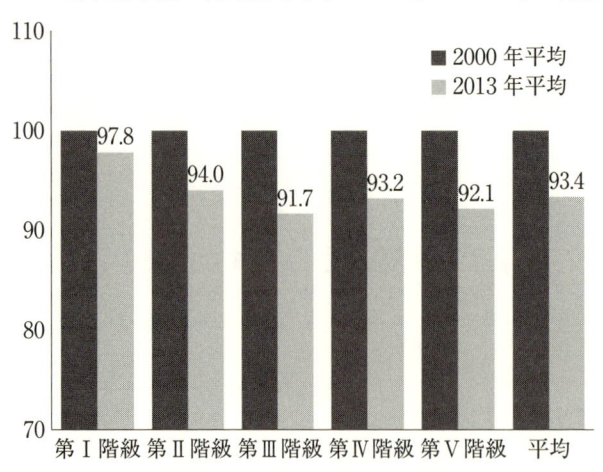

■ 2000 年平均
□ 2013 年平均

第Ⅰ階級 97.8／第Ⅱ階級 94.0／第Ⅲ階級 91.7／第Ⅳ階級 93.2／第Ⅴ階級 92.1／平均 93.4

（注）2000 年＝100 とする。
（出所）『家計調査年報』より作成。

低下している。これは，物価が継続的に低下していることを示しており，デフレ状況にあることを意味している。これらのことは，消費者が消費に対して消極的な中で，需要が減退し，価格の引き下げにより需要の刺激が行われていたということが読みとれる。この消費の伸び悩みの背景にある大きな要因のひとつが，所得の低下である。所得のうち，消費に充てられる部分である可処分所得の動きをみると，物価の低下に比例するように低下していることが分かる。

これを所得五分位階級別に 2000 年から 2013 年の増減をみると，図表 5-2 によれば，特に大きく減少しているのは，中間層の第Ⅲ階級であり，2000 年を 100 としたとき 2013 年は 91.7 と，約 9 ポイント減少している。それゆえ，すべての階級で一様に支出が減少したわけではなく，中間層を中心に減少した結果二極化していったといえる。

2. 目的別の名目消費支出の動向

次に，目的別の名目消費支出の変化を確認する。図表 5-3 は，目的別の名目

消費支出とデフレーターの1995年と2010年の増減率を示したものである。

名目消費支出の金額が増加した項目をみると，「通信」(83.7％)，「保健・医療」(51.4％)，「住居・電気・ガス・水道」(24.1％) への支出が増加している。「通信」とは，郵便，電話，通信サービスなどを含み，1990年代半ば以降，携帯電話やインターネットなど情報通信機器が普及したことで支出が増加したと考えられる。その一方で，「保健・医療」は医薬品，外来・病院サービスなどであり，「住居・電気・ガス・水道」は住宅賃貸料，水道料，電気料，ガスなどである。これらはライフラインをなす生活に必須な要素であり，節約が難しい分野である。そのため，これらの分野の支出の増加は，家計全体の支出の圧迫につながっている。

支出を維持しながら物価の下落が大きいのは，「娯楽・レジャー・文化」(－55.4％)，「通信」(－29.0％) である。「娯楽・レジャー・文化」は，ラジオ・テレビ・ビデオ，カメラ，パソコン，音楽機器，ゲーム・がん具，書籍などである。それゆえ，白物家電やAV家電などの家電製品などの分野で需要が不足

図表 5-3　目的別の名目消費支出と物価の増減率 (1995年と2010年の比較)

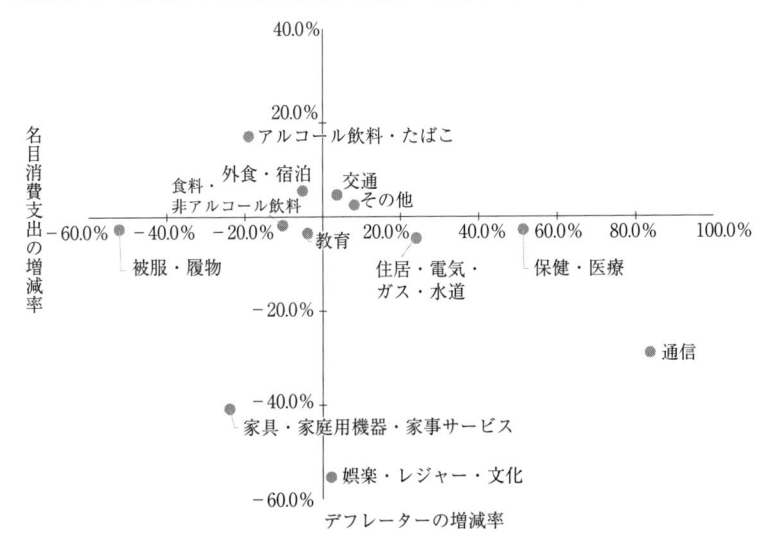

（出所）『国民経済計算年報』各年版より作成。

することでデフレが進んでいったと考えられる。

　物価の下落と同時に，支出が大幅に減少した項目は，「被服・履物」（-52.3％），「家具・家庭用機器・家事サービス（家具，家庭用器具，食器など）」（-24.0％）がある。「被服・履物」は，衣服やアクセサリー，靴などであり，「家具・家庭用機器・家事サービス」は家具，家庭用器具，食器などであり，不要不急のものであり節約の対象になっていたことが分かる。

　以上のことから，第1に，医療や水道・光熱費など生活に必須となる分野では物価の変動が小さく支出が増加している。第2に，テレビやカメラなどのAV家電，パソコンなど情報通信機器などの家電では，物価の下落が著しく進む中で支出が維持されていたといえる。衣食住という生活の基本をなす分野での消費が抑制されている。第3に，衣服や履物，家具，食器などの分野では，物価が下落するとともに，支出金額が大幅に下落している。

第2節　チャネルの変容（1）：量販店チャネルの拡大

　前節でみたように，デフレが著しく進んだ分野として家電がある。そこで本節では，家電流通チャネルを検討し，その変化を明らかにする。

1．従来の家電流通チャネル

　従来日本の家電の流通チャネルは，卸売段階では販売会社を，小売段階では系列店を特徴としていた。販売会社とは，特定メーカーの商品だけを取り扱う卸売業者であり，系列店とは特定のメーカーの製品だけを取り扱う小売業者である。すなわち，市場で優位な立場にある家電メーカーが卸売業者や小売業者を組織化する流通系列化が行われており，メーカー主導の流通チャネルが構築されていた。これは高度成長期に構築され，形を変化させながら存続していた。

　図表5-4および図表5-5は，家電の流通チャネルの概要と，それぞれのシェ

第 5 章　格差社会と流通チャネルの変容　91

図表 5-4　家電の流通チャネルの概観図

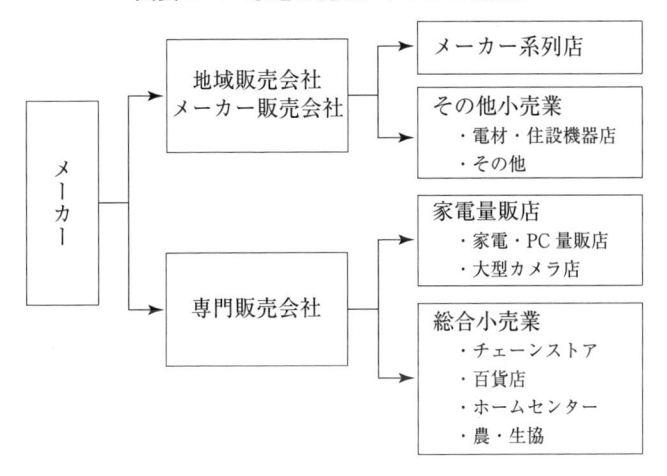

```
                    ┌──────────────┐  →  ┌──────────────┐
                    │ 地域販売会社  │     │ メーカー系列店│
                  ↗ │メーカー販売会社│    └──────────────┘
┌──────┐           │              │  →  ┌──────────────┐
│メーカー│           └──────────────┘     │ その他小売業  │
│      │                                  │ ・電材・住設機器店│
└──────┘           ┌──────────────┐  →  │ ・その他       │
                  ↘ │              │     └──────────────┘
                    │              │  →  ┌──────────────┐
                    │ 専門販売会社  │     │ 家電量販店    │
                    │              │     │ ・家電・PC量販店│
                    │              │     │ ・大型カメラ店 │
                    └──────────────┘     └──────────────┘
                                    →  ┌──────────────┐
                                       │ 総合小売業    │
                                       │ ・チェーンストア│
                                       │ ・百貨店      │
                                       │ ・ホームセンター│
                                       │ ・農・生協    │
                                       └──────────────┘
```

（出所）『家電流通データ総覧（2014 年版）』p.21 および日経産業消費研究所編［1991］p.484 を基に筆者作成。

図表 5-5　家電のチャネル別の売上高の推移（1989 年〜2012 年）

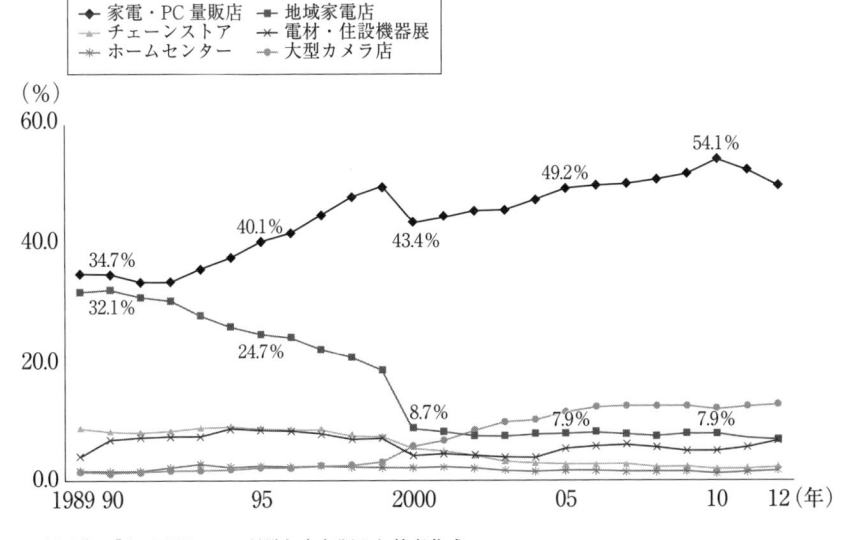

凡例：
- 家電・PC 量販店
- 地域家電店
- チェーンストア
- 電材・住設機器展
- ホームセンター
- 大型カメラ店

主なデータポイント：
- 家電・PC 量販店：34.7%（1989）→ 40.1%（95）→ 43.4%（2000）→ 49.2%（05）→ 54.1%（10）
- 地域家電店：32.1%（1989）→ 24.7%（95）→ 8.7%（2000）
- 大型カメラ店：7.9%（05）→ 7.9%（10）

（出所）『家電流通データ総覧』各年版より筆者作成。

アの大きさの推移を示したものである。それをみると，1990年代初め頃まで，メーカー系列店が32.3%（1990年）と，家電流通で中心的な位置を占めていた。もう1つの中心が，家電量販店（同34.7%）である。当時の家電量販店は，業界団体のNEBA（日本電気専門大型店協会）に加盟している家電量販店であり，大店法[1]の対象とならない売場面積500㎡未満の小規模な店舗が中心であった。NEBAは，メーカーとの友好な関係を重んじる組織であり，メーカーからのコントロールが強かった。そのため，家電製品は基本的にメーカーが設定した価格と値引率で販売されていた。また，NEBAに加盟する量販店にはそれぞれ基盤となる地域があり，互いにその地域には出店しないという紳士協定が暗黙裡に存在していた。

しかし，1990年代を通して，家電量販店は一貫して割合を高め50%を超えるのに対して，メーカー系列店は一貫して割合を低下させており，10%を下回るまで低下している。この変化をもたらしたのが，非NEBA系の家電量販店の台頭である。

2．家電量販店の成長と寡占化：ヤマダ電機を中心に

前項で述べたメーカーが支配する流通チャネルは，バブル経済の崩壊に端を発する景気の低迷と大店法の規制緩和を背景に大きく変化する。その変化の中心が，NEBAに加盟しない，あるいは一度加盟したが脱退したアウトサイダーと呼ばれる家電量販店である。アウトサイダーの家電量販店は，建値を気にせず，低価格販売を追求した。その代表が，ヤマダ電機である。

ヤマダ電機はもともと松下電器の系列店であった。しかし，店舗の閉鎖にともなう在庫処分のために大幅な値引き販売を行ったところ，消費者から予想を上回って受け入れられた。これをきっかけに同社は低価格販売を重視し，量販店化と多店舗展開を推し進めた[2]。その理由として，販売量が大きければ大きいほど，商品の仕入原価を直接低くできるだけでなく，メーカーからの販売奨励金（マージン）が上乗せされ，事後的に仕入原価を低くすることが可能だからである。それゆえ，利益を確保しながら低価格を実現するためには，競合他

社を上回る販売量を確保することが重要である。そのため，同社は，1990年代中頃から全国展開を目指して，売場面積3,000㎡程度の大規模な郊外型店舗「テックランド」を主力業態として積極的に出店を行い，2005年には47都道府県のすべてに出店した。ヤマダ電機は，この大量出店によって，大量販売が可能となり，メーカーに対する強力なバイイングパワーを獲得し，低価格を強みにして成長していった。

このヤマダ電機の拡張に対抗して，2002年にデオデオ（広島県）とエイデン（愛知県）はエディオン・グループを設立し，その後，ミドリ電化（兵庫県），石丸電気（東京都）などを子会社化していった。また，ケーズデンキ（茨城県）は，2004年にギガス（愛知県），八千代ムセン電機（大阪府）を，2007年にデンコードー（宮城県）を子会社化し，ケーズホールディングスとなった。このように，ヤマダ電機のバイイングパワーに対抗する形で家電量販店同士のM&Aが行われ，寡占化が進んでいる。寡占化の進展により，小売業は，メーカーに対して非常に強い発言力を獲得し，仕入価格の引き下げなどを可能にした。他方で，この大規模化に追随できない中小業者は淘汰されていった。また，2005年にヤマダ電機が豊栄家電から小型電器店FC事業を分離して，コスモスベリーズを設立したように，メーカー系列専門店は，大手家電量販店チェーンの一部に組み込まれ，商品の配送や設置，修理などの細かなサービスを提供するようになっている[3]。

以上のように，1990年代以降消費者の価格敏感性が高まるなかで，さらなる低価格を追求して小売業の規模が拡大した。それにより，メーカーによる系列化と定価販売を特徴としていた家電流通チャネルは，家電量販店をリーダーとして，激しい価格競争が行われるものへと変容した。

第3節　チャネルの変化（2）：川下からの垂直統合

本節では，衣料品流通チャネルの変容について考察する。第1節でみたよう

に，衣料品は大幅に名目消費支出が減少した分野である。この消費の停滞に対応して，流通チャネルがいかに変容したのかについて，特に小売業における変化に注目して論じる。

1. 従来の衣料品流通チャネル

最初に従来の衣料品流通チャネルの特徴を概観した上で，近年の変化を明らかにする。

従来の衣料品流通チャネルの特徴として，第1に，衣料品流通の全体像を概観した図表5-6が示すように，紡績や縫製といった生産工程や，生産と販売といった機能が多段階にわたり，それぞれ異なる企業が担っていたことがある。主に卸売段階に位置するアパレルメーカーがチャネルリーダーを担い，自社でブランドをもち，商品企画を行い，生産は縫製メーカーやニッター（編みたてメーカー）に委託するなどして，全体を管理している。このように多段階にわ

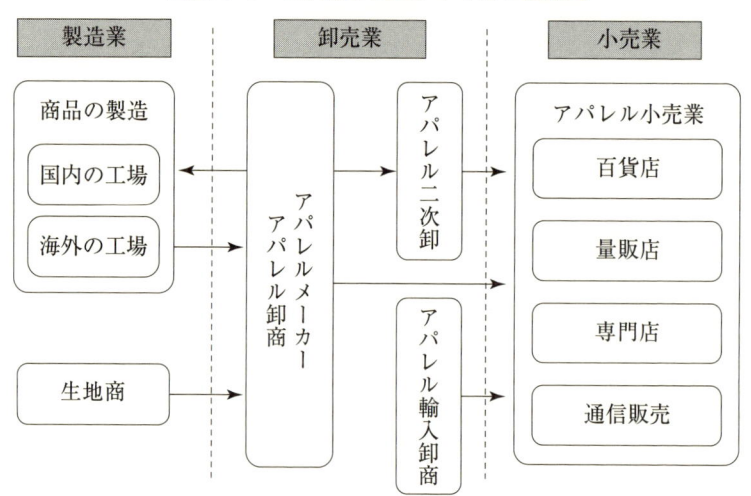

図表5-6 衣料品の流通チャネルの概念図

製造業	卸売業	小売業
商品の製造 ・国内の工場 ・海外の工場 生地商	アパレルメーカー・アパレル卸商 → アパレル二次卸 → アパレル輸入卸商	アパレル小売業 ・百貨店 ・量販店 ・専門店 ・通信販売

（出所）日本ファッション教育振興協会編[1999]および『SPA マーケット総覧 2011』を基に筆者作成。

たり多くの企業が複雑に関係しあうことで，在庫などのリスクを広く薄く分担できていた。

　第2に，百貨店などを中心に委託販売が行われていた。委託販売とは小売業者が発注した商品を店頭に並べ，売れた分だけアパレルメーカーに代金を支払い，売れ残った商品は返品できるという制度である。メーカーから商品を買い，それを消費者に販売する買取制では，小売業が販売リスクをすべて負うことになり，品揃えや販売量が限定されることになるが，委託販売のもとではそのリスクが低下するため，積極的に品揃えを展開することが可能となる。その一方で，返品にともなうコストが商品の原価にあらかじめ含まれるため，商品価格は高くなる。このように，ファッション性が高く，販売リスクが高い衣料品ではそのリスクを複数の企業で分担する流通の仕組みであった。

　近年の動向について，流通チャネル別の売上の変化をみると，図表5-7が示すように，百貨店と量販店（総合スーパーなど）が減少する一方で，専門店が売上を伸長させている。その専門店の中でも特に成長著しいのがユニクロ（ファーストリテイリング社）である。同社の成長要因として指摘されるのがSPAである。SPAとは，Specialty store retailer of Private label Apparelの略称で，アパレルメーカーが生産した商品を販売するのではなく，独自にデザイン

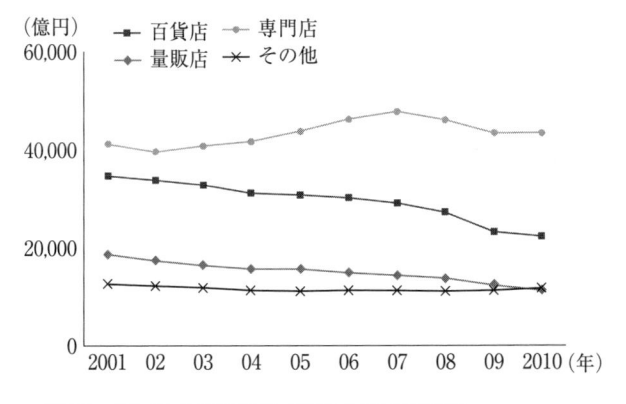

図表5-7　衣料品におけるチャネル別の売上高の推移（2001年〜2010年）

（出所）『アパレル産業白書』各年版を基に筆者作成。

図表5-8 SPA比率の推移

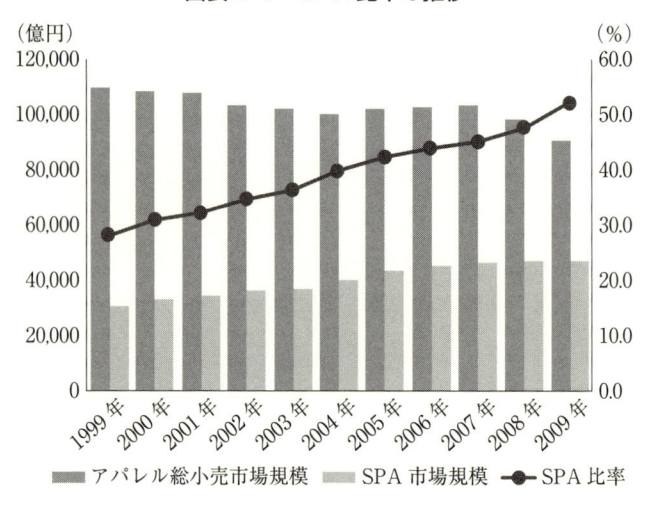

(出所)『SPAマーケット総覧2011』より筆者作成。

したプライベートブランドを製造，販売する小売業のことである[4]。すなわち，小売業が自社でデザインや，生産まで担うということであり，従来の複雑な分業関係を特徴とする衣料品流通チャネルとは大きく異なっている。1990年代末から日本に進出して注目されたZARA（Inditex社）やH&MなどもSPAである。他にも，アパレルメーカーであるワールドや，ユナイテッドアローズのようなセレクトショップも部分的にSPA化している。図表5-8をみると，アパレル小売業の売上高全体に占めるSPAの割合が増大していることが分かる。さらに，衣料品以外にも，家具・雑貨ではニトリ，無印良品（良品計画社），イケア，靴ではABCマート，眼鏡ではジェイアイエヌなどがSPAである。

2. SPAの特徴：ユニクロ

(1) SPAの背景

ファーストリテイリングは，衣料品流通において成長を続けている代表的な

企業の1つである。同社の中核事業であるユニクロは，2010年時点で売上高6783億5300万円，店舗数944店舗にまで成長している。ユニクロの強みは，同社の最大のヒット商品の1つである「ヒートテック」に代表されるように機能性に優れる一方で，ファッション性という点ではベーシックな製品を，低価格で生産，販売できるという点である。

もともとユニクロもリーバイスなどのメーカー商品を販売する一般的な衣料品小売企業であったが，創業者である柳井氏が台湾企業ジョルダーノなどの視察以降，自社企画商品の製造・販売へと転換していった。

実際の転換が始まるのは，1998年以降である。94年の上場以降，ユニクロは出店の増加により売上高は増加する一方で，経営利益率が低下するなど経営効率が悪化していた。その打開策として，97年に新業態「スポクロ」「ファミクロ」を出店したが，売上高が計画に達せず一年足らずで撤退した[5]。

経営効率低下の原因として，生産と販売の乖離があった。過剰に生産した商品が余れば，大幅に値引きして売り切らなければならず値引きロスが生じる。反対に需要が集中した商品は生産が追いつかず品切れすれば，機会ロスが生じる。従来はシーズンの一年ほど前までに委託生産工場に発注し，シーズンの前には生産を完了する。後は在庫数量を確認しながら，少しずつ価格を引き下げてシーズン終了までに売り切るというものであり，販売動向に合わせて供給量を削減したり，追加生産したりすることができなった。

そこで同社は，抜本的な改革を行うために，ABC（オール・ベター・チェンジ）改革をすすめた。「作った商品をいかに売るかではなく，売れる商品をいかに早く特定し，作るかの作業に焦点を合わせる」ために，企画段階から生産，物流，販売にいたるまで自社ですべてをコントロールする仕組みづくりを行った。

(2) SPAの仕組み

ユニクロでは，まず製品開発部門のデザイナーがデザインを決定する。その上で，原材料の調達が行われるが，同社は，機能面に差別化を求めており，東レなどの繊維メーカーと共同開発をすすめるなど，原材料面で積極的に活動し

ている。その後,生産数量やマーケティング計画が決定される。

その決定した生産数量に基づいて,生産が行われる。ユニクロの商品の約80％が,中国で生産されており,近年では販売拠点のグローバル化に伴い,生産拠点もベトナム,カンボジア,タイ,バングラデシュなど東南アジアへも拡大している。そこで現地企業と契約し,委託生産を行っている。完成した商品は,店舗に送られて,販売されることになる。

ユニクロは,SKU（Stock Keeping Unit：最小在庫単位）レベル,すなわち商品別,カラー別,サイズ別に週間販売計画を立てたうえで生産に着手する。生産ではすべてを一度につくるのではなく,工場と直接交渉を行い,糸,生地,製品の3段階で発注管理を行い,最終段階の製品を発注するときには,週次ベースの販売実績に基づいてきめ細かく需要を分析し,追加生産したり,生産を中止したりする。このように,製品として生産する前に調整することで事前に需給ギャップを小さくしている。

商品が店頭に並ぶと,週次ベースで販売計画と販売実績の乖離を分析し,計画を下回れば,チラシと連動した期間限定値下げなどで販売促進する。販促によって当初の計画に戻れば商品の価格は当初の計画に戻される。計画を上回った商品は,追加生産を行う。

このようにユニクロは,高度なサプライチェーンの管理を実現し,実際の製造以外の機能をすべて自社で担うことで,従来多段階の企業で広く薄く分担していた販売リスクをすべて自社で負担し,余分なマージンが不要になり,その分価格を引き下げることができ,より低価格での販売が可能となった。

(3) SPAの条件

ユニクロはSPAを実現することで販売動向に応じた柔軟な生産・在庫管理を可能にした。資本関係のない委託工場であるにもかかわらず,このような高度な調整を可能にしている主に2つの要因がある。

第1に,発注ロットが非常に大きいということである。ABC改革で,それまで1シーズン400品番であったのを,200品番まで品番を半分に削減した。それにより一品番ごとの発注量が大きくなる。さらに,中国各地に約140社あっ

た委託生産工場を(1)生産能力,(2)品質管理体制,(3)財務諸表,(4)工場経営者の人柄の4つの基準で選別し,特に優秀な40カ所に集約した。それにより工場に発注する生産量が大幅に増大した。このように品番を絞り込み,品番あたりの発注量を引き上げることで工場の生産ラインや工場そのものをいわば占有している状態になる。それによって委託工場の生産工程を自社工場のようにコントロールすることが可能となる[6]。

第2に,工場への技術指導者の派遣による技術水準の向上である。従来工場とは直接取引ではなく商社などを媒介したものであった。技術指導も商社などが派遣していた。それを「匠プロジェクト」と称して,自社で技術指導者を確保して派遣し,その委託工場に品質をチェックすることで品質を担保すると同時に,改善活動を通じて技術水準を向上させた。

以上のように,従来の衣料品流通チャネルは,需要の不確実性が高い衣料品を生産・販売するために,複雑な分業構造と商慣行を特徴としていた。しかし,消費者の需要が縮小する中で,コストの引き下げと機会損失の防止が求められるようになった。その具体的な対応が,SPAである。ユニクロは,1990年代終わりからSPA構築に着手し,販売動向に対応した柔軟な調整を実現し,成功を収めている。

このように衣料品や家具など市場が縮小する分野では,単にメーカー商品を低価格で仕入れて,販売するというだけでなく,自ら生産段階にまで踏み込み,サプライチェーン全体を管理することで製品そのものを低価格にするだけでなく,消費者が求めるときに販売できるような流通チャネルへと変容している[7]。

おわりに

本章では,1990年代以降の日本において,格差社会の進展が流通チャネルに与えた影響について,消費動向の特徴,そこから特徴的な分野として家電と衣料品の流通チャネルを取り上げてそれぞれの分野における流通チャネルの変容

について明らかにした。

第1に，著しくデフレが進んでいる家電の流通チャネルでは，家電メーカーによる系列化から，ヤマダ電機などの価格訴求を追及する家電量販店が大型店舗を全国展開しバイイングパワーを高めることで，メーカーからより低価格で販売することを実現した。それにより，消費を刺激することで，売上を維持した。

第2に，消費支出そのものが縮小する衣料品や家具ではユニクロのように生産までを自社で管理するSPA業態へと転化した企業が好調であった。そこでは，生産と販売という分業関係をこえて，小売業が生産まで自らで行うことで，流通におけるムダを省き，低コストを実現するとともに，販売機会を逃さない効率的な販売を可能にしていた。

このように，メーカーが主導して建値で安定的に得られる利益を製販で分け合う流通チャネルから，停滞する消費に対応するために小売業が大規模化することでバイイングパワーを高め，場合によっては製販の垣根を超えて川上を統合する形へと変化している。

近年，食品や日用雑貨品の分野でも，セブン＆アイ・ホールディングスやイオン・グループが積極的にPB開発を進め，これまでPBを受け入れなかった大手メーカーまで供給せざるをえなくなるなど他の分野でも同様の変化が見られる。今後，メーカーがこのような流通チャネルの変化にどのように対応していくのか興味深い。

〈注〉
1) 大店法（1974年施行）は，大型店と地元の中小小売商の利害調整を目的とした法律である。大型店とは，1つの建物で建物内の店舗面積の合計が1,500㎡（東京都の特別区と政令指定都市は3,000㎡）以上のものを指す。同法は，この大型店の出店に際して，開店日，店舗面積，閉店時刻，休業日数の四つの項目について事前審査を受け，利害調整を行うことを求めている。同法の施行以降，日本では大型店を自由に出店することができなくなった。この大店法が，国内および海外からの批判にさらされ，1991年に第1種大規模小売店舗の売場面積を3,000㎡以上に引き上げるなど規制緩和され，さらに，1994年に改定された。その後，2000年に大店法は廃止され，それにかわって大店立地法，中心市街地活性化法，改正都市計画法といういわゆるまちづくり三法が施行された。この大店法の段階的な規制緩和・廃止により，大型店の出店が容易になった（加藤ほか

2) 立石［2010］pp.22-23。
3) 地域の小規模な家電専門店の中でも，アトムチェーンのように大手家電量販店に属さず，フランチャイズチェーンを構築し，対抗する事例もある。
4) 一口にSPAと言っても，どこまで生産を自社で行っているのか，重視する経営指標は何か，など企業によって様々である。衣料品分野でのSPAの比較は，たとえば斎藤［2014］を参照のこと。
5) 柳井［2003］pp.72-73。
6) 斎藤［2014］p.24 および，横田［2011］pp.53-54。
7) SPAによって，消費者は，魅力的な商品を低価格で購入できるようになった。しかし，商品を生産する過程での問題が現れてきた。たとえば，2015年1月にNGOがユニクロが委託している中国の工場で劣悪な労働環境で作業が行われていたことを公表した。また，2013年にZARAなどの委託工場があるバングラデシュのダッカでの工場の崩落事故が生じている。このように，複数の国を横断するサプライチェーンを十分に管理できておらず，違法な労働が横行している。また，そのような工場で生産された商品には，有害物質が混入されるなど，商品の安心・安全の問題も起こっている。今後は，そのような違法な行為によらない公正なSPAが求められる。

〈参考文献〉

加藤義忠・佐々木保幸・真部和義［2006］『小売商業政策の展開（改訂版）』同文舘出版。
齊藤孝浩［2014］『ユニクロ対ZARA』日本経済新聞出版社。
立石泰則［2010］『ヤマダ電機の暴走』草思社。
中嶋嘉孝［2013］「家電量販店の成長と家電製品サプライチェーン―家電量販店・物流改善・価格決定権―」『製配販をめぐる対抗と協調』白桃書房。
日経産業消費研究所編［1991］『最新商品流通ハンドブック』日本経済新聞社。
日経流通新聞編［1993］『流通現代史』日本経済新聞社。
日本ファッション教育振興協会教材開発委員会［1999］『ファッションビジネス概論』日本ファッション教育振興協会。
矢田部充康［2003］「新たな競争段階を迎えた家電量販店業界」『調査月報』（東京三菱銀行調査室）第82号，pp.13-30。
柳井 正［2003］『一勝九敗』新潮社。
矢作敏行［2011］『日本の優秀小売企業の底力』日本経済新聞社。
横田増生［2011］『ユニクロ帝国の光と影』文藝春秋。
内閣府『国民経済計算年報』。
総務省『家計調査年報』。
『アパレル産業白書』矢野経済研究所。
『SPAマーケット総覧2011』矢野経済研究所。
『家電流通データ総覧』リック。

（宮﨑　崇将）

第6章

格差社会と食品流通の変化

はじめに

　本章では，日本の格差社会の背景として，1981年の臨時行政調査会（臨調）を嚆矢とする規制緩和の流れを念頭において，経済構造の変化を問題とすることにしたい。規制緩和によって，国民の食生活はどのように変化し，そして，今後どうなるのであろうか。国民の食生活の安定のためには，食料生産の健全な持続的発展が求められるのであり，それを支える食品流通構造の構築が求められることとなるであろう。食品流通においては，国内生産の重要性は強調しておかなければならないであろう。

　規制緩和における民営化・市場化は，重要な経済改革手法となっており，これによる構造改革がこの間強力に推進され，その結果として，経済社会における格差構造が生み出されてきたといえよう。食品流通業においても，こうした動向は共通しており，企業合併等によって，大規模化が進められている。

　これに加えて，グローバル化の進展は，経済社会の「国際標準化」を推し進めており，これに対応することが企業社会に強制されるところとなっている。そして，国際競争力の強化が経済活動に強く要請される状態となっており，グローバル化対応は食品流通業にとっても大きな課題となっている。

また，日本社会の現代的特性である，高齢化，少子化，人口減少という社会的環境を踏まえて，食品流通の再編について考察しなければならないであろう。社会的環境の変化に伴って，食品市場はどのように動いて行くのか，それによって地域の生活と消費はどうなるのか，こうした点を視野に入れて分析を進めたい。

上記で述べた課題を考察するに当たって，食品流通を食品の生産・流通・消費の全体的な流れのなかで考えることとする。そのために，第1には，食品産業[1]（食品製造業，食品流通業，外食産業）の動向について述べる。食品産業が国民経済の中で果たす役割を，まず確認しておきたい。第2には，食品卸売市場の変貌について卸売市場制度改正を中心として考察し，卸売市場を取り巻く環境の変化について考える。卸売市場は，生鮮食品流通において大きな位置を占めており，卸売市場政策は注目すべき事項と考えられる。第3には，食品小売市場の変化について，食品小売市場の再編を通して考察を加える。流通における，卸と小売の関係は重要であり，消費不況下においては卸と小売の力関係は，食料生産ならびに食料消費に大きな影響を与える要因と考えられる。第4には，食品消費の側面から食品流通業の再編について考える。本章の基本的課題は食品流通であるが，食料消費のあり方を視野に入れることによって，食料流通の変化をより具体的に把握できると考えられる。

第1節　食品産業の動向

食品産業は食料の安定供給等にとって重要な役割を担っており，国民の食生活を支えている。以下では，食品産業の近年の動向について，みてみることとしたい。

1. 食品産業の生産額

図表6-1は，日本の食品産業の生産額の推移を示している。

食品産業全体の生産額は，1998年度には94.2兆円（全産業に占める割合は10.1％）であったが，その後は漸減傾向となり，2007年度では81.7兆円（同8.2％）となっている。しかしながら，低下したといっても，生産額は全産業の8％を占めており，就業者数は775万人であり，全産業就業者数の13％を占めており，経済活動，雇用の面で大きな位置を占めているといえる。

食料品に関して，農業・食料関連産業という視点から考えると，その生産額は1998年度で114.8兆円である。その後は低下傾向とはなるが，2007年度で98.4兆円（16.4兆円の減少）となっている。これを業種別に示せば，農・漁業は1998年度13.8兆円，2007年度11.6兆円（2.2兆円の減少），関連製造業は1998年度40.5兆円，2007年度38.0兆円（2.6兆円の減少），関連流通業は1998年度31.8兆円，2007年度25.0兆円（6.8兆円の減少），飲食店は1998年度24.1兆円，2007年度21.3兆円（2.7兆円の減少）となる。この数字に示されているように，食品流通業の減少額は大きく，流通業界の苦境状況を表している。この背景としては，消費不況が大きく影響しているものと考えられる。また，同時に，農林漁業における減少額も大きく，市場規模の縮小は日本農業の発展にとって大きな問題といえる。農産物自由貿易体制下において，日本農業は後退・

図表6-1　食品産業の生産額

(単位：10億円)

年度	1998	1999	2000	2001	2002	2003	2004	2005	2006	2007
農業・食料関連産業	114,845	110,840	108,253	105,635	104,332	102,241	101,560	99,724	98,392	98,448
農・漁業	13,774	13,113	12,712	12,186	12,268	12,077	11,994	11,678	11,583	11,561
関連製造業	40,546	39,915	39,280	38,168	37,685	37,146	37,624	36,745	36,986	37,995
関連投資	4,656	4,372	4,047	3,769	3,521	3,136	3,022	2,841	2,782	2,560
関連流通業	31,799	30,457	29,251	29,597	29,021	28,963	28,057	27,511	25,796	24,995
飲食店	24,071	22,982	22,963	21,916	21,838	20,919	20,864	20,949	21,245	21,337
参考：全経済活動	936,454	920,323	937,067	924,529	909,265	909,032	927,343	951,287	976,217	1,000,760
食品産業全体の生産額	94,188	91,288	89,434	87,618	86,446	84,914	84,384	83,019	81,744	81,704
全産業に占める割合（％）	10.1	9.9	9.5	9.5	9.5	9.3	9.1	8.7	8.4	8.2

（出所）　農林水産省「農業・食料関連産業の経済計算」。

縮小状況となっている。農産物輸入は増加傾向にあり，消費不況下における消費者の低価格志向の強まりによって，国内農業の存立は厳しい局面を迎えている。日本農業の担い手を確保することは，国民的課題となっているといえよう。

2. 食品産業の出荷額・販売額

図表6-2は，日本の食品産業の出荷額・販売額の推移について，食品製造業，食品卸売業，食品小売業別に示している。

食品製造業の製造品出荷額等は，2003年には29.3兆円であったが，2012年では28.6兆円と低下を示しているが，対前年比でみれば1.2%の増加であり，若干の回復を示している。食品製造業は国内外の農林水産物の加工を担っているが，消費者の低価格志向の影響を受けて，製造品出荷額等は低迷状況となっている。食品製造業は，地域の農産物の重要な販売先の1つであり，地域経済を支える基盤的役割を有している。食品製造業は地域の特色のある農林水産物を仕入れており，そのため小規模な生産が多く，従業員300人未満の中小・零細企業が9割以上となっている。とりわけ，北海道，東北，九州，沖縄，四国等

図表6-2 食品製造業，食料・飲料卸売業，飲食料品小売業の販売額の推移

年	出荷額及び販売額 （億円）			出荷額及び販売額の指数（2010年＝100）		
	食品製造業 出荷額等	卸売業 食料・飲料	小売業 飲食料品	食品製造業 出荷額等	卸売業 食料・飲料	小売業 飲食料品
2003	292,916	435,960	408,200	101.9	113.7	97.2
2004	294,140	439,580	403,450	102.4	114.6	96.1
2005	289,407	408,030	400,220	100.7	106.4	95.3
2006	287,239	409,140	404,470	100.0	106.7	96.4
2007	304,392	405,560	407,640	105.9	105.8	97.1
2008	295,045	405,780	417,810	102.7	105.8	99.5
2009	292,535	374,930	414,160	101.8	97.8	98.7
2010	287,374	383,500	419,750	100.0	100.0	100.0
2011	282,743	392,800	426,330	98.4	102.4	101.6
2012	286,224	401,010	430,640	99.6	104.6	102.6
2013		413,360	446,190		107.8	106.3

（出所）農林水産省「2013年度 食品産業動態調査」より引用。

の農林水産業のウエートの高い地域においては，食品製造業の果たす役割は大きい。

食料・飲料卸売業の販売額は，2003年で43.6兆円であり，2013年には41.3兆円（対前年比3.1％の増加）となっている。2009年以降は増加傾向で推移しているが，これはコンビニエンスストア（CVS）の売上増加に伴う卸売額増加によるものと考えられる。ところで，卸売市場は生鮮食料品流通を支えているが，コールドチェーン体制の整備，相対取引の増加に伴う価格形成問題，市場間格差の拡大，消費者ニーズの多様化への対応等々の課題を抱えている。他方では，輸入農産物の増加ならびに直接取引等の流通の多様化によって卸売市場経由率[2]は低下傾向にあり，卸売業者ならびに仲卸業者にとっては厳しい経営状況となっている。

飲食料品小売業の販売額は，2003年で40.8兆円であり，2013年には44.6兆円（対前年比3.6％）と増加しており，2009年以降は増加傾向となっている。これはコンビニエンスストアの売上増加が寄与していると考えられる。小売業においては，商品の通信・カタログ販売（インターネット販売を含む）が増加しており，その動向は注目されるところである。ネットスーパー等の新しい動きは，高齢化社会において，買い物の手助けとなり，社会的弱者にとって意義のあることとなっている。また，食料品市場が低迷する中で，プライベートブランド（PB）商品販売が増加しており，低価格で高品質な商品開発が目指されている。

3．食品産業の対応

厳しさの増す流通環境において，食品産業は生き残りをかけて多様な展開を示している。

食品製造業においては，グローバル化対応は大きな課題となっている[3]。高齢化，少子化，人口減少に伴って，日本国内の食料市場は縮小が予想されており，食品産業としてはその解決策の1つとして海外事業展開の推進が考えられている。それと同時に，FTA（自由貿易協定），EPA（経済連携協定）の進展

によって，地域経済においてもグローバル化の影響を大きく受ける状況となっている。こうした状況を踏まえて，「バリューチェンと地域再生」[4]が研究課題としても取り上げられている。

食品卸売業においてはメーカーと小売の間にあって，企業間格差，消費者ニーズの多様化への対応，流通構造の多様化への対応等が求められている。卸売市場に関しては，次節で述べることにしたい。食品卸売業にとっては国内市場の縮小的状況下で，企業展開を地域密着型にするのか，グローバル展開を目指すのかは大きな分かれ目となるであろう。

食品小売業においては業態間の熾烈な競争のために，企業の合併・大型化が進行しており，中小小売業は淘汰される状況となっている。こうした結果，地域消費者の食料品消費は豊かになるのであろうか。買い物弱者が問題とされる状況では考えなければならない問題であろう。

第2節　規制緩和と食品卸売市場の変貌

日本における生鮮農産物は，卸売市場流通を主要な流通経路としている。1923年の中央卸売市場法制定以来，大都市消費地の中央卸売市場は生鮮農産物の集配機関として，都市消費者の食生活を支えてきた。そこで，本節では，卸売市場の変貌についてみてみることとする。

1. 規制緩和と卸売市場制度の改変[5]

卸売市場制度改正の背景には，次の2点がある。

第1には，大量流通路線の展開である。青果物流通は，高度経済成長期に大量生産・大量流通の流通構造を形成してきた。この大量流通路線への対応のために，卸売市場制度改革が実施された。

第2には，輸入農産物の増加である。1960年以降の日本経済の開放経済体制

への移行に伴って，農産物の輸入は増大し，輸入自由化が進められてきた。この輸入農産物への対応が卸売市場にも求められ，卸売市場制度改革がなされた。

1971年の卸売市場法制定によって中央卸売市場法は廃止され，卸売市場制度は全国的広域流通体系の下で，卸売市場流通体系の再編成が進められた。

その背景として，第1には，中央卸売市場，地方卸売市場を通ずる流通の組織化がある。全国的な広域流通体系の下に，中央卸売市場と地方卸売市場を統一的法制によって律することを意図している。第2には，中央卸売市場機能の活性化のための市場取引原則の拡大である。従来は委託販売・セリ取引原則であったが，流通環境の変化に即応した新たな市場取引の付加が提言されている。第3には，地方卸売市場に関する統一的な法制の整備である。

続いて，日本農業の縮小・後退ならびに農産物輸入自由化の進展を背景として，1999年に卸売市場法改正がなされた。

1999年卸売市場法改正の特徴としては，次の4点が指摘できる。

第1には，卸売市場関係事業者の経営体質強化の促進である。卸売市場経営の健全化を重視して，卸売業者や仲卸業者の合併・統合大型化の促進を図ることを指示している。

第2には，中央卸売市場の市場取引における規定の大幅な変更である。市場運営の原則を，従来の「公正・公平・公開の原則」から，「公正・効率・公開の原則」へと変更され，効率性の追求が第一に提起されている。セリ取引原則の見直がなされ，相対取引が取引原則に加えられ，市場取引における規制緩和は促進され，多様な市場取引形態が容認され，1923年の中央卸売市場法制定以来の「現物主義，セリ原則」の放棄がなされたといえる。

第3には，中央卸売市場再編の促進である。卸売会社間の格差を是正するために，卸売会社の連携，統合・合併の促進を図り，卸売市場を再編成し，健全な卸売市場立地を進めることとしている。

第4には，地方卸売市場に関しては，統合大型化を推進するとしている。

1999年卸売市場法改正は1971年制定以来の28年ぶりのことであり，卸売市場制度改変の大きな第一歩となった。それは，効率性重視の卸売市場運営への変更であり，従来の公共性重視の卸売市場運営に変更を迫るものである。

2004年6月に卸売市場法改正がなされた。その理由としては，①生鮮食料品等をめぐる流通環境の変化，②卸売市場の再編の必要性，③卸売市場における業務規制の緩和，④卸売市場における物品の品質管理の徹底が挙げられている。

農林水産省の「卸売市場法改正のポイント」では，主要な改正項目とて10項目あり，大きくは3つに区分されている。「1. 国の開設者に対する指示，指導権限の強化」（2項目），「2. 業者に対する国・開設者の指示，指導権限の緩和と強化」（3項目），「3. 取引ルールの自由化と規制緩和」（5項目）である。

2004年卸売市場法改定の問題点としては，次の事項が指摘できるであろう。

第1には，卸売市場の再編方向としては，広域流通体系をより強化する構想となっていることである。全国的広域流通体系を推進するための卸売市場再編を指向しており，卸売市場制度改正が地域農業の活性化に寄与するかは不明の点が多い。

第2には，卸売業者と仲卸業者との機能・役割分担が不分明となることである。両者の業務の相互乗り入れが進められるととなり，卸売業者と仲卸業者とによる「公正な価格形成機能」は大きく後退することとなる。

第3には，卸売市場関係事業者の経営体質の強化のために，効率性重視の卸売市場運営が強まることとなり，卸売市場本来の公共性は担保されるのかという疑問である。経済効率の重視によって，生産者と地域住民のための公共性は確保できるのであろうか。

第4には，市場取引に関する国の規制緩和の一層の促進がある。買付集荷を原則取引の1つに加える点や，卸売手数料の自由化，完納奨励金・出荷奨励金の廃止等の措置によって，従来の「現物主義，セリ原則」は完全に放棄され，1999年卸売市場法改定をより一歩進めるものといえる。

第5には，この卸売市場法改正によって，卸売市場の地域性と公共性は高まるのかという問題である。もし，逆行現象が生ずるのであれば，公的資金を投入して，卸売市場を整備する意味そのものが根本的に問われる必要がある。

2. グローバル化と卸売市場の対応[6]

　1960年以降の日本の開放経済体制への移行に伴って,農産物輸入の増大と自由化は急速に進展してきた。そして,1985年のG5・プラザ合意以降には,円高を大きな要因として,農産物輸入は構造的な転換を果たしてきた。1985年以降は生鮮農産物を含めて,その輸入数量は急増しており,円高効果を利用した売買差益の獲得を主要な動機として,輸入が構造化している。他方では,国内青果物産地の生産力構造の脆弱化(農業就業者の高齢化,農業後継者不足等)があり,国際的な産地移動が進行しており,卸売市場の役割は相対的に低下する状況となっている。

　ここで,国内自給が基本であった野菜についてみれば,その自給率は1985年度で95％であったが,1985年以降の野菜輸入の急増によって,生鮮野菜を含めた野菜輸入の構造化が進行しており,2002年度で83％までに低下している。また,野菜輸入の増大に伴って卸売市場経由率は低下傾向となっており,1985年度の卸売市場経由率は88.9％であったが,2000年度には79.2％へと9.7ポイントの低下となっている。輸入生鮮農産物の大半は卸売市場以外の流通経路を通じて消費者に届けられており,卸売市場流通における輸入青果物の取扱量を増やすことが課題となっている。

　輸入生鮮野菜の流通について,2006年の輸入生鮮野菜の仕入先別仕入量割合みてみることとする[7]。食品製造業では商社からの仕入(75.6％)が主体である。食品卸売業では,商社(51.8％)と卸売業(29.3％)からの仕入が多くなっている。

　食品小売業では業態によって相違しており,百貨店・総合スーパーでは商社(57.7％),自社直接輸入(25.3％),仲卸業(11.7％)から仕入れており,各種食料品小売業では卸売市場(60.0％)と商社(32.7％)から仕入れており,野菜小売業では卸売業者(45.3％)と仲卸業者(46.1％)から仕入れており,果実小売業では卸売業者(70.3％)と仲卸業者(28.4％)から仕入れており,コンビニエンスストアでは卸売市場(86.4％)から仕入れている。外食産業では,食品小売業(36.9％)からの仕入れが多くなっている。業態によって,仕入先

に相違がある。

卸売市場にとっては，こうした流通実態に適切に対応できるかが課題となっている。

3．食の安全・安心と食品流通

食の商品化に伴って食品事件は発生しており，とりわけ，近年は頻発という状況にある[8]。

2000年以降の食をめぐる主要な事件としては，2000年には「雪印乳業」大阪工場による低脂肪乳食中毒事件があった。2001年には国産1頭目のBSE（牛海綿状脳症，Bovine Spongiform Encephalopathy）罹病牛が発見され，それに加えて食品安全行政の対応のまずさ・失敗があったため，国民の食に対する安全・安心は大きく揺らぎ，食の安全行政を見直す出発点となった。

2002年には，輸入牛肉の国産偽装による補助金不正受給事件，輸入農産物からの基準値を超えた残留農薬の検出事件等が発生し，輸入食品に関する監視体制のあり方が問われた。

2003年にはアメリカでのBSE罹病牛の発生があり，原産国表示の国民要求が強まることとなる。2004年には高病原性鳥インフルエンザの発生があった。

2006年には，食品メーカーによる食品表示の不正事件は頻発した。そして，2007年には，ミートホープ，不二家，船場吉兆，赤福，マクドナルド，白い恋人（石屋製菓），比内地鶏等々食品関連産業の食品関連不正事件は連日報道され，国民の食品関連産業に対する信頼は完全に失墜した。食品関連産業経営者の企業人としてのモラルが厳しく問われることとなった。

2008年には，中国製冷凍ギョーザ中毒事件が発生し，国際的な激烈な価格競争は，協同組合をも巻き込んでいるという事実が浮かび上がった。これ以外にも，重大な事件として事故米穀問題が発生した。その他にも，中国産ウナギ原産国表示偽装事件，中国産加工食品メラミン検出事件等が発生している。

2009年には新型豚インフルエンザの発生があり，2010年には口蹄疫の発生があり，国際的な獣疫体制の整備が喫緊の課題となってきている。

2000年以降の食品関連事件の頻発によって、食品安全行政は変更されることとなり、2002年には食品衛生法の一部緊急改正がなされた。2003年には、2001年の国産1頭目のBSE罹病牛の発見を受けて、食品安全行政の改善のために、「食品安全基本法」が制定され、本法に基づいて、食品安全委員会が発足した。同時に、食品衛生法の大改正が実施された。2009年には消費者庁が設置されて、消費者を重視した行政をめざし、消費者委員会が発足した。

こうした状況の中で、国民の食の安全・安心に対する意識は高まり、消費者等の原産地表示要求は強くなってきた。

1990年以降の生鮮野菜の輸入増加に伴って、輸入野菜を国産野菜とする偽装販売があり、1996年6月9日から輸入農産物5品目（ブロッコリ、サトイモ、ニンニク、根ショウガ、生シイタケ）の原産国表示は開始された。1998年2月には、新たにゴボウ、アスパラガス、サヤエンドウ、タマネギの4品目が追加され、2000年6月には「農林物資の規格化及び品質表示の適正化に関する法律の一部を改正する法律」（改正JAS法）が施行され、同年7月1日から全品目の原産地（国）表示が実施されている。

農林水産省は、有機農産物について1992年10月に「有機農産物等に係る青果物等特別表示ガイドライン」を制定して、農産物表示の統一化を推進し、1996年12月には「有機農産物及び特別栽培農産物に係る表示ガイドライン」を制定した。ただし、指導ガイドラインであり、法的拘束力はなかった。そこで、2000年6月制定の改正JAS法に則って、2001年4月1日から「特別栽培農産物に係る表示ガイドライン」が実施され、登録認定機関（第三者認証機関）による「有機農産物」表示が義務づけられた。

4. 食品流通と環境問題

国民の環境問題への関心が高まり、1995年には「容器包装リサイクル法」（「容器包装に係る分別収集及び再商品化の促進等に関する法律」）が、2001年には「食品リサイクル法」（「食品循環資源の再生利用等の促進に関する法律」）が制定され、流通関係機関は食品廃棄物問題に取り組んでいる。外食産業や小売業者で

は，食品残渣の飼料化や肥料化の取り組みが進められている。各地の自治体や地域においては，家庭から排出される生ゴミを堆肥化し，地元農家へ供給する活動もみられる。卸売市場においては，生鮮農産物等の残渣の再資源化に取り組む事例が生まれている。

　農産物流通においても資源循環型の視点は必要であり，環境にやさしい農産物流通システムの構築は現代的課題となっている。

第3節　格差社会の進行と食品小売業の変貌

　食品小売業は業種と業態によって区分される。業態区分としては，百貨店，セルフ販売店（スーパーマーケット，コンビニエンスストア），専門小売店，通信販売店等が用いられている。現在では，食品小売業の業態転換によって，商品アイテムの総合化が進められており，業態区分の境界が不分明となってきている。

1. 食品小売業の格差構造

　食料品小売店のあり方に大きな影響を与えているのは，消費者の購買行動であり，日本の消費者は次の特徴を有している。

　第1には，食料品は，近所の小売店で購入するという「最寄品」としての特徴がある。食料品小売店の立地にとって，消費者への近接性を考慮することは重要なことである。

　第2には，食料品購入は，多頻度・少量購入が主流となっている。1週間の食料品をまとめて購入するという購買行動よりも，適時購入が多くなっている点は，欧米の食料品購入と相違しているといえるであろう。こうした消費者の購買行動は，食料品小売店の経営を考える際に，念頭に置かなければならない。

　こうした特性を有する食品小売業が大きく変化したのは，業種別の小売業組

織の再編を図った，スーパー・チェーンである[9]。

1970年代には，スーパー・チェーン業態が大規模小売業の中心的位置を占めることとなった。こうした結果，全国的には，イオン・グループとセブン&アイ・ホールディングスの2大グループに集約されてきている。そうした中で，消費者の低価格志向を背景として，大型小売店同士の食料品安売り競争は激化しており，取引交渉力の不均衡が問題となっている[10]。

2. 食品小売業の再編動向

図表6-3は，日本の飲食料品小売業の業態別食料品販売額の推移について，主要な3業態として，百貨店，スーパーマーケット，コンビニエンスストア（CVS）を示している。

飲食料品小売業の販売額は，2013年で44兆6,000億円であり，対前年比3.6%と微増している。百貨店は2003年以降減少傾向にあり，2013年で1兆9,000億円であり，対前年比0.2%のマイナスとなっている。スーパーマーケットは2003年以降増加傾向にあり，2013年で8兆7,000億円であり，対前年比2.3%と微増している。コンビニエンスストアは年々増加しており，2013年で6兆

図表6-3　飲食料品小売業の業態別飲食料品販売額の推移

年	飲食料品小売業の販売額（億円）				飲食料品販売額の指数（2010年=100）			
	全体合計	百貨店	スーパー	CVS	全体合計	百貨店	スーパー	CVS
2003	408,200	22,920	71,892	49,159	97.2	116.4	87.5	95.2
2004	403,450	22,597	74,282	50,451	96.1	114.7	90.4	97.7
2005	400,220	22,109	74,336	50,570	95.3	112.3	90.4	98.0
2006	404,470	21,972	74,714	50,631	96.4	111.6	90.9	98.1
2007	407,640	21,708	76,961	50,939	97.1	110.2	93.6	98.7
2008	417,810	21,731	79,826	51,862	99.5	110.3	97.1	100.5
2009	414,160	20,408	80,298	50,771	98.7	103.6	97.7	98.4
2010	419,750	19,693	82,209	51,615	100.0	100.0	100.0	100.0
2011	426,330	19,357	84,576	53,527	101.6	98.3	102.9	103.7
2012	430,640	19,162	85,353	58,178	102.6	97.3	103.8	112.7
2013	446,190	19,120	87,349	61,387	106.3	97.1	106.3	118.9

（出所）　経済産業省「商業販売統計」。

1,000億円であり,対前年比5.5%の増加となっている。コンビニエンスストアは,生鮮食料品の品揃えを強化して,消費者の購買意欲を高めており,店舗数の拡大がみられる。表には示していないが,通信販売も販売額を伸ばしており,食料品小売市場のあり方に変化がみられる。

このように食品小売業において業態間の格差がみられ,スーパーマーケット間における食料品の価格競争は継続しており,食料品小売業の再編は消費者の食生活のあり方を左右する状況となっている。

3. 量販店の卸売市場取引

量販店は大量流通の主体として,卸売市場流通に大きな影響を与えており,中央卸売市場において重要な販売先となっている[11]。

国内生鮮野菜の流通についてみてみれば,2006年の国内産生鮮野菜の仕入量は,食品製造業305万トン,食品卸売業2,118万トン,食品小売業720万トン,外食産業128万トンである[12]。仕入先別仕入量割合でみれば,食品製造業は生産者・集出荷団体等からの仕入れが65.1%と最大であり,食品小売業では卸売市場からの仕入れが82.0%,外食産業では食品小売業からの仕入れが43.4%と最大となっている。

食品小売業における国内産生鮮野菜の卸売市場からの仕入量割合について業態別に示せば,百貨店・総合スーパー91.9%,各種食料品小売業83.3%,野菜小売業78.6%,果実小売業60.2%,コンビニエンスストア92.1%,その他の飲食料品小売業77.7%となっており,卸売市場からの仕入れが大きな位置を占めている。とりわけ,総合スーパーならびにコンビニエンスストアでは,9割以上を卸売市場に依存している。卸売市場においては,こうした量販店対応のために,柔軟な販売対応が求められており,卸売市場制度改革の背景要因を構成している。

他方では,生鮮農産物における流通は多元化しており,市場外流通は増加傾向にある。そして,消費者の安全・健康志向の高まり,近年の長期消費不況の影響もあり,消費者は高品質で低価格な商品を求める傾向を強めており,多様

な産直形態が展開する状況となっている。

第４節　格差社会と食品消費の変化

内閣府の「国民経済計算」によると，2013年の日本の名目GDP（国内総生産）は478兆円であり，対前年比0.6％となっており，景気は回復局面にあるとしている。しかしながら，中小企業や個人消費の動向を考えると，今後の消費のゆくえには不透明な点が多くある。以下では，個人消費に焦点を当てて，その消費実態について考察を加えることとする。

1．勤労者世帯の食品支出

図表6-4は，勤労者世帯の1カ月当たりの実収入と食品支出について，1993年から2013年までの推移を示している。

勤労者世帯の2013年の1カ月当たり実収入は，52万4,000円で対前年比1.0％と微増している。1993年以降，消費支出は減少傾向にあったが，2012年か

図表6-4　勤労者世帯における1カ月当たりの実収入と食品支出の推移

（単位：円，％）

年	実収入	消費支出			エンゲル係数
		合　計	食品支出	食品以外	
1993	570,545	355,276	82,477	272,799	23.2
1998	588,916	353,552	80,169	273,383	22.7
2005	522,629	328,649	70,964	257,685	21.6
2008	534,235	324,929	71,051	253,878	21.9
2009	518,226	319,060	70,134	248,926	22.0
2010	520,692	318,315	69,597	248,718	21.9
2011	510,149	308,838	68,420	240,418	22.2
2012	518,506	313,874	69,469	244,405	22.1
2013	523,589	319,170	70,586	248,584	22.1

（出所）　農林水産省「2013年度　食品産業動態調査」より引用。

らは増加に転じており，2013年は31万9,000円で対前年比1.7％の微増となっている。

食品消費は，消費支出と同様の傾向にあり，2012年以降は増加に転じており，2013年は7万1,000円で対前年比1.6％の微増となっている。エンゲル係数は，2013年で22.1％となっており，低下傾向となっている。

食品消費における回復傾向が持続されるかどうかは，今後の景気動向と大いに関係することであり，日本経済の現況を考えれば，簡単に結論はでないといえよう。

2．食生活の変化

図表6-5は，飲食費の最終消費額ならびにその内訳を示している。

飲食費の最終消費額は，2005年で73兆6,000億円であり，2000年比10.2％マイナスと大きく減少している。構成比でみれば，2005年で生鮮品等18.4％（2000年比で2.6ポイント減），加工品53.2％（同2.1ポイント増），外食28.5％（同0.5ポイント増）となっており，食の外部化は進行している。加工食品は業務用需要だけではなく，家庭消費にも浸透しており，加工食品中心の食生活へと変化させている。

図表6-6は，飲食費の最終消費額の帰属について，部門別の推移を示している。

飲食費の最終消費額は，前述のとおり2005年で73兆6,000億円であり，部門別に示せば，農水産物10兆6,000億円（構成比14.5％），輸入加工品5兆

図表6-5　飲食費の最終消費額とその内訳

(単位：10億円，％)

年	最終消費額（実額）				最終消費額（割合）			
	計	生鮮品等	加工品	外食	計	生鮮品等	加工品	外食
1990	70,153	17,051	34,832	18,273	100.0	24.3	49.7	26.0
1995	81,962	17,186	41,881	22,895	100.0	21.0	51.1	27.9
2000	79,507	15,079	41,466	22,963	100.0	19.0	52.2	28.9
2005	73,584	13,515	39,119	20,949	100.0	18.4	53.2	28.5

（出所）農林水産省「2013年度　食品産業動態調査」より筆者作成。

図表 6-6　最終消費から見た飲食費の部門別の帰属額及び帰属割合

(単位：10億円，％)

	2000年	構成比	2005年	構成比	増減率	構成比変化
合　計	79,507	100.0	73,584	100.0	－7.4	
農水産物	11,782	14.8	10,638	14.5	－9.7	－0.4
うち，国産	10,611	13.3	9,426	12.8	－11.2	－0.5
うち，輸入	1,171	1.5	1,213	1.6	3.6	0.2
輸入加工品	4,611	5.8	5,236	7.1	13.6	1.3
食品製造業	21,687	27.3	19,188	26.1	－11.5	－1.2
外食産業	14,481	18.2	13,186	17.9	－8.9	－0.3
食品流通業	26,946	33.9	25,335	34.4	－6.0	0.5

(注1)　「増減率」は，「2005/2000年」を示している。
(注2)　「構成比変化」は，「2005-2000年」を示している。
(出所)　農林水産省「2013年度　食品産業動態調査」より筆者作成。

2,000億円（同7.1％），食品製造業19兆2,000億円（同26.1％），外食産業13兆2,000億円（同17.9％），食品流通業25兆3,000億円（同34.4％）である。食品流通業と食品製造業が大きな位置を占めている。

農水産物10兆6,000億円（構成比14.5％）のうち，国産は9兆4,000億円（構成比12.8％），輸入は1兆2,000億円（同1.6％）であり，国産が大半となっている。

飲食費の最終消費額について，2005年/2000年の増減率をみれば，増加しているのは，輸入加工品が13.6％，輸入農水産物3.6％だけであり，それ以外は減少となっている。とりわけ，食品製造業は11.5％，国産農水産物は11.2％と大きな減少を示している。食品流通業は6.0％の減少となっている。

3．食品消費と食品流通業の再編

食生活のあり方が，生鮮食品中心から加工品主体へと変化してきており，食品製造業ならびに食品流通業は，この食生活の変化（＝食の外部化の進行）への対応が課題となっている。同時に，輸入農水産物ならびに輸入加工食品の増加は，食品流通業の対応課題となっている。

食品流通業における小売業の構造変化は，現時点では，コンビニエンススト

アの増大を特徴としており，それに加えて通信販売が増加傾向となっている。しかし，少子化，高齢化を考えた際には，地域消費者の食生活を豊かにするために，あるべき食品流通業の再編成について考えることが求められているのではないだろうか。

おわりに

　食品産業は構造変化しており，飲食費の最終消費額をみれば，生鮮食品消費から加工品主体の食生活へと移行しており，食品製造業の重要性は大きいといえる。しかしながら，勤労者世帯の食品消費支出の低迷状況は基本的に継続しており，大きく伸びることは期待できない状況にあると考えられる。

　食品流通業においても，同様の傾向にあるものと考えられる。少子化，高齢化，格差構造の存在を考えれば，以下の課題が指摘できる。

　食品卸売業においては，グローバル化への対応として，地域密着型の経営を志向して，地域生産者と地域消費者との仲介役としての卸売業の役割を発揮することが考えられる。

　卸売市場に関しては，前述の通り，①地域農業の活性化に役立つ，②公正な価格形成の確保，③効率性重視の中での公共性の堅持，④市場取引における規制緩和の評価，⑤地域性と公共性の確保等が検討されるべき課題となっている。

　いずれにしても，食品卸売業の機能と役割について，国民的議論が必要となっているといえるのではないか。

　食品小売業においては，企業の合併・大型化が主要な流れとなっており，地域小売業の淘汰・再編が進行している。こうした状況では，地域の食料品流通のあり方について，地産池消等を含めて，根底的に考える必要性がある。

　その際には，国民＝消費者の願いである，食の安全・安心を考え，資源循環型の環境にやさしい食料品流通システムの構築を目指すことが必要であろう。

　すなわち，現代的課題を視野に入れて，食品流通業のあり方を考えるとすれ

ば，地域の豊かな食生活を支えることを第一義的な課題として，食品流通構造を再編成することが求められているといえるのではないか。

〈注〉
1) 「食品産業」とは，本章においては食品製造業，食品流通業，外食産業を指している。本章の課題としては，主として，食品流通業に焦点を当てることとする。
2) 卸売市場経由率とは，国内で流通した加工品を含む国産及び輸入の青果，水産物等のうち，卸売市場（水産物については，いわゆる産地市場の取扱量は除く）を経由したものの数量割合（花卉については金額割合）の推計値を指している。
3) 下渡・小林［2014］において，食料・食品の国際分業化の進展における日本の食品企業の課題と展開方向を分析している。
4) 斎藤・佐藤［2014］pp.6-8 を参照のこと。
5) 卸売市場制度改革については，樫原・江尻［2015］の「第16章　卸売市場はどうなっているか？」を参照のこと。
6) グローバル化への卸売市場の対応については，樫原・江尻［2015］の「第18章　青果物流通はどうなっているか？」を参照のこと。
7) 数値は，農林水産省統計部『2006年食品流通構造調査（青果物調査）報告』を利用した。
8) 近年の食品事件については，樫原・江尻［2015］の「第21章　食の安全・安心と農産物流通を考える」を参照のこと。
9) 日本農業市場学会［2010］pp.48-51 を参照のこと。
10) 鈴木［2013］pp.38-40 を参照のこと。2015年現在，円安の影響のため，輸入原材料は高騰しており，食料品価格の値上げが続いており，消費者の食生活に大きな影響を与えている。
11) 菊池［2013］pp.92-93 を参照のこと。
12) 数値は，農林水産省統計部『2006年食品流通構造調査（青果物調査）』報告書を利用した。

〈参考文献〉
樫原正澄・江尻彰［2015］『今日の食と農を考える』すいれん舎。
菊池哲夫［2013］『食品の流通経済学』農林統計出版。
斎藤修・佐藤和憲編集担当［2014］『フードシステム学叢書　第4巻　フードチェーンと地域再生』農林統計出版。
下渡敏治・小林弘明編集担当［2014］『フードシステム学叢書　第3巻　グローバル化と食品企業行動』農林統計出版。
鈴木宣弘［2013］『食の戦争』文春新書。
日本農業市場学会編［2010］『食料・農産物の流通と市場Ⅱ』筑波書房。

（樫原　正澄）

第7章

格差社会と現代の商業労働

　産業全体の中で，商業あるいは流通に従事する労働者の賃金や雇用形態などの労働諸条件は長らく相対的に劣位におかれてきたといってよい。そのような状況は，商業や流通分野において中小零細規模の事業者が多数を占めていたことにも由来するが，大規模商業とりわけ大規模小売業の急速な発展以降，大規模小売業によって「自己の内部の商業労働者の労働時間を延長したり，労働を強化したり」[1]する傾向が強まっていった。2000年代に入って，新自由主義的思想や施策が進められるもとで，全体的に労働条件が悪化していったが，商業分野においては流通規制緩和の進展とそれに伴う大規模小売業の出店増加とあいまって，労働条件の悪化がいっそう進行していった。

　本章では，まず産業全体の中での商業労働の特質を位置づけ，次に2000年以降の労働環境の変化を統計データで確認した後，近年における商業労働の変化について考察していく。なお，本章における商業労働については，小売業や卸売業に従事する者に限定する[2]。

第 1 節　商業労働の特質

1. 商業労働者の賃金水準

　それでは，まず統計資料から商業労働者の賃金水準を確認していこう。図表 7-1 をみると，卸売業・小売業の労働者数は総数 2,243 万 3,000 人のうち 333 万 5,000 人であり，全体の 14.9％を占めている。商業は製造業に次いで従事者が

図表 7-1　産業別労働者数，平均勤続年数，月間現金給与額 (2013 年)

区　分	男 労働者数 (1,000 人)	男 平均年齢	男 平均勤続年数	男 月間決まって支給する現金給与額 (1,000 円)	女 労働者数 (1,000 人)	女 平均年齢	女 平均勤続年数	女 月間決まって支給する現金給与額 (1,000 円)
産業計	15,167	42.8	13.3	360	7,266	40.4	9.1	249
鉱業，採石業，砂利採取業	11	47.1	14.4	353	2	44.5	12.2	251
建設業	1,283	44.9	14.5	358	186	41.1	11.0	242
製造業	4,459	41.7	14.7	355	1,305	42.1	11.4	221
電気・ガス・熱供給・水道業	140	41.6	19.6	477	17	39.3	15.8	346
情報通信業	773	40.4	13.3	436	248	37.3	9.4	318
運輸業，郵便業	1,787	46.4	12.3	319	227	41.5	8.8	224
卸売業，小売業	2,307	41.9	13.8	348	1,028	39.2	9.3	230
金融業，保険業	491	43.0	16.2	496	485	41.0	11.1	285
不動産業，物品賃貸業	203	44.3	10.8	375	88	38.8	8.0	253
学術研究，専門・技術サービス業	568	42.6	13.4	431	166	38.7	9.5	304
宿泊業，飲食サービス業	313	40.9	9.3	289	207	40.5	7.1	200
生活関連サービス業，娯楽業[1]	288	39.3	9.5	303	212	38.3	7.8	222
教育，学習支援業	372	46.6	14.0	455	263	38.8	9.7	317
医療，福祉	841	39.9	8.3	376	2,282	40.3	7.8	265
複合サービス事業	245	42.3	16.2	337	92	39.6	11.3	225
サービス業(他に分類されないもの)[2]	1,085	45.0	9.6	298	459	41.6	6.9	217

＊「賃金構造基本統計調査」(6 月 30 日現在) による。調査対象：常用労働者 10 人以上の民営の事業所。常用労働者のうち一般労働者 1 人当たりの平均値。現金給与額 (所得税，社会保険料などを控除する前の額，超過労働給与額を含む) は 6 月分。
(注 1)　家事サービス業を除く。
(注 2)　外国公務を除く。
資料：厚生労働省大臣官房統計情報部雇用・賃金福祉統計課「賃金構造基本統計調査報告」。
(出所)　総務省統計局 [2015]。

多く，雇用を支える領域となっている。労働者の平均年齢は性別で様相は異なるが，卸売業・小売業のそれは全体の平均よりも低く，比較的若い労働者によって担われていることがわかる。そのことは勤続年数にも反映されており，卸売業・小売業のそれは，産業全体の平均を少し上回る程度であるが，製造業には及ばない。これらの点に，相対的に若い労働者によって担当され，労働力の流動化が顕著である商業労働の特質の１つが看取される。

次に，同図表から商業労働者の賃金水準（月間決まって支給する現金給与額）をみると，卸売業・小売業のそれは男性で34万8,000円であり，全体平均額（産業計36万円）に満たず，全16産業中13番目の低さである。女性の賃金も同様の位置にあり，女性の全体平均額より低い23万円となっている。男性の場合，電気・ガス・熱供給・水道業や情報通信業，金融・保険業，学術研究，専門・技術サービス業，教育，学習支援業で同給与額が40万円を超えていることと比べると，産業内での賃金格差の存在が目立っている。

2. 商業労働における男女間賃金格差

さらに，卸売業・小売業における男性と女性の賃金格差も大きい。上でみたように，男性と女性で月間10万円以上の給与差が存在している。このように，商業労働においては，賃金を中心に産業内での格差のみならず男女間での賃金格差が大きいことをまず認識しておく必要がある。商業分野のみならず，一般的に男女間で賃金格差が縮小しない背景として，次の３点が指摘されている[3]。第１に，男性に比べて，多くの女性が正規雇用との均等待遇の脆弱な非正規雇用の職に就く傾向が強いことである。第２に，共働きで子育てをする世帯に厳しい労働条件や社会制度・環境があげられる。家事や育児負担の大きい既婚女性が働き続ける困難な問題が横たわっている。第３に，コース制賃金管理や成果主義が拡大する中で，女性であるということによって男女間の賃金格差が温存されている問題がある。これらの問題は，商業労働においても先鋭的に現れているといえよう。

3. 商業労働における規模間賃金格差と賃金動向

また，図表7-2より，商業労働においては規模間での賃金格差も顕著であることが認められる。2013年での常用労働者30人以上の事業所と5人以上の事業所（男性）を比較すると，産業計ではそれぞれ44万8,000円と40万（4万8,000円の差）であるのに対して，卸売業・小売業ではそれぞれ44万7,000円，37万7,000円と7万円の差がある。そして，常用労働者30人以上の事業所と5人以上の事業所（男性）のいずれでも，2005年以降増減はあるものの傾向的に賃金が下落している。2005年から2013年にかけて，常用労働者30人以上の事業所では1人平均月間給与総額が1万2,000円，同5人以上の事業所では8,000円減少している。女性に関しては，1人平均月間給与総額は上昇傾向にあるが，このことについては改めて後にみていこう。

商業労働者の賃金動向について，図表7-3より確認すると，2000年以降2013年にかけて，産業全体の賃金指数が一貫して低下しているのに対して，卸売業・小売業の指数は2010年から上昇傾向をたどっている。しかしながら，2013年には再び低下しており，また既述の通り，商業分野は他の産業と比較して元来賃金水準が劣位にあったのであり，2010年以降若干上昇傾向をとったとはいえ，図表7-2に示されるように，それは女性の低賃金労働がわずかばかり改善された結果と解釈することができる。

4. 商業労働における労働時間と労働力の流動化

次に，図表7-4より労働時間（1人平均月間総実労働時間数）をみると，産業計で1995年に約159時間を数えたが，2000年代を通じて低下傾向をとり，2013年には約149時間となっている。卸売業・小売業の労働時間も同様の傾向をたどり，2000年に144.5時間であった労働時間は2013年に約140時間に減少した。労働時間でみれば，他の産業分野と比べて労働条件は比較的よいようにとらえられるが，これはあくまでもサービス残業などを除いた「表面的な」調査データであることを看過してはならない[4]。また，2000年代以後，大規模

図表 7-2　産業，事業所規模別常用労働者 1 人平均月間現金給与総額

(単位　1,000 円)

年次(年平均)	調査産業計	鉱業,採石業,砂利採取業[1]	建設業	製造業	電気・ガス・熱供給・水道業	情報通信業	運輸業,郵便業[2]	卸売業,小売業
男 常用労働者 30 人以上の事業所								
2005	476	498	463	489	641	568	396	459
2010*	451	516	496	456	647	547	373	434
2012	446	537	467	462	596	561	384	451
2013	448	529	470	466	571	570	391	447
常用労働者 5 人以上の事業所								
2005	426	407	389	457	623	538	383	385
2010*	405	390	401	429	608	520	362	371
2012	400	394	391	435	573	535	368	380
2013	400	376	396	437	547	538	375	377
女 常用労働者 30 人以上の事業所								
2005	236	305	254	225	396	325	212	162
2010*	232	338	300	222	412	345	208	162
2012	233	347	290	233	382	345	198	180
2013	235	347	299	236	383	357	207	181
常用労働者 5 人以上の事業所								
2005	211	230	212	202	372	300	209	155
2010*	206	258	229	203	390	326	201	156
2012	206	244	232	212	360	325	191	164
2013	207	243	237	212	356	332	201	165

年次(年平均)	金融業,保険業	不動産業,物品賃貸業	学術研究,専門・技術サービス業	宿泊業,飲食サービス業	生活関連サービス業,娯楽業[3]	教育,学習支援業	医療,福祉	複合サービス事業	サービス業(他に分類されないもの)[4]
男 常用労働者 30 人以上の事業所									
2005	724	—	—	—	—	561	534	414	—
2010*	716	465	568	221	293	516	470	546	334
2012	688	446	556	222	318	506	451	433	317
2013	716	448	558	218	311	503	447	439	314
常用労働者 5 人以上の事業所									
2005	669	—	—	—	—	523	494	415	—
2010*	652	426	514	185	270	470	435	508	340
2012	636	400	507	178	290	462	421	433	324
2013	656	414	508	175	283	457	415	438	324
女 常用労働者 30 人以上の事業所									
2005	337	—	—	—	—	403	324	180	—
2010*	323	239	329	108	156	369	293	300	167
2012	312	249	343	109	168	357	291	248	158
2013	315	248	344	110	167	353	292	255	159
常用労働者 5 人以上の事業所									
2005	306	—	—	—	—	360	284	213	—
2010*	304	222	285	92	153	320	260	281	175
2012	299	231	296	93	164	316	255	253	166
2013	301	236	297	94	166	311	253	254	169

「毎月勤労統計調査」による。各年とも 1 ～ 12 月の平均。
注 1)　2005 年は鉱業。　2)　2005 年は運輸業。　3)　家事サービス業を除く。　4)　外国公務を除く。
　＊産業分類が変更されたため，2005 年とは接続しない。
資料：厚生労働省大臣官房統計情報部雇用・賃金福祉統計課「毎月勤労統計調査年報（全国調査）」
(出所)　総務省統計局［2015］。

図表 7-3 産業別常用労働者賃金指数（現金給与総額）（2010年平均＝100）

産　　業	1995	2000	2005	2010	2011	2012	2013
調査産業計	108.1	108.7	104.6	100.0	100.2	99.6	99.9
鉱業，採石業，砂利採取業[1]	90.5	93.8	97.3	100.0	100.5	103.4	101.2
建設業	98.4	94.7	93.3	100.0	99.9	95.6	97.0
製造業	94.3	99.3	103.0	100.0	102.2	101.9	102.8
電気・ガス・熱供給・水道業	95.2	98.3	99.9	100.0	97.9	93.5	90.0
情報通信業	―	99.9	97.6	100.0	101.4	101.4	103.3
運輸業，郵便業[2]	―	108.0	101.1	100.0	99.8	102.0	104.3
卸売業，小売業	―	105.4	99.2	100.0	101.9	104.9	104.4
金融業，保険業	―	107.3	109.0	100.0	98.4	96.3	98.1
不動産業，物品賃貸業	―	―	―	100.0	98.5	95.7	95.8
学術研究，専門・技術サービス業	―	―	―	100.0	100.0	98.5	98.7
宿泊業，飲食サービス業	―	―	―	100.0	99.3	100.1	99.0
生活関連サービス業，娯楽業[3]	―	―	―	100.0	101.2	104.6	102.8
教育，学習支援業	―	118.2	111.4	100.0	99.2	97.3	96.6
医療，福祉	―	117.8	109.2	100.0	100.2	99.8	99.7
複合サービス事業	―	96.1	84.9	100.0	91.3	85.7	87.4
サービス業（他に分類されないもの）[4]	―	―	―	100.0	97.3	94.9	94.6

「毎月勤労統計調査」から得られる常用労働者30人以上の事務所の常用労働者1人平均現金給与総額を指数化したもの。2007年11月改定の日本標準産業分類による。
(注1) 2005年以前は鉱業。
(注2) 2005年以前は運輸業。
(注3) 家事サービス業を除く。
(注4) 外国公務を除く。
資料：厚生労働省大臣官房統計情報部雇用・賃金福祉統計課「毎月勤労統計調査年報（全国調査）」。
(出所) 総務省統計局 [2015]。

　小売店舗立地法施行のもとで営業時間が長時間化している商業労働の現場が，低賃金に基礎づけられた非正規雇用を中心に交代で担われている状況が浮かび上がる。
　このことは，商業分野における労働力の流動的な状況に結び付くこととなる。商業労働者の勤続年数が相対的に短いことは，既に確認した通りである。そして，図表7-5をみると，産業全体の入職率は2000年14.7％，2005年17.4％であり，卸売業・小売業のそれはそれぞれ18.2％。19.7％であった。また，同時期の離職率は，産業計で16.7％，17.5％であり，卸売業・小売業で19.5％，20.1％であった。つまり，2000年代の前半，商業分野では入職率，離職率ともに産

図表 7-4　産業別常用労働者 1 人平均月間総実労働時間数（単位：時間）

産　　業 \ 年	1995	2000	2005	2010[1]	2011	2012	2013
調査産業計	159.1	154.9	152.4	149.8	149.0	150.7	149.3
鉱業，採石業，砂利採取業[2]	178.6	172.2	165.5	158.0	157.9	162.7	160.6
建設業	172.1	170.3	170.7	173.2	172.6	175.4	174.8
製造業	163.9	164.7	166.8	163.3	162.2	164.6	163.7
電気・ガス・熱供給・水道業	158.3	154.9	155.7	158.9	159.7	157.3	154.9
情報通信業	—	162.9	161.6	160.3	160.3	165.2	163.7
運輸業，郵便業[3]	—	174.3	176.8	174.2	173.3	173.1	172.0
卸売業，小売業	—	144.5	137.4	137.1	137.3	140.6	139.9
金融業，保険業	—	149.8	150.8	152.0	151.8	150.9	148.3
不動産業，物品賃貸業	—	—	—	150.0	148.2	149.4	147.5
学術研究，専門・技術サービス業	—	—	—	157.5	156.1	162.5	161.0
宿泊業，飲食サービス業	—	—	—	114.0	113.1	112.2	110.0
生活関連サービス業，娯楽業[4]	—	—	—	136.5	136.2	137.2	135.4
教育，学習支援業	—	132.8	129.9	130.5	128.1	132.6	128.9
医療，福祉	—	148.3	148.4	143.1	142.6	143.5	142.5
複合サービス事業	—	145.2	144.2	154.6	153.9	153.6	152.6
サービス業（他に分類されないもの）[5]	—	—	—	144.2	143.0	140.6	139.7

「毎月勤労統計調査」による。調査対象：常用労働者 30 人以上の事業所。
（注 1）　産業分類が変更されたため 2005 年以前とは接続しない。
（注 2）　2005 年以前は鉱業。
（注 3）　2005 年以前は運輸業。
（注 4）　家事サービス業を除く。
（注 5）　外国公務を除く。
資料：厚生労働省大臣官房統計情報部雇用・賃金福祉統計課「毎月勤労統計調査年報（全国調査）」。
（出所）　総務省統計局［2015］。

業全体の水準を上回っており，労働力の「新陳代謝」が激しく行われていたと同時に，商業労働はいわば雇用のプールの役割を果たしていたのである。

　これは，戦前期から商業が有していた特質であり，中小小売業過剰化問題の要因と通底していると考えられる[5]。すなわち，中小小売業の開業および廃業の多さは，商業労働の参入しやすく退出しやすい特質と同様の参入障壁の低さを表わしている。それは同時に，商業の労働条件の相対的劣位を示しているのである。2000 年代前半は，バブル経済崩壊後も 2〜4％台で推移していた失業率が 5％を超えるようになった時期である。失業問題が激化する状況下で，商業は宿泊業・飲食サービス業や他のサービス業，医療・福祉分野と並んで，不

図表 7-5　産業別常用労働者の入職率と離職率（単位：%）

産　業 \ 年	入職率 2000	2005[1]	2010[2]	2012	2013	離職率 2000	2005[1]	2010[2]	2012	2013
調査産業計	14.7	17.4	14.3	14.8	16.3	16.0	17.5	14.5	14.8	15.6
鉱業，採石業，砂利採取業[3]	10.8	6.9	11.0	7.0	14.7	13.0	8.4	12.7	8.6	11.3
建設業	14.1	11.4	9.6	10.2	13.6	16.6	15.2	11.4	10.1	12.1
製造業	10.0	11.9	9.1	10.6	9.4	12.2	11.7	9.7	11.3	10.6
電気・ガス・熱供給・水道業	4.5	4.6	6.8	8.4	8.3	5.4	6.8	6.9	9.1	8.9
情報通信業	―	15.0	8.6	9.5	11.4	―	12.2	10.1	11.2	9.4
運輸業，郵便業[4]	12.2	12.2	13.3	12.0	12.5	12.9	13.1	14.5	12.3	12.9
卸売業，小売業[5]	18.2	19.7	12.9	13.2	15.4	19.5	20.1	14.3	14.4	15.0
金融業，保険業	14.7	12.7	8.9	9.5	10.5	16.1	12.1	8.7	9.8	9.6
不動産業，物品賃貸業[6]	19.3	20.5	12.8	12.9	13.8	17.4	19.7	13.9	11.9	13.6
学術研究，専門・技術サービス業	―	―	11.3	11.2	10.9	―	―	12.0	11.4	11.0
宿泊業，飲食サービス業[7]	―	31.8	27.6	28.7	31.8	―	32.3	27.2	27.0	30.4
生活関連サービス業，娯楽業[8]	―	―	20.4	21.2	24.9	―	―	22.2	21.3	23.7
教育，学習支援業	―	13.9	12.9	15.5	15.5	―	13.3	12.3	14.5	14.9
医療，福祉	―	19.2	18.5	16.9	17.5	―	18.5	15.0	13.9	15.2
複合サービス事業	―	18.3	9.6	6.1	6.7	―	14.7	9.2	7.5	7.3
サービス業(他に分類されないもの)[9]	16.8	22.2	19.8	20.3	25.4	17.1	22.3	20.5	21.1	23.2

「雇用動向調査」による。入（離）職率＝入（離）職者数÷1月1日現在の常用労働者数×100。
調査対象：常用労働者5人以上の事業所。
（注1）　2004年に産業分類が変更されたため，2000年とは接続しない。
（注2）　2009年に産業分類が変更されたため，2005年以前とは接続しない。
（注3）　2005年以前は鉱業。
（注4）　2005年は運輸業，2000年は運輸・通信業。
（注5）　2000年は卸売・小売業，飲食店。
（注6）　2005年以前は不動産業。
（注7）　2005年以前は飲食店，宿泊業。
（注8）　家事サービス業を除く。
（注9）　外国公務を除く。2005年以前は物品賃貸業，学術研究，専門・技術サービス業，生活関連サービス業及び娯楽業を含む。
資料：厚生労働省大臣官房統計情報部雇用・賃金福祉統計課「雇用動向調査報告」。
（出所）　総務省統計局［2015］。

安的で流動的な労働力を吸収し，また排出する役割を担っていたといえる。ただし，2010年以降，卸売業・小売業の入職率や離職率が低下し，産業全体の平均を下回るようになったことも注目に値する。経済のサービス化のいっそうの進展に伴い，就業構造の変化が進展していることが示される。

第2節　商業労働における非正規雇用の拡大

1．今日における非正規雇用の増大と商業労働

　今日の日本経済では，非正規雇用が増大している。図表7-6に示されるように，非正規雇用はパートタイマーやアルバイトのみならず派遣社員や契約社員，嘱託ほか多様な形態によって担われている。非正規雇用労働者は1999年に1,000万人を超え，2004年にはその比率が30％を超過し，その後も増加傾向をたどり，2014年には1,962万人となりその比率は37.4％にまで上昇した。その間，正規雇用労働者は減少しつづけ，1994年の3,805万人から2014年には3,278万人へと500万人以上減少したのである。

　資本主義での労働制度を逆行させる非正規雇用の増大の背景には，労働および雇用分野における規制緩和の進展があった[6]。戦後長らく禁止ないし制限されてきた労働者派遣業務は，1985年に制定された労働者派遣法によって一定程度認められるようになったが，同法は1996年，1999年，2003年に改定され，労働者派遣業務は段階的に拡大され，ほぼ全面的に解禁されるようになったからである[7]。

　以上のように，今日，非正規雇用が増大しているが，女性非正規労働者の増加も目立つ。1985年から2012年にかけて，男性非正規労働者は655万人から1,813万人へと増加（3.0倍）し，女性非正規労働者は470万人から1,247万人へと増大（2.7倍）した[8]。この数は，図表7-1の調査対象が常用労働者10人以上の民間企業に限定されているため，それより多くなっているが，女性労働者の半数以上が非正規雇用であることを示している。

　図表7-6に示される通り，男女ともに非正規雇用の最大構成要素はパートであるが（非正規雇用労働者の48.1％），女性の場合，その比率は特に高い。パートの大部分は時間給であり，賞与や諸手当，社会保険の適用，年次有給休暇や

130　第Ⅱ部　格差社会の進展と流通・マーケティング

図表 7-6　正規雇用および非正規雇用労働者の推移

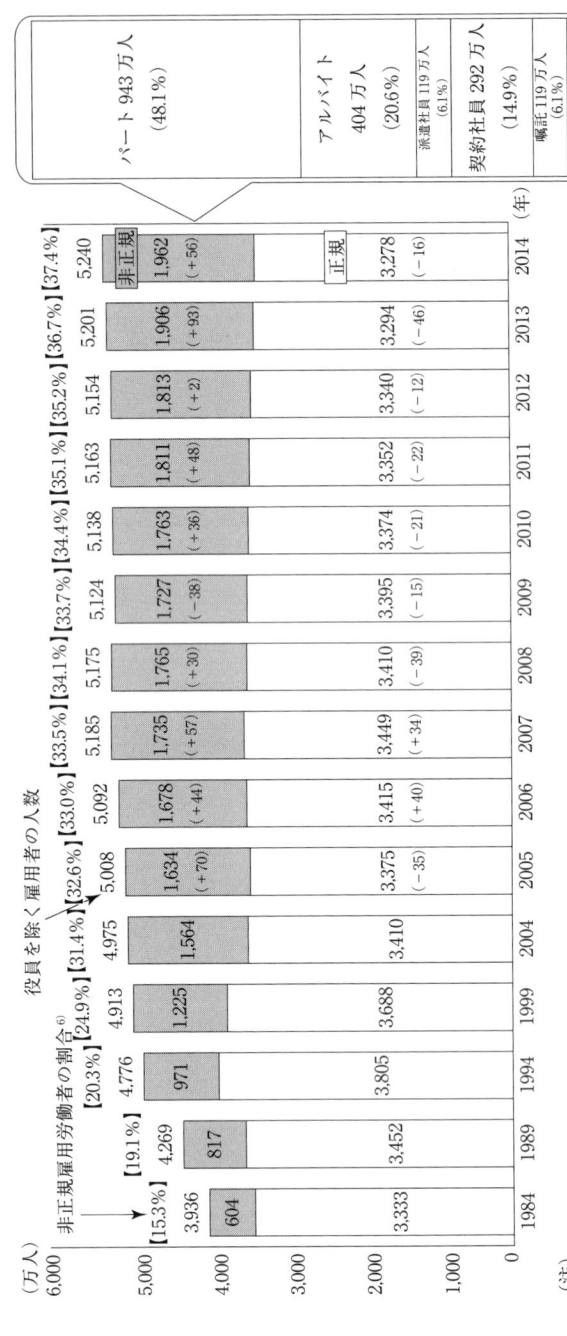

役員を除く雇用者の人数

年	1984	1989	1994	1999	2004	2005	2006	2007	2008	2009	2010	2011	2012	2013	2014
非正規雇用労働者の割合	[15.3%]	[19.1%]	[20.3%]	[24.9%]	[31.4%]	[32.6%]	[33.0%]	[33.5%]	[34.1%]	[33.7%]	[34.4%]	[35.1%]	[35.2%]	[36.7%]	[37.4%]
非正規（万人）	604	817	971	1,225	1,564	1,634 (+70)	1,678 (+44)	1,735 (+57)	1,765 (+30)	1,727 (−38)	1,763 (+36)	1,811 (+48)	1,813 (+2)	1,906 (+93)	1,962 (+56)
正規（万人）	3,333	3,452	3,805	3,688	3,410	3,375 (−35)	3,415 (+40)	3,449 (+34)	3,410 (−39)	3,395 (−15)	3,374 (−21)	3,352 (−22)	3,340 (−12)	3,294 (−46)	3,278 (−16)
合計	3,936	4,269	4,776	4,913	4,975	5,008	5,092	5,185	5,175	5,124	5,138	5,163	5,154	5,201	5,240

2014年の非正規雇用の内訳：
- パート 943万人（48.1%）
- アルバイト 404万人（20.6%）
- 派遣社員 119万人（6.1%）
- 契約社員 292万人（14.9%）
- 嘱託 119万人（6.1%）
- その他 86万人（4.4%）

(注)
1) 2005年から2011年までの数値は、2010年国勢調査の確定人口に基づく推計人口（新基準）に切替え集計した値。
2) 2011年の数値、割合及び対前年差は、被災3県の補完推計値を用いて計算したもの。
3) 雇用形態の区分は、勤め先での「呼称」によるもの。
4) 正規雇用労働者：勤め先での呼称が「正規の職員・従業員」である者。
5) 非正規雇用労働者：勤め先での呼称が「パート」「アルバイト」「労働者派遣事業所の派遣社員」「契約社員」「嘱託」「その他」である者。
6) 割合は、正規雇用労働者と非正規雇用労働者の合計に占める割合。
資料：1999年までは総務省「労働力調査（特別調査）」（2月調査）長期時系列表9、2004年以降は総務省「労働力調査（詳細集計）」（年平均）長期時系列表10。
(出所) 厚生労働省「非正規雇用の現状と課題」〈http://www.mhlw.go.jp/stf/seisakunitsuite/bunya/0000046231.html〉（2015.4.30）。

出産・育児休暇もほとんどなく，低賃金で働く主要な労働力として位置づけられている[9]。実際，一般労働者の賃金（時間あたり所定内給与額）を100とした場合，2010年の卸売業・小売業におけるパート女性の賃金水準は68.2となっている[10]。

今日の小売業では，いわゆる大型店を中心に，このようなパートが他の産業以上に基幹労働力として組み込まれている。図表7-7をみると，アルバイトを含めた「パート・アルバイト比率」は対面販売を主軸とする百貨店や家電大型専門店で40％台にとどまっているが，同比率は総合スーパーや衣料品スーパー，食料品スーパー，コンビニエンスストアで85％前後と非常に高くなっている。百貨店や家電大型専門店の「パート・アルバイト比率」は比較的低位であるが，これは後述するように，納入業者などからの派遣店員（手伝い店員）を充用しているからである。したがって，百貨店なども非正規雇用を重視し，スーパーと同様に人件費コストを圧縮している点は変わらない。

1990年代以降，パートやアルバイト労働者に加えて，派遣労働者などの間接雇用が増大し，徹底的な正社員の絞り込みが進められるが[11]，小売業では，このような非正規雇用の利用は他の産業よりも早く展開されていった。

2. 商業労働における非正規雇用増加の始まり

日本においても，小売業に資本―賃労働関係を導入し資本制小売業として成長したのは百貨店であった。百貨店は近代的な賃金制度を確立しながら，同時

図表7-7　小売業の業態別パート・アルバイト比率（2012年）

（単位：％）

百貨店	総合スーパー	衣料品スーパー	食料品スーパー	住関連スーパー	ホームセンター
47.0	84.1	86.0	83.2	75.7	76.0
コンビニエンスストア	コンビニの内終日営業店	ドラッグストア	その他のスーパー	専門店	家電大型専門店
85.2	86.1	71.3	69.3	34.4	43.1

（出所）　矢野恒太記念会編集［2014］p.300を基に筆者作成。

に低賃金女子労働力を基礎に資本蓄積を進展させていった。その後，戦後の高度経済成長以降の日本では，スーパーに代表されるさまざまな大規模小売業が発展したが，百貨店やスーパー（とりわけ総合スーパー）が非正規雇用の一形態であるパートやアルバイトを労働力の柱として位置づけるようになったのは，低成長期以降のことである。

日本経済が2度の石油危機を経験し国内市場が減退するもとで，売上高成長率が著しく鈍化した百貨店は，減量経営すなわちリストラの一環として，正社員雇用を削減し，臨時従業員やパート，アルバイトの雇用を増加し，人件費の抑制に注力することとなった[12]。高度経済成長を通じて驚異的な発展を遂げたスーパーも1970年代後半には成長速度が鈍化し，百貨店と同様に減量経営を進めた。対面販売を主体とする百貨店と異なり，セルフサービス方式を中心とするスーパーの場合，非正規雇用を重視した人件費の削減は百貨店以上に徹底しており，この時期から女子労働力を基礎とした低賃金パートタイマーの大量雇用が推し進められた。その結果，1981年度の「パートタイマー比率」は小売業売上高上位196社で30%となるが，スーパーでは43.7%（全国スーパーでは45.8%）にまで高まった[13]。

百貨店および大手スーパーは，不況が長期化した1980年代に入って2度目の減量経営を実行した。そこでは，第1次の減量経営と同様に，百貨店や大手スーパーは正社員雇用を削減し，間接部門から売り場への配置転換を進めるとともに，パートタイマーおよびアルバイトの雇用を増大させた。大手都市百貨店では，1981年から1987年にかけて，パートとアルバイト従業者を各社10〜85%増加させたのであった[14]。この時期以後の百貨店では，納入業者からの派遣労働力（手伝い店員）への依存を高めていったことも見逃してはならない。今日，非正規雇用労働者の中で「別経営の事業所からの派遣または下請従業者」が増加しているが，百貨店や大手量販店では，これら労働者の占める比率が産業中でもっとも高く，しかもその多くが製造業者や納入業者からの派遣店員であることが特徴的である[15]。

また，大手スーパーは1982年度を境に売上高成長率を著しく低下させ，いわゆる「成熟期」に入った。それゆえ，大手スーパーは減量経営を進め，1970

年代以上に人件費の削減を志向し，低賃金労働力への依存を強めるようになった。大手スーパー6社（当時のダイエー，イトーヨーカ堂，西友，ジャスコ，ニチイ，ユニー）の状況をみると，1980年から1987年にかけて従業者数を2,500人減少させる一方で，パートは約1万4,000人増加させ，「パートタイマー比率」は50％を超えるようになった[16]。

既に図表7-7でみたように，現在では総合スーパーで「パート・アルバイト比率」は84％に達している（2012年）。個別企業レベルでみれば，その比率が90％を超えているものもある。大規模小売業を中心に，現在に至る非正規雇用を主力とした低賃金収益構造が，1970年代から80年代にかけて決定的に構築されてきたのである。

3. 商業労働者雇用の新たな動向

ここまでみてきたように，今日の大規模小売業にとって，パートやアルバイトを主体とする非正規雇用労働者が基幹労働力となっている。パートなど非正規雇用労働者の有する不安定雇用でありながら同時に基幹労働力であるという矛盾を克服するために，大規模小売業者などはいわゆる「パートの戦力化」を追求している。

たとえば，イトーヨーカ堂では2012年に正社員を半減し，店舗運営を90％超のパートに任せるようにしているが，同社は地域住民でもあるパート労働者が地域の事情などに通じているため，地域密着の店舗運営を図り，サービス水準を向上させることを狙っている[17]。このような試みは，パートへの正社員並みの業務移管であり，パートのやる気を引き出すことにもつながるが，賃金やその他の条件で正社員並の待遇がとられないと労働意欲を損ねることにもなる。とはいえ，多くの企業にとって，パート雇用の最大の利点は低賃金労働力の確保であることにかわりはない。実際，『日経MJ』の調査によると，2010年時点で，正社員との同一労働・同一賃金制を導入している小売業は，部分的な導入を含めても26％程度にとどまっている[18]。

そこで，百貨店や大手スーパーなどでは契約社員の活用を重視するようにな

っている。前出のイトーヨーカ堂では，パートを契約社員をへて正社員に登用する制度を導入している[19]。百貨店では，高島屋が約5,000人の契約社員を雇用しているが，契約社員の正社員登用試験資格を5年間の勤務から3年間に短縮し，正社員雇用への門戸を拡大している[20]。三越伊勢丹でも同様の取り組みが実施されており，契約社員の勤続年数面での正社員登用試験資格を緩和しているほか，正社員と同じく契約社員に対しても業績連動型の賞与を適用している[21]。また，ユニクロを展開するファーストリテイリングは，パート・アルバイト1万6,000人を正社員に登用する方向を打ち出している[22]。

2010年代に入って，小売業や飲食業において人手不足が深刻化しており，大規模小売業者は時給を上げたり，各種労働条件を改善したりしている。大規模小売業者が福利厚生の充実や退職金制度の導入，資格制度，段階別賃金制度の採用，一時金の支給，有給休暇制の実施，正社員への登用などを取り入れるようになるのは1970年代末以降であり[23]，前節でみた大規模小売業が人件費の削減を骨子とした減量経営を徹底していく時期のことであった。すなわち，大規模小売業における非正規雇用労働者を対象とした労働諸条件の改善は，あくまでもパートやアルバイトを主軸とする低賃金労働力を経営の基礎とすることが揺らぎないものであることを忘れてはならない。

これまでの大規模小売業の資本蓄積には，大量出店とそれを支える低賃金労働力が基礎としてあったが，それは，産業間，規模間，労働者間，男女間などさまざまな側面で労働条件の「格差」を拡大してきた。今日，このような大規模小売業の資本蓄積活動の生み出す矛盾を根本的に改めていくことが，強く求められるようになってきているといえよう。

〈注〉
1) 加藤［1986］p.90。
2) 流通に関する労働をマーケティング労働として解釈すると，マーケティング販売労働や事務労働，広告労働，物的流通労働まで含まれる（保田編［1999］pp.267-271）。
3) 『経済』編集部編［2004］pp.167-168。
4) 「毎月勤労統計調査」は，調査対象事業所が賃金台帳に記した労働時間を集計したものであり，サービス残業は含まれていない。また，労働時間の短縮が週35時間未満のパートタイム労働者が増加した影響によることも見逃してはならない（森岡［2010］

p.231)。
5) 中小小売業過剰化の要因は，小規模分散的で個別的な個人的消費に直結する小売業の一般的性格に一部分由来するものであるが，戦前期日本資本主義の構造的特質に規定される（森下［1974］pp.170-172）。
6) 2015年5月，労働者派遣法のさらなる改定が審議された。そこでは，専門26業務を廃止し，すべての業務で同一の職場での派遣労働者の受け入れ期限を撤廃し，3年を超えて派遣労働者を雇用できない規制が廃止されようとしている。
7) 森岡［2010］pp.240-242。
8) 脇田［2015］p.24。
9) 森岡編［2007］p.26。
10) 厚生労働省［2011］。
11) 森岡編［2012］p.118。
12) 森下監修［1983］pp.127-128。
13) 森下監修［1983］p.138。
14) 糸園ほか［1989］p.18。
15) 伍賀［2014］p.111。
16) 糸園ほか編［1989］p.52。
17) 『日経MJ』（流通新聞）2012年9月24日付。
18) 『日経MJ』（流通新聞）2010年7月19日付。
19) 『日本経済新聞』2014年9月10日付。
20) 『日本経済新聞』2013年4月14日付。
21) 『日本経済新聞』2013年7月6日付。
22) 『日本経済新聞』2014年4月12日付。
23) 糸園ほか編［1989］p.37。

〈参考文献〉

糸園辰雄・中野安・前田重朗・山中豊国編［1989］『転換期の流通経済1 小売業』大月書店。
加藤義忠［1986］『現代流通経済の基礎理論』同文舘出版。
厚生労働省［2011］「一般労働者とパートタイム労働者の賃金格差の要因」。
厚生労働省統計情報部［2014a］『賃金センサス 平成26年版』労働法令。
厚生労働省統計情報部［2014b］『毎月勤労統計要覧 平成25年版』労働行政。
厚生労働省統計情報部［2014c］『労働統計年報 第65回（平成24年）』労働行政。
伍賀一道［2014］『「非正規大国」日本の雇用と労働』新日本出版社。
『経済』編集部編［2004］『仕事と労働が壊れていく』新日本出版社。
総務省統計局［2015］『日本の統計 2015』日本統計協会。
友寄英隆［2014］『アベノミクスと日本資本主義』新日本出版社。
森岡孝二［2010］『強欲資本主義の時代とその終焉』桜井書店。
森岡孝二編［2007］『格差社会の構造』桜井書店。
森岡孝二編［2012］『貧困社会ニッポンの断層』桜井書店。
森下二次也［1974］『現代の流通機構』世界思想社。
森下二次也［1993］『商業経済論の体系と展開』千倉書房。
森下二次也監修，糸園辰雄・中野安・前田重朗・山中豊国編［1983］『現代日本の流通機

構』(講座 現代日本の流通経済3) 大月書店。
保田芳昭編［1999］『マーケティング論［第2版］』大月書店。
矢野恒太記念会編集［2014］『日本国勢図絵 2014/2015』第72版，矢野恒太記念会。
脇田　滋［2015］「蔓延する非正規雇用と女性労働者」日本科学者会議編『日本の科学者』
　　Vol.50 No.3，本の泉社。

（佐々木　保幸）

第Ⅲ部

地域をめぐる格差と流通

第8章

中心市街地内における地区間格差
―新潟市の事例研究から―

はじめに

　わが国では，少子化と高齢化が進み，人口の減少も進んできている。そして，その傾向は今後も進行していくと考えられる。また，とりわけ地方都市ではいまだに都市機能の郊外化が進む一方で，中心市街地の疲弊が加速している。そのような中で，住居近くで日常的な買い物ができない地域が拡大し，各地で買い物困難者あるいはフードデザートが大きな問題となっている。地方都市では自家用車がないと暮らしていけない状況がますます進行してきているのである。
　少子高齢化・人口減少のもとでは中心市街地と郊外がともに十分に満足できる経済的な状態を維持することはおおむね難しいといえるが，仮に郊外化がこれから一定程度効果的に抑制でき，また中心市街地にある程度人が戻ってきたとしても，多くの場合でこれまで想定されてきた中心市街地全体ににぎわいを取り戻すことは現実的には難しいと考えられる。それは，中心市街地の疲弊と郊外化が既に大きく進んでしまっているからであり，そして少子高齢化・人口減少の進行が今後も進むと想定すると中心市街地内すべてを潤すほどの消費需要が用意されないと考えられるからである[1]。そのような中では，各中心市街地が内包する地区間で格差が生じそして拡大すると推測される。

そこで本章では，モータリゼーションが進行しており商業等における都市間の連担性が低く空間的な独立性も強いことから，隣接する商圏の影響を受けにくいためサンプルとしての汎用性が高く，現在のまちづくり政策の基本的な考え方となっているコンパクトシティ化[2]の効果も空間的独立性等のためにより大きく期待できる新潟市中心部の事例をもとに，主として広域型商店街を抱える中心市街地内における地区間格差を検証することで，今後のまちづくり政策の方向性を検討することとする。

第1節　中心市街地内における地区間格差発生の背景

1．郊外化の進行と中心市街地の衰退

1980年代に進行が始まった小売業における商店数の減少と，その中心である中小零細小売業からなる地域商業の衰退の傾向は1990年代に入ると加速していくこととなった。その一方で，大型店の出店は一貫して増加傾向を示していくのであるが，1990年代を境にその出店をめぐる状況は大きく変化していった。

1990年代まで大型店の出店に関わる規制の中心となっていた大店法（「大規模小売店舗における小売業の事業活動の調整に関する法律」）は当該地域において，大型店の新規出店に制限的な効果をもち，中小零細な事業者を一定程度保護する効果をもつものであった。しかし，一方で当該地域に一度出店できた大型店にとっては，その制限的な効果によって競争相手の参入が容易でないため結果として大型店同士の競争が抑制されるという効果ももっていた。そのため，大型店間競争にさらされることなく消費需要の多くを既存大型店が獲得できる状態が維持された。

しかし，1990年代に入ると大店法による大型店の出店規制は緩和されてい

き，2000年には法自体が廃止された。その流れの中で，それまで大店法による出店規制の存在によって既述のように大型店間競争を回避できていた既存大型店が直接的な大型店間競争にさらされることになり，淘汰され撤退する大型店も増加していったのである。

　人口や各種の都市機能の郊外化も幇助となり，このような大型店間の競争の激化は競争回避という意味もあって大型店の郊外出店傾向を強化させた。そのことで，中心市街地の疲弊は進行していった。人口の郊外化，学校・役所・図書館・病院等の公共施設の郊外化，それを生み出した一方でそれによって加速していったモータリゼーションの進展の中で大型店の出店先はますます郊外へと向かい，またそれが各種の都市機能の郊外化および人口の郊外化をおし進めていったのである。

　そして，この傾向は2000年代に入ると一層加速するのである。その要因の1つが政策の転換であった。1990年代後半に成立した，いわゆるまちづくり三法のうちの大店立地法（「大規模小売店舗立地法」）は出店する大型店周辺の生活環境の保持を目的とする法律であるが，出店に関わる条件は郊外よりも都市の中心部においてクリアすべきハードルが高いものであった。その一方で，大型店の立地を土地の用途を指定することで制限することが期待された都市計画法では，地方自治体によってさらに詳細な用途を設定することが可能となり大型店の出店規制が期待されたが，大型店が出店ターゲットとした郊外やその周縁部においてはほとんど機能するものではなかったのである[3]。そのため，まちづくり三法施行以降，中心市街地の衰退はますます進み，郊外に大型店がさらに多数出店することとなったのである[4]。

2. 地域をめぐる商業問題の変質と地区間格差

　大型店の出店を規制しつつ中小零細小売業の振興を図るという調整―振興モデルによるそれまでの政策体系[5]から，まちづくり政策の体系への移行の過程は景気の低迷下にあり，またその間に少子・高齢化は一層進行し，その後人口は減少していった。そして，その中での地域をめぐる商業に関わる問題は，い

わゆる大型店問題のほかにも，人口や都市機能の郊外化の進行，都市中心部からの大型店の撤退，そして新しい小売業態の展開や長時間営業店の増加，モータリゼーションの進展による交通問題など非常に多様なものとなっていった。

このような地域をめぐる商業に関わる問題性が集約して現れているのが大型店撤退問題であろう。それは，買物機会に関わり生活の質を維持することと直接的に関連する問題であり，また，まちの来街者確保に大きな影響をもたらす問題だからである。大型店の撤退は，大型店の存在を前提に商店街を形成していた地域商業にとっては大きな痛手であったし，またすでに大型店の影響によって地域商業の多くが廃業していた地域では消費者の買物機会が完全に奪われることとなった。そして，撤退後の後継テナント・店舗が決まらない場合には，地域や自治体はその空き店舗あるいは跡地をめぐって早急な対応を迫られることとなったのである。

中心市街地からの大型店の撤退は2つに大別される。1つは大型店の広域的な当該地域からの撤退である。もう1つは，中心市街地からは撤退するが，それに代わるものをその郊外に出店するというものである。前者の場合には，マクロ的な要因である景気の低迷や人口減少・少子高齢化にともなう消費需要の落ち込みと変化およびそれによる業態自体の市場とのミスマッチの問題が主たる要因である。それに対して，マクロ的な要因を背景にしながらも，消費者の買い物行動や政策的矛盾を主たる要因とするのが後者である。もちろん，これらの状況はとくに地方都市においては同時に進行している。

このような状況と関連しながらも，これまであまり注目されてこなかったのが中心市街地内における地区間の格差の問題である。地区間格差にはおおよそ2つのレベルがある。1つは，傾向としての郊外化の進行の中でも中心市街地内においてにぎわいを維持できた地区とそうでない地区というかたちで現れる地区間格差である。もう1つは，郊外化が抑制され，また中心市街地に一定の人口や都市機能が回帰し，そして来街者が戻ってきたとしても，大型店を含むテナントミックスの良し悪しや公共交通機関でのアクセスの良し悪し等に起因し生じる内部格差である。それらはまた，オンラインショッピングの普及や景気動向による当該中心市街地に対する消費需要の変化，そして高齢化による消費

の質の変化等に大きく影響されると考えられる。

　このような中心市街地内における地区間の格差の問題をここでは，新潟市での事例を基に検討していくこととしよう。なお，以下では中心市街地活性化法（「中心市街地の活性化に関する法律」）に基づき国が認定した中心市街地活性化計画における「中心市街地」の内部における地区間格差が俎上にある。また，「郊外」はおおよそ自家用車でのアクセスを前提とした市街地周縁の地域を想定している。

第2節　新潟市の中心市街地内における地区間格差

1．新潟市の中心市街地

(1)　中心市街地の概況

　新潟市は隣接する黒埼町と2001年に合併し，その後2005年には新津市・白根市・豊栄市を含む13市町村と合併して，2007年に政令指定都市となった[6]。

　新潟市が2008年に国の認定を受けた中心市街地活性化基本計画における中心市街地には「古町地区」・「万代地区」・「駅周辺地区」・「万代島地区」の4つの地区からなる261haが設定されている（図表8-1）[7]。新潟市全体に占める中心市街地の位置づけをみると[8]，面積では0.4％（2010年），人口では2.2％（2010年）であるのに対して，従業者数は16.2％（2006年），小売販売額は19.8％（2007年），固定資産税は9.6％（2010年）である[9]。

　中心市街地のうち，商業地区は「古町地区」・「万代地区」・「駅周辺地区」である。そのうちの「古町地区」は古くからの商店の集積，「万代地区」はディベロッパーによる都市開発によって誕生した商業集積，「駅周辺地区」はオフィス街の展開とともに発展した複合的な市街地であり，各地区の成り立ちは異なっている。ただ，「万代地区」と「駅周辺地区」の間は徒歩で10分程度でありそ

第8章　中心市街地内における地区間格差　―新潟市の事例研究から―　143

図表8-1　新潟市の中心市街地

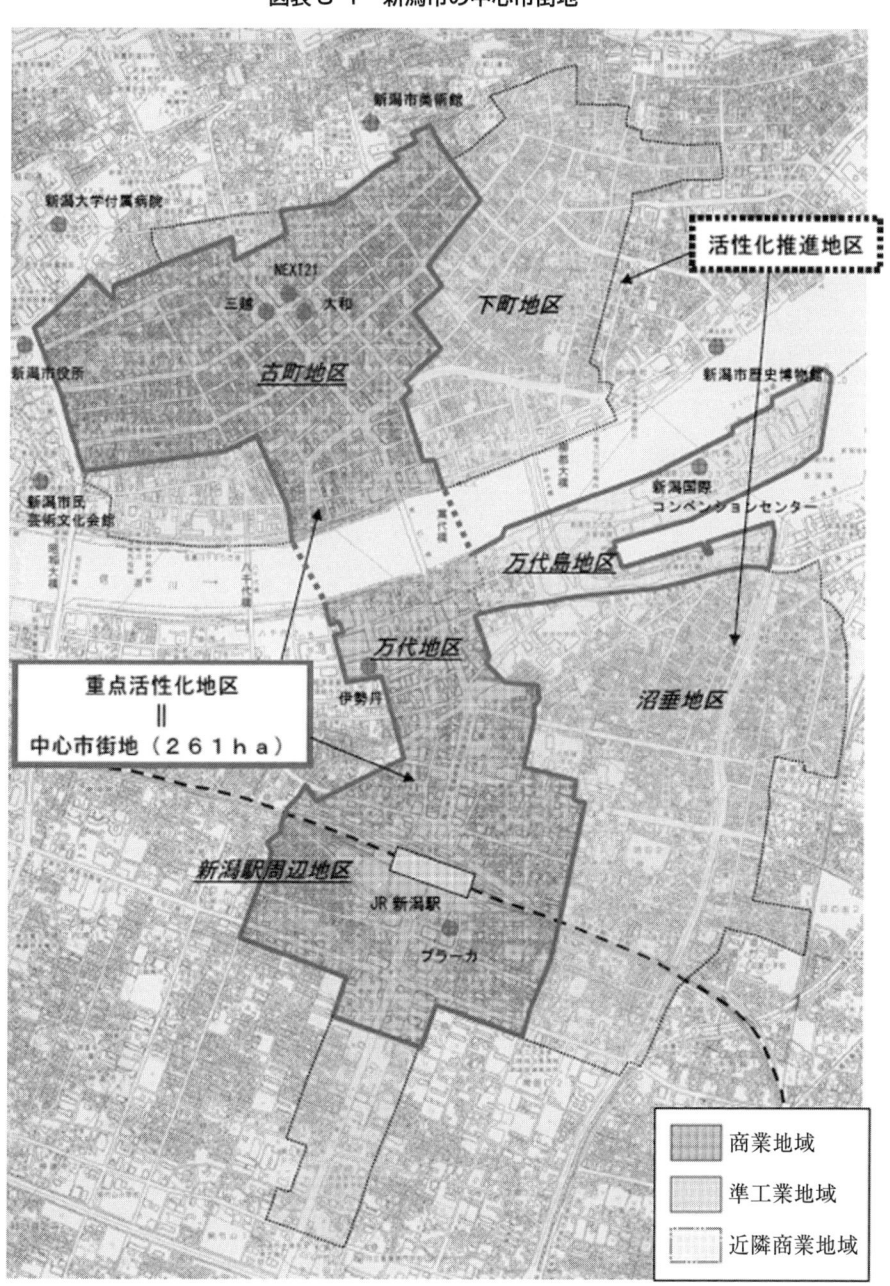

(出所)　新潟市 [2008] p.32。

の間にも商業等の一定の集積がみられるため一体の地区としてみることもできる。

中心市街地全体の居住人口は2000年頃を底として徐々に増加傾向にあるが，古町地区では人口が減少傾向にある。また，古町地区では高齢化率がおよそ3割と相対的に高い状態となっている。小売販売額は古町地区，万代・新潟駅地区ともに減少傾向が続いている[10]。

(2) 中心市街地内の商業地区

「古町地区」は，江戸時代にはすでに繁華街であった古くからの商業地区である。500mにわたるオーバーアーケード，古くからの花街でもある飲食店街，生鮮食料品店が集積する本町市場など複数の特徴ある地域から構成される。その中には，新潟三越・ラフォーレ原宿・イトーヨーカドー丸大といった大型店もある。また，地下には西堀ローサという地下街が約300mにわたり設置されており新潟三越やラフォーレ原宿の入居するNEXT21等と連絡している。

この地区は地下街も含めて8つの商店街組織によって構成されており[11]，全体としての空き店舗率は1割強である[12]。また，以前はテナントビルのカミーノ古町（2001年閉店）や新潟ウィズ（2010年閉店）あるいは百貨店の大和新潟店（2010年閉店）といった大型店，大型書籍店の北光社（2010年閉店）もあったがすでに撤退している。その他，この地区では中小零細小売業の廃業あるいは万代・新潟駅地区等への移転もあり，その後の空き店舗あるいは跡地利用も進んでおらず，全体として厳しい状況にあるといえよう。

一方，「万代地区」は，新潟交通の社用地を同社がディベロッパーとなり1970年代に入ってから開発した商業地区である万代シテイを中心に広がる商業地区である。したがって，現在もこの地区の商業施設や駐車場等多くの不動産は新潟交通の所有である[13]。万代シテイでは新潟交通のバスセンターを中心にして複数の大型店がペデトリアンデッキによって結ばれており，全体として1つの商業集積として機能しているとみることもできる。大型店としては，新潟伊勢丹，ビルボードプレイス，ビルボードプレイス2，ラブラ万代，ラブラ万代2，アルタ新潟等があるが，そのテナントの多くが服飾系の小売業である。

ラブラ万代の地下にはイオンのスーパーマーケット（11時閉店）が出店しているほか，近接するマリモタウン新潟内に原信のスーパーマーケットが24時間営業で出店している。しかし，都市開発によって出現した商業地区であるため最寄品を取り扱う小売商店の数は限られており，基本的には買回品を中心とした商業地区である。

「駅周辺地区」は，新潟駅を中心に広がる商業地区である。1980年代に駅南側にプラーカと称する商業施設が3棟設置されたが，その後の運営は必ずしも順調には進まずに，現在は商業中心ではなく複合的な利用を図っている。その後，開発が進んでいなかった駅南口側にヨドバシカメラ・ドンキホーテ・ビックカメラなどが出店するとともに駅ビルの商業施設化も進んでいった。現在，新潟駅周辺整備事業が進んでおり，連続立体交差化に伴い駅ビルに新たな商業施設が登場することが想定される。

(3) 新潟市の郊外化の特徴

新潟市では1990年代以降に，店舗面積10,000m^2未満の主として食品スーパーや専門量販店などの大型店の出店が多数確認できる。一方，それ以上規模のより複合的な大型商業施設としての大型店の多くは2000年代以降の出店であり，そのほとんどが郊外での出店である。

主な郊外型の大型店（店舗面積15,000m^2以上）の開業年と店舗面積および新潟駅からのおおよその距離をみておこう。新潟青山SC（1979年，23,000m^2，6km），ジャスコシティ新潟東（1993年，18,500m^2，5km），アピタ新潟亀田店（2000年，37,462m^2，5km），新潟サティ（2000年，21,481m^2，8km），アークプラザ新潟（2002年，35,634m^2，5km），河渡ショッピングセンター（2003年，24,046m^2，5km），アピタ新潟西店（2003年，29,436m^2，7km），SUPER CENTER PLANET-5横越店（2005年，18,293m^2，11km），イオン新潟南ショッピングセンター（2007年，41,699m^2，5km）である。

新潟市における大型商業施設としての大型店の郊外化は，早い段階からであったというわけではない。買回品が中心の万代地区および古町地区と郊外の大型店が商品構成において直接競合するのは，比較的最近のことである。とくに，

中心市街地に大きな影響をもたらしたのは，2007年のイオン新潟南ショッピングセンターの開業であったと考えられる。

傾向として1980年代以降に各種の郊外化が進行していったといえるのであるが，公共施設の郊外化が先行したといえるであろう。まず，医歯系を除く全学部で新潟大学が中心市街地に隣接する場所から1970年代に10km郊外に移転し，県庁が1985年に現在市役所がある中心市街地の縁部から3kmほど離れた郊外に移転した。市役所は1989年に古町地区から県庁移転後の跡地に移動し，新潟県立図書館が1992年に中心市街地の縁から郊外へと移転した。2007年には新潟市民病院も郊外移転している。このような郊外化の流れが各種の都市機能の郊外化を誘引していく中で，人口や小売業の郊外化も進んでいったというのが新潟市中心部に関わる郊外化の特徴であろう。

2．中心市街地内における地区間格差

(1) 地区間格差の発生

新潟市でも1990年代に入ると中心市街地は，本格的に厳しい状況を迎えることとなる。しかし，その傾向が顕著だったのは古町地区であって万代地区は必ずしも集客力を落としていったわけではなくむしろ緩やかながら成長の中にあったといえるであろう。それは，古町地区から万代地区へ一定の来街者の移動があったこと，ならびに新たに商圏に組み込まれた地域からの集客に万代地区が成功したためであった。

1990年代に進んだ食品スーパーの郊外への出店によって古町地区の最寄品分野は大きな影響を受けた。一方，この頃には古町地区の買回品分野は万代地区のそれとの直接的な競合関係の中に落とし込まれていった。新潟市全体（旧新潟市[14]）の小売年間販売額における古町地区の占有率は1970年代にはおおよそ半分であったが，1990年代末には2割を切る状態となった。一方，その時期の万代・新潟駅地区のそれは大きな変動なく2割台を維持しており，古町地区と万代・新潟駅地区の占有率における位置づけは逆転することとなった[15]。

しかし，2000年代になると万代地区も集客力を弱めていく。この地区での小売活動の核であったダイエーが2005年に撤退し，2007年には南方面に6kmほど離れた郊外にイオン新潟南ショッピングセンターが開店したことの意味は大きかった。その後，リーマンショック後の景気の後退を背景にした消費需要の落ち込みとそれに伴う低価格志向も幇助となり，自動車でのアクセスが良く低価格販売を謳う大型店を求めて，あるいは郊外にも万代地区の買回品店の一部と取扱商品分野で競合する大型店の出店があったことから，郊外へと消費者が流れていく中で万代地区も徐々に厳しい状況へと向かっていくのである。2000年代に入ってとくに万代地区の歩行者数が減少している[16]ことはその証左の1つであろう。

郊外化の進行は，モータリゼーションの原因でもあり結果でもある。そのため，郊外と万代地区との差を生み出していった要因の1つに駐車場の問題があると考えられる。万代地区の駐車場が有料であるのに対して郊外のそれは無料である。万代地区でも実際には買い物をすれば無料になるし，駐車場代金も必ずしも高いものではないのであるが，停めやすさ・駐車券の発券の煩わしさ，中心市街地での混雑・道路の複雑さといった道路事情，そして中心市街地に自動車を利用して向かうという心理的なハードルは郊外の施設に消費者を向かわせる大きな動機づけとなっているであろう[17]。

(2) 地区間格差の拡大

しかし，郊外化の影響は万代地区ではまだ限定的であると考えられよう。テナントミックスにおける優位性や自家用車利用での購買行動が前提とされない若年層を集客できていること，そして最寄品分野でのスーパーマーケットの求心力もある程度維持できているからである。

新潟市全体（旧新潟市）の小売年間販売額に占める古町地区と万代・新潟駅地区合計のそれの割合は，1970年代には7割近くになっていたが，1980年代にはおおよそ5割台で推移し，1990年代にはおおよそ4割台となり，2000年代に入ると3割台になっていく[18]。その中で，古町地区に以前あった若年層を主なターゲットした既述のカミーノ古町や新潟ウィズといったテナントビルが

撤退し，若年層の多くがテナントミックスで適合する万代地区へと流れていったと考えられる。また，地域の集客力の1つの指標ともされる映画館の状況をみると，郊外でのシネマコンプレックスの台頭の中で，2000年代までに古町地区からは姿を消した一方で，万代地区では現在2軒が営業している。このような状況からも，郊外化とともに中心市街地内の地区間の格差が拡大するという流れが2000年代に入って固定化していったと考えられる。

既述のように古町地区の厳しさが一貫している一方で，万代地区はバブル崩壊以降も集客を維持し2000年代になって郊外化の影響を一定程度受けていくこととなる。それでも，万代地区ではダイエー撤退後にラブラ万代が開業し，その後のラブラ万代2の開業などによって郊外の大型店との比較においてテナントミックスの優位性を一定確保できているといえよう。そのため，中心市街地においては古町地区と万代地区の間での格差はますます拡大している状況にある。郊外化だけではなくオンラインショッピングの普及などの影響で中心市街地自体が集められる消費需要が縮小し，その内部の地区間で格差が発生し拡大しているのである。

先にみたように古町地区での商品分野は広範であるのに対して，万代地区でのそれは買回品の中でも服飾品分野それも若年から中年層向けのそれにほぼ特化している。1990年代までの新潟市における中心市街地と郊外との競合関係は全分野にわたるものではなく，買回品の中では家電や紳士服あるいは一部の家具などの分野で専門量販店が郊外に出店したことの影響が大きかった。一方，買回品のなかでも趣味性の高い服飾品分野でみる限り古町地区・万代地区と郊外の大型店は必ずしも直接的な競合関係にはなかった。直接的な競合関係が生じるのは，より複合的な大型商業施設が複数郊外に出店してくる2000年代以降と考えられる。ここに至って，古町地区は郊外と万代地区との競合という二重の競合関係の中で衰退を加速させていったのである。

いずれにしても，このような状況を生み出していったのは郊外化が抑制されない中での，また消費市場が拡大しにくい状況下での，限られた消費需要の奪い合いの結果である。対象とできるパイが古町地区では居住人口の減少や公共施設の郊外移転などに伴って減少したのであって，その意味において郊外化の

影響は古町地区により大きかったといえるのである。

第3節　中心市街地内における地区間格差とまちづくり

1．新潟市の事例にみる地区間格差の本質

　現状では，買回品分野において万代地区は郊外の大型店との比較でテナントミックスの優位性が一定程度確保できていると考えられる。そして，万代地区の個店の多くは，ナショナルチェーンによるものとなっている。この地区が目指したのは，いわば「ミニ東京」であり「リトル東京」である。けだし，古町地区と万代地区の格差を生んだのはそれぞれが抱えるナショナルチェーンの集客力の差でもあったということができるのである。
　そのため，以前のように専門量販店を中心とする郊外の大型店が総じて安価な商品の大量販売を目指していたときとは異なり，郊外の複合的な大型商業施設がブランド力の強いナショナルチェーンを軸に展開してきている状況を考えると，万代地区は今後，郊外との直接的な競合を強めていくと考えられる。
　中心市街地内にあっては，古町地区が在来タイプの商店の集積としての商業集積としての色彩が強いのに対して，万代地区は都市開発で誕生しディベロッパーによって管理・運営されている商業集積である。ディベロッパーによる商業集積ではテナントミックスをトップダウンにより管理することが可能であるが，それが中心市街地内における万代地区の優位性となった1つの要因であろう。その意味では，古町地区と万代地区との格差の本質は，資本規模間の格差が生み出す中小商業問題であるといえるのである。
　ここまでみてきたことから，「中心市街地と郊外」のほかに新潟市の買回品分野における現在の小売競争の地理的な問題構図には「古町地区と万代地区」，「万代地区と郊外」という構図があることがわかる。そして，前者は資本規模間

の格差を背景とする中小商業問題として考えることができ，後者は資本間競争の問題として理解できるのである。

新潟市の中心市街地内における古町地区と万代地区の格差を生んだのは，限られた消費需要の奪い合いの結果である。そして，その結果に至ったのは，ナショナルブランドを抱える大型店を万代地区がより多く獲得・維持できたためと説明できるであろう。そして程度の差こそあれ，消費需要の縮小の中でこのような問題性に起因する中心市街地内の格差の発生と拡大という状況は各地で確認できるのである。

けだし，中心市街地内における地区間格差の問題をまちづくりの視点でみた場合，「限られた消費需要を獲得していける中心市街地の適正な範囲」と「大型店をどのように当該地域が維持できるのか」の2つのポイントが浮き上がってくるのである。

2. 郊外化の抑制とコンパクトなまちづくり

少子高齢化の進行と人口の減少に伴い，商圏内の消費需要が拡大しないむしろ縮小する状況は各地でみられ，今後はその傾向をさらに強めていくと考えられる[19]。新潟市（旧新潟市）でも，買回品における商圏人口は減少傾向を示しており，購買人口も減少している[20]。パイが限られているということは，中心市街地か郊外かという二者択一的な選択になる可能性は高く，また中心市街地で一定需要が確保できたとしても，その内部において格差が生じていくのはいわば必然である。そのため，今後のまちづくりでは郊外化を抑制しつつ，中心市街地の設定にあたってはその適正な範囲の検討・見直しが必要となるのである。

新潟市全域の20歳以上の住民を対象としたアンケート調査[21]での「選択する商業集積に関する質問（複数回答可）」では，郊外のショッピングセンターが37%，地元近隣商店街が21%，万代シテイおよびその周辺が20%，古町およびその周辺が12%，新潟駅周辺地区が10%となっている。また，その「魅力度についての質問（100点満点）」では，郊外のショッピングセンターが70点，

万代シテイおよびその周辺60点，新潟駅周辺地区が53点，古町およびその周辺が45点となっている。しかし，ひとり暮らし世帯では郊外のショッピングセンターの利用が他の世帯層に比して低くなっており，また年齢別にみると高齢者では郊外のショッピングセンターに魅力を感じる人は相対的に少なくなり，古町およびその周辺ならびに地元近隣商店街の利用率が高くなっている。このような傾向は各地の多くのデータで示されているのであって，今後高齢化がさらに進んでいき，またひとり暮らし世帯が増加していくと考えられる中では自家用車利用を前提としない買物機会の確保が必要であることの証左となろう。

　人口の減少とそれに伴う人口密度の低下の進行は，公共交通網でカバーできない地域を生み出し拡大させる。そのような地域で自家用車が利用できないとなると，生活の質を維持できない状況となる。自家用車の利用を前提とする社会のあり方では，高齢化が一層進むであろう今後のわが国とりわけ地方都市において，近い将来にそれまでの生活の質を維持できなくなる人々をさらに多数生み出す可能性が高い。生活の質が維持できるまちづくりが求められる状況にあっては，郊外化を抑制し中心市街地に商業の集積が集約されるべきなのである。それはまた，「コンパクト」な「まち」を「つくる」いわゆるコンパクトシティに向けた基本的なコンセンサスであるといえる[22]。

　高齢化が進みコンパクトシティの有効性が認識されてきている今，郊外化を抑制するとともに中心市街地の吸引力を高めていくことがまちづくりにおいては不可欠であることは明白である。そして，郊外化を抑制しても消費者の満足が確保できる中心市街地の充実とまちづくりがなされていかなくてはならない。またそこには，商店の集積としての商店街およびその広域的な広がりや連帯に関わる地域は商業に関わる公共空間であって，その公共性は個店の個別の事情を制限することもあり得ると考えるべきである。

3．中心市街地の設定見直しとまちづくりのビジョン

　中心市街地活性化の取り組みは，転換を迫られている。中心市街地内における格差の顕在化はその必要性へのシグナルであるといえよう。人口が減少して

いくということは，単純なモデルでみれば消費需要が減少していくことを意味する。そのため，冒頭で確認したように少子高齢化・人口減少のもとでは，中心市街地と郊外がともに十分に満足できる経済的な状態を維持することはおおむね難しいと考えられる。しかしながら，現在のまちづくりの取り組みの中では一方で郊外化あるいは郊外化している状態を容認しながら，従来からの中心市街地を前提にしてそれを全体として維持し存続させることが求められている。それは，まちづくりの政策過程にコンパクトシティの考え方が有効に導入されていないことに原因の1つがある。

中心市街地を含む都市中心部の中で生活の多くが完結できることを前提として，その内部のそれぞれの地区で明確な特徴づけができれば，現状の中心市街地の設定範囲でも活性化は可能であるとも考えられる。それには，買回品取り扱いを中心とした地区，居住人口の回帰を促しながら最寄品の取り扱いを充実させた地区，これらが中心市街地を含む都市中心部に集約されるコンパクトシティ構想がおし進められる必要がある。

しかし一方で，すでに郊外には多くの大型店があり，その状態を短期的に見直すことは実際には難しい。その状況が大きく改善されないにも関わらず，それでも中心市街地をこれまで同様の範囲と質で維持していこうとするのは難しい地域が少なくないのが現実であろう。結果として，これまでのような広範な中心市街地の設定では政策の効果は限定的なものとなり対郊外との関係での優位性は得にくく，中心市街地内での地区間あるいは商店街組織等の組織間での格差は生じていくし拡大していくであろう。くわえて，右肩上がりの時期に設置したアーケードなどの施設をこの段階で更新するのは決して容易なことではない[23]。これまでの中心市街地の状況のすべてを維持あるいは更新することなど不可能であろう。

新潟市の例でみれば，その中心市街地の設定範囲（261ha）は必ずしも他の同様の都市と比較して広範なものではない[24]。にもかかわらず，このようにその内部で地区間格差が発生し拡大している状況は，消費需要の縮小の中でそれまでの延長線上でのまちづくりの手法を続けるのであれば，中心市街地の設定自体が見直される必要があるということである。

一方で，現在の郊外化した状態は消費者あるいはより広く市民・住民の選択の結果であり，ある意味では中心市街地の個店や商店街の責任でもある。しかし，これらの選択は短期的な視点でなされる傾向が避けられないが，公共政策としてのまちづくり政策はより長期的なビジョンのもとで策定されるべきである。

　高齢化のさらなる進行の中で自家用車利用を前提とした郊外型の大型店は必ずしも使い勝手の良いものではなくなる可能性は非常に高い。そのため，すでに郊外にある大型店もこれまでの状態を今後も維持できるとは考えにくい。中心市街地を含む都市中心部への人口の回帰がより進んでいったときに，都市中心部が使いにくい状態であれば，それはやはり政策の責任である。

　もし仮に消費需要の拡大が望める状態になったとしても，少子高齢化・人口減少の状態が今後も続くとすれば，その傾向は消費需要を拡大させることがあったとしても消費のあり方をこれまでとは大きく変えるであろう。そのような社会では，自家用車を利用しない人でも日常的な買い物が自力で自由にできる状態が維持される必要があるし，その方が消費需要はより拡大していくともいえよう。そのためにも，このまちをこの都市を30年後50年後の社会のありようを想定して，どうしたいのかどうすべきなのかというビジョンのもとで公共政策としてのまちづくり政策は進められるべきである。

　　＊新潟市の調査にあたって，とりわけ，新潟交通株式会社：竹内正喜氏，新潟商
　　　工会議所：羽賀康明氏，また新潟中心商店街協同組合および新潟市役所の方々
　　　には多大なご配慮を頂きました。記して感謝申し上げます。
　　［付記］　本研究は，平成25年度駒澤大学特別研究助成金による研究である。

〈注〉
　1）　政策の方向性として，人口を増加させる，少子化を解消する，消費需要を増やすなどといったことも考えられるが，本章では現状はますます進行していくであろうことを前提に，それでもなお生活の質を維持できる政策の必要性という視点から検討を進めていく。
　2）　コンパクトシティの意義と内容については，さしあたり番場［2013］を参照されたい。
　3）　番場［2013］p.33。

4) 都市機能の郊外化とまちづくり政策の関わりについては番場［2013］を参照されたい。
5) 調整―振興モデルの評価については，番場［2007］を参照されたい。
6) そのため，現在の新潟市の地理的範囲は非常に広いが，本章で「新潟市の都市中心部」として想定しているのは旧来からの新潟市の中心部に相当する現在の行政区分でいえばおおよそ新潟市中央区である。
7) 本章における新潟市の中心市街地内の各地区に関する統計データの抽出にあたっては，原資料となる統計データの調査対象範囲と中心市街地内の各地区の範囲とが完全に一致していない場合がある。
8) 新潟市まちなか再生本部会議［2012］。
9) 原資料は『住民基本台帳』『事業所・企業統計』『商業統計表』『固定資産税額』である。
10) 新潟市中央区自治協議会［2013］。
11) 古町地区は全体としては買回品を中心とした広域型の商店街ということができるが，組織的には8つの商店街組織で構成されている。多くの地方県庁所在地の中心市街地が買回品を中心とした広域型商店街で，最寄品を取り扱う小売商店が少なくコンパクトシティを実現していくなかで人口の回帰が進んでも最寄品が手に入りにくいために「住みにくい」ことが課題となっているが，古町地区は生鮮三品を取り扱うスーパーマーケットだけではなく地域商業も多いという特徴をもつ。
12) 新潟経済社会リサーチセンター［2012］。
13) もともとは新潟交通の所有であったが，現在は三井不動産や新潟三越伊勢丹の所有あるいは管理となっている物件もある。
14) 2005年以前の旧新潟市の範囲である。
15) 新潟市まちなか再生本部会議［2009］，原資料は『商業統計表』である。
16) 新潟市まちなか再生本部会議［2009］。
17) もちろん，交通アクセスの問題だけが消費者の流れを郊外に向かわせる要因ではなく，商品の価格や個店および集積のテナントミックスの相対的な魅力などその要因は多様である。
18) 経済産業省・通商産業省編［各年］。
19) 特定の地域に限定すれば，来街が見込まれる絶対数としての人口は減っていても，リピート率を上げることで来街者数を増やすことは可能であり，また客単価を上げることで市場を確保することは可能である。
20) 新潟県産業労働観光部商業振興課［2014］。
21) 新潟市中央区自治協議会［2013］。
22) コンパクトシティ構想は，数世代にわたる時間的なスパンで取り組まれる政策の方向性である。したがって，分散的に居住し日常の買い物に支障がでているいわゆる買い物困難者への対応などといった直面する問題に対する政策と組み合わせて取り組まれる必要がある。
23) 石原［2014］p.57。
24) 中心市街地の平均面積は161.1haである（産業構造審議会中心市街地活性化部会［2013］pp.20-21）。同部会による提言は，中心市街地が広範になることに関わり，それぞれの中心市街地における特徴を明確にして場合によっては内部を区別して設定する等の必要性に言及している。なお，国の認定を受けた中心市街地活性化基本計画における

主な中心市街地の範囲は，富山市が436ha，青森市が116.7ha，金沢市が860ha，岐阜市が170ha，熊本市が415ha，長野市が200ha，宮崎市が162ha，浜松市150ha，和歌山市186ha，福井市105ha，小樽市180ha，盛岡市218ha，秋田市119ha，大分市145ha，旭川市382ha，静岡市・静岡地区250haである（内閣府・地域活性化統合本部会合HP，2015年1月アクセス）。

〈参考文献一覧〉

石原武政［2014］「商店街の不動産と商店街組織（下）」『流通情報』510，流通経済研究所。
経済産業省・通商産業省編〔各年〕『商業統計表』。
産業構造審議会中心市街地活性化部会［2013］「中心市街地の再活性化に向けて（提言）」，経済産業省HP〈http://www.meti.go.jp/〉。
内閣府・地域活性化統合本部HP
　〈http://www.kantei.go.jp/jp/singi/tiiki/index.html〉。
新潟経済社会リサーチセンター［2012］『平成24年度商店街活性化モデル創出事業　古町周辺地域商店街　空き店舗実態調査報告書』。
新潟県産業労働観光部商業振興課［2014］『中心市街地に関する県民意識・消費動向調査報告書』。
新潟市［2008］「新潟市　中心市街地活性化基本計画」。
新潟市中央区自治協議会［2013］『新潟市民の購買・余暇活動と「新潟市中心市街地」に関する調査報告書』。
新潟市まちなか再生本部会議［2009］『中心市街地関連データ集　新潟市の中心市街地の現状』。
新潟市まちなか再生本部会議［2012］『「新潟市まちなか再生本部会議」報告書』。
番場博之［2007］「調整の時代における小売商業政策の運用体系―政策と構造の連動性の視点から―」『流通』（日本流通学会）21。
番場博之［2013］「地域の再生とまちづくり」佐々木保幸・番場博之編『地域の再生と流通・まちづくり』白桃書房。

（番場　博之）

第9章

生協における移動販売事業の展開とその意義

は じ め に

　深刻化する買物弱者問題の中で，食料品に関わる問題（フードデザート問題）は，食料品が生活に必要不可欠な商品であるという点で，とりわけ対策が急がれる問題である。こうした状況の下，地域生協が行う配食事業や移動販売事業が注目されている。なかでも移動販売は，単に商品を高齢者等に届けるだけでなく，買物の楽しみを経験出来る，近隣住民が集まるきっかけになるなどのメリットがあるとされている。しかし，その仕組みについては十分に明らかにされてはいない。

　そこで本章では，生協の移動販売事業の展開過程ならびにその仕組みを明らかにし，買物弱者問題の対策としての意義と限界を考察する。具体的な分析対象としては北陸3県の地域生協（福井県民生協，コープいしかわ，CO・OPとやま）を選定した。3生協のうち，CO・OPとやまは移動販売に取り組み始めた歴史がもっとも古く，また福井県民生協は移動販売車の台数が全国第2位であり，生協移動販売事業の分析に適していると考えた。

第1節　移動販売事業の全国的な広がりと北陸3生協

1．生協による移動販売事業の展開

　図表9-1は全国の生協が行っている移動販売事業のデータである。これによれば，早いところで2004年（CO・OPとやま），2009年（福井県民生協）頃から取り組みが始まり，その後は2010年（コープさっぽろ，生協共立社（山形）），2011年（7生協），2012年（6生協），それ以降（12生協）と近年，加速度的な広がりを見せている。

　全国の生協のうち，コープさっぽろは73台，福井県民生協は10台をそれぞれ運用しているものの，他の生協は1～2台のところが圧倒的に多い。移動販売に用いられる車両のうち，軽自動車は小回りがきくため，主に市街地の買物弱者支援のために用いられている。軽自動車は積載できる商品の量が少ないものの，店舗に近い市街地で運用すれば商品補充も容易である。小回り，商品補充の両面で，軽自動車は市街地での運用に適しているといえる。

2．北陸3生協の概要

　分析対象である3生協の概要を図表9-2に示した。組合員数は福井県民生協が14万人，コープいしかわが13万人，CO・OPとやまが6万人となっている。組織率は福井生協が51％ともっとも高く，同県内の世帯の過半をカバーしている。コープいしかわは25％，富山は県内に別の地域生協もある[1]ため，15％と比較的低い組織率となっている。

　供給事業の規模も福井生協が191億円ともっとも大きく，コープいしかわが140億円，CO・OPとやまが70億円となっている。3生協は供給事業において，いずれも無店舗事業（共同購入・個配）を事業の中心に据えているが，その比

図表9-1 生協における移動販売車の導入状況

	導入時期 年	導入時期 月	台数 2012 Nov	台数 現在 計	台数 現在 軽
コープさっぽろ	2010	10	40	73	
青森県民生協	2014	2		2	
いわて生協	2012	6	1	4	
生協共立社（山形）	2010	12	4	4	
みやぎ生協	2011	8	2	2	
コープふくしま	2011	11	1	1	
コープあいづ	2012	7	1	1	
いばらきコープ	2011	2	2	2	
コープみらい（千葉）	2013	4		1	
パルシステム千葉	2013	1		1	
生活クラブ生協（千葉）	2012	10		2	(2)
コープながの	2012	7	1	1	
コープあいち	2013	10		1	
トヨタ生協（愛知）	2011	11	2	2	
CO・OPとやま	2004	5	1	1	
コープいしかわ	2014	10		1	
福井県民生協	2009	10	10	10	(2)
大阪いずみ市民生協	2012	6	1	3	
ならコープ	2014	3		1	
コープこうべ	2011	10	2	6	
三井造船生協（岡山）	2014	4		1	(1)
生協ひろしま	2012	4	1	4	
日立造船因島生協（広島）	2012	11		1	(1)
コープやまぐち	2011	5	2	4	
三菱マテリアル直島生協（香川）	2006	3		1	
グリーンコープ生協ふくおか	2012	3	4	4	(4)
コープおおいた	2011	4	2	4	(2)
生協コープかごしま	2013	2		1	
コープおきなわ	2014	4		2	(2)
合計			77	141	(14)
実施生協数			17	29	

(注) 軽：軽自動車
(出所) 日生協プレスリリース2012年10月12日・2014年11月6日およ同内部資料。

重は大きく異なっている。すなわち，福井生協は県内に7店舗を擁し，店舗事業が75億円と全体の40％を占めているのに対し，コープいしかわは1店舗11億円，CO・OPとやまは2店舗3億円であり，店舗事業はそれぞれ8％，4％に

図表9-2　北陸3生協の概要

	福井	石川	富山
組合員	14万人	13万人	6万人
組織率	51%	25%	15%
供給事業（A）	191億円	140億円	70億円
店舗（B）	75億円	11億円	3億円
B／A	40%	8%	4%
店舗数	7店	1店	2店
無店舗	116億円	129億円	67億円

（出所）各生協における聞き取り調査（2015年3月）。

とどまっている。

3．北陸3生協における移動販売開始の経緯

　3生協は移動販売の他にも買物弱者対策を進めてきている。このうち取り組みがもっとも早かったのは福井生協であり，1996年には1号店の開店に合わせて買物バスの運行を開始している。同生協ではさらに2009年，移動販売を開始し，翌2010年には夕食宅配を，2014年には買物代行サービスを相次いで開始し，買物弱者に多角的に支援の手をさしのべている。このうち移動販売については，店舗の展開していない地域の組合員から，「生協の生鮮食品を利用したい」との要望が強かったため，始められたものである。なお，移動販売開始に当たっては，生協から福井県に積極的に働きかけを行い，「集落移動販売システム整備モデル事業」が実施された。これは17の限界集落に対して週1回以上の移動販売を5年間継続して行うことを条件に，車両経費ならびに人件費の一部を補助するというものであった。ただ，利用実績が芳しくなかったことから，補助事業の終了を待ってコースを再編している。

　CO・OPとやまは富山市内に山室店を開店した翌2000年，faxで注文を受けて自宅まで配送するサービスを開始した。しかし，同店自体の経営が思わしくなく，2004年に閉店することになった。開店当初，周辺住民に対して生協への

加入促進を精力的に進めたこともあり，閉店に当たってそのフォローをする必要があった。そこで同生協では車両を購入し，移動販売を開始したのである。その後，買物に不便な地域の組合員からの要望を受け，移動販売の路線を拡大して現在に至っている。同生協ではまた，利用者が店舗で購入した商品を自宅まで配送するサービスを2013年に始めている。

コープいしかわは2013年に買物代行・配送サービスを，翌2014年10月に移動販売を開始した。これらの事業を始めたきっかけは，総代会で「地域に買物難民が増えているので対策を打つべきだ」との意見が多出したことである。

このように，3生協の買物弱者対策は，移動販売，買物代行・配送サービス等を柱として展開されている。ただ，移動販売の取り組みが早かったとやま・福井両生協についていえば，そのきっかけは買物弱者対策というよりむしろ，生協店舗の未展開あるいは撤退した地域の組合員への対策であった。

第2節　移動販売の仕組みと利用者の特徴

1．移動販売の規模と商品構成

（1）　移動販売の実施規模

3生協の移動販売の実施規模を示したのが図表9-3である。いしかわ・とやま両生協が1台であるのに対し，福井生協は大型車2台，軽自動車2台を含む計10台を稼働させている。供給高は福井生協2.9億円，コープいしかわ300万円（稼働107日），CO・OPとやまは2000万円であった。1台当たりでは，福井生協2900万円，CO・OPとやま2000万円，コープいしかわも来年度計画では3000万円を見込んでいる。移動販売はいずれの生協においても店舗事業の一環と位置づけられている。店舗供給高に占める移動販売の割合は福井生協が

図表 9-3　移動販売の実施規模

	福井	石川	富山
供給高（A）	2.9 億円	0.03 億円	0.2 億円
A／店舗供給高	3.9%	0.3%	6.7%
台数（B）	10 台	1 台	1 台
A／B	0.29 億円	0.03 億円	0.2 億円
利用者数	44 人／日台	26.5 人／日	51 人／日
利用者当単価	1,649 円／人日	1,068 円／人日	1,461 円／人日
1 日の売上高	72,500 円／台	28,300 円／台	74,500 円／台

（注1）福井は大型車2台、軽車両2台を含む。
（注2）石川は稼働日107日間の実績。
（出所）各生協における聞き取り調査（2015年3月）。

3.9%，CO・OPとやまが6.7%であり，コープいしかわも来年度目標値は3%となっている。

1日当たりの利用者数は福井生協44人，コープいしかわ27人，CO・OPとやま51人，1人当たり購入金額は福井生協1600円，コープいしかわ1100円，CO・OPとやま1460円となっており，1台1日当たりの売上高は福井・とやま両生協が7万円台であるのに対し，コープいしかわは3万円未満となっている。コープいしかわでは1人当たり購入単価を1350円に引き上げる目標を掲げ，合わせて販売コース・ポイントを再編，拡充する予定で準備を進めている。取り組みの歴史が古い福井・とやま両生協でも採算ベースを割り込んでおり，利用者の購入金額の上昇策を模索している。

(2) 商品構成上の特徴

3生協では無店舗事業として共同購入・個配を行っているが，いずれも冷凍食品や加工食品が主体となっており，生鮮食品や惣菜については対応が遅れている。移動販売はこの隙間を埋める形で刺身，惣菜，半生菓子などの売り上げが比較的高い比率を占めている。

図表9-4は福井生協における商品構成をみたものである。無店舗販売では惣菜を扱っておらず，農産（青果），水産，畜産の構成比が店舗と比べて低い（さ

図表 9-4　販売方法別の商品構成

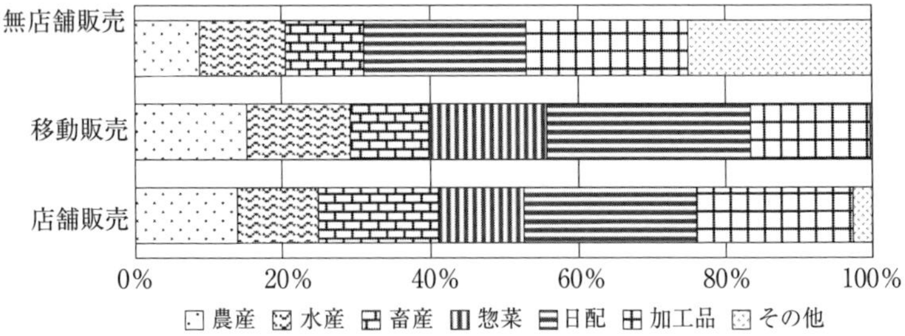

凡例：農産／水産／畜産／惣菜／日配／加工品／その他

（出所）　福井県民生協業務資料（2014年度実績）。

らに内容は冷凍品が中心）。これに対して，移動販売は店舗の構成比と近似したものとなっているが，さらに水産物（刺身など），惣菜，日配品の割合が高いものとなっている。

2. 移動販売の仕組み

（1）　移動販売エリアと販売ポイントの設定方法

　3生協の移動販売のカバーエリアを図表9-5に示した。これによれば，福井生協は県内に8店舗を展開し，また大型車を運用していることから，県内ほぼ全域に移動販売車を走らせている。これに対して，いしかわ・とやま両生協は金沢・富山両市にそれぞれ1，2店舗を持っているだけであり，移動販売車のカバー範囲も両市周辺に限られている。

　続く図表9-6は，移動販売の販売ポイントについてみたものである。これによれば，1日1台当たりの販売ポイントは，利用者個人宅を回る福井生協の軽自動車を除けば，9〜12カ所である。販売ポイントの内訳をみると，福井・とやま両生協は個人宅（に周辺の利用者が集まる形）が6割，会館や公民館が約3割，路上・公園横が1割という構成になっている。コープいしかわは路上・公園横が全体の7割となっており，他生協と大きく異なっている。

図表9-5　移動販売のカバーエリアと店舗等の分布状況

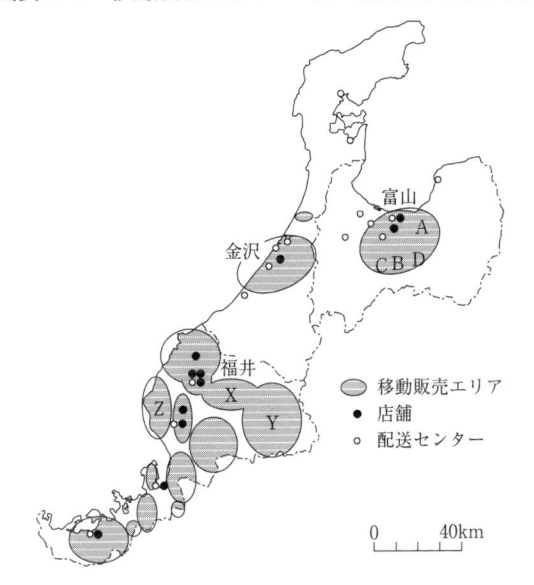

(注)　A～Zは図表9-9の分析地区。
(出所)　各生協業務資料

図表9-6　販売ポイントの数と特徴

		福井			石川	富山
		大型	小型	軽		
販売箇所（1日当）		10	12	45	9	12
特徴	会館・公民館	25%			21%	30%
	路上・公園横	11%			73%	10%
	個　人　宅	64%			6%	60%

(出所)　各生協における聞き取り調査（2015年3月）。

　販売ポイントの設定に当たっては，組合員自身の希望はもちろん，「買物弱者が近所にいる」等の組合員からの情報に基づいて決定している。近年，市町村から移動販売の要請を受けることが多くなっているものの，ルートが固定されがちで，利用実績も上がらないことが多いため，対応していない。だたし，後述するように利用者は高齢者が圧倒的に多く，生協組合員が必ずしも高齢者の

情報を正確にもっているわけではない。そこで，近年では市町村に働きかけて自治会を紹介してもらい，その公認の下で販売ポイントを設定する取り組みが増加している。自治会系統を利用すると，公民館などを利用できるだけでなく，移動販売の日時などを知らせるチラシを配布，回覧してもらえるというメリットも大きい。

なお福井生協では2014年11月，小浜店が開店したのに合わせて11台目の移動販売車を導入し，それまで週1で小浜市周辺しかカバーできていなかった同エリアでの移動販売の拡充を実現している。その際，店舗を無店舗販売の配送センターの隣接地に作り，無店舗販売の担当者に移動販売を兼務させている。こうして各配送エリアの事情に精通した担当者が移動販売も担当することによって，相乗効果を狙っている[2]。

(2) 移動販売の1日のスケジュール

図表9-7に移動販売の1日のスケジュールを示した。3生協に共通して導入されている2t車の場合，朝出勤と同時に店舗から積み込みを行い，10時前後に出発，販売ポイントを回って17時頃に店舗に帰着，生鮮食品などを店内の売り場に戻して終業となる。店舗では戻された惣菜等を値引きしながら売り切っていく。人件費を節約するため，残業をしなくて済むようにすることがスケジュールを組む上でのポイントとなっている。コープいしかわでは積み込みを1時間で終わらせるため，運転手だけでなく店舗の売り場担当者も協力して積み込みを行っている。CO・OPとやまでは前日に担当者が店舗に発注書を提出しておき，朝の積み込みはまず店舗の職員が行い，担当者は10時に出勤し，30分で商品の補充を済ませて出発する。

福井生協の大型車については，運転手2人の交代制によって長時間の稼働時間が可能になっている。まず，1人目の担当者が7時半に積み込みを開始し，10時に出発，昼に午後の担当者が補充用の商品をワゴン車で運んで合流して交代する。午前の担当者はそこでワゴンに乗り換えて帰る。午後の担当者は午後6時半まで販売し，7時に店舗に戻り，残品を店舗に戻すなどして9時に終業となる。軽自動車は市街地内の買物弱者対策に運用しており，朝積み込みを行っ

図表9-7 移動販売車のスケジュール

a) 2t 車

福 井		石 川		富 山	
0830	積み込み開始	0830	積み込み開始	0800	積み込み開始
1000	出発	0930	出発	1000	担当者出勤, 補充
1030	販売開始	1000	販売開始	1030	出発
1630	販売終了	1630	販売終了	1600	販売終了
1700	店舗帰着	1700	店舗帰着	1630	店舗帰着
1730	作業終了	1830	終業	1900	終業

b) 福井県民生協の大型車・軽自動車

大型車（3t 車）		軽自動車	
0730	積み込み開始	0800	積み込み開始
1000	出発	1000	出発
1030	販売開始	1010	販売開始
1300	午後運転手出発	商品補充（2回）	
1300	運転手合流, 補充		
1430	午後販売開始		
1830	販売終了	1530	販売終了
1900	店舗帰着	1540	店舗帰着
2100	作業終了	1630	終業

（出所）　各生協における聞き取り調査（2015年3月）。
（注）　店舗出発から販売開始時刻までの時間は移動距離によって日々異なる。

て出発，すぐに販売を開始し，平均2回，店舗に戻って商品を補充しながら45軒程度の個人宅で販売し，午後3時半に販売終了，すぐ店舗に戻って4時半に終業となる。

　このように，移動販売においては，1日の後半に品揃えが悪くなるという問題があり，商品補充の必要性が認識されているが，福井生協の大型車・軽自動車を除き，3生協とも対応できていない[3]。対策としては，午後の利用者のため前週に予約を取っておく，売れると予想される商品は陰に保管しておく等が行われている。午後は対照的に，売り切りのための安売りが増加することから，価格面でのメリットは出てくる。CO・OPとやまではこうした午前の定価販売・午後の品不足という問題解消のため，各コースの回る順番を定期的に反転

させることも検討したが，毎週決まった曜日の決まった時間に訪問しないと高齢者が混乱する危険性が高いとして実施していない。

(3) 利用者の特徴

移動販売の利用者の特徴を図表9-8からみていく。これによれば，利用者の年齢は組合員証等で確認できない人を含めて，高齢者が圧倒的に多いことが分かる。また，生協の組合員であるかどうかの確認については，福井生協は支払時にポイントがつくようになっているため，利用者の30％は組合員証を提示している。同生協ではさらに，移動販売専用のポイントカードを発行し，組合員証を提示しない利用者にも，利用実績に応じてメリットが得られる工夫をしている。それ以外の利用者でも，生協の組織率が50％である等の理由から，組合員証未提示の利用者の中にも，相当程度，組合員（の家族）が含まれていると同生協ではみている。同居している子供夫婦が組合員であっても，カードの借用あるいは家族カードの発行などの対応を遠慮している高齢者は少なくないからである。いしかわ・とやま両生協の場合，車に搭載しているレジスターがオンライン化されていないこともあり，組合員証の提示を要請していない。コープいしかわでは販売の案内を組合員にしか流していないこともあって，利用者の6割程度は組合員であると見積もっている[4]。

続いて図表9-9は，福井・とやま両生協の計7地区（ルート）について，住民の買物困難度別の割合と，利用・供給実績の対応関係をみたものである。これによれば，買物困難度の高い住民が多く住んでいる福井のZ地区，富山のD

図表9-8　利用者の特徴

	福井	石川	富山
年齢層	60歳以上85％	60歳以上85％以上	50歳以上80％ 障害者施設20％
組合員証	提示でポイント加算 提示割合：30％ （スタンプカード併用）	提示要請せず （手打ちレジ） （組合員60％見込）	提示要請せず （手打ちレジ）

（出所）　各生協における聞き取り調査（2015年3月）。

図表 9-9　買物困難度別利用者分布と利用・供給実績（2012年10月）

		買物困難度 低←→高				訪問日数	利用者数	供給高	1人当たり
		Lv.1	Lv.2	Lv.3	Lv.4	日/週	人/日	円/日	円/人日
福井	X地区	10	30	40	20	1.2	45	67,000	1,489
	Y地区	10	30	40	20	1.5	41	66,000	1,610
	Z地区	0	20	40	40	1	59	90,000	1,525
富山	A地区	50	10	30	10	2	35	54,000	1,543
	B地区	30	30	20	20	2	39	50,000	1,282
	C地区	20	30	10	30	1	35	44,000	1,257
	D地区	10	10	70	10	2	56	87,000	1,554

（出所）　各生協における聞き取り調査（2012年12月）。
（注1）　福井県民生協は販売ポイントによって週当たりの訪問日数が異なる。
（注2）　買物困難度：Lv.1＝子供世帯と同居する等不便なし，Lv.2＝近距離に店舗ないし自動車運転可能だが利用希望，Lv.3＝公共交通機関はあるが不便，Lv.4＝足が不自由あるいは公共交通機関がない。

地区は，1日当たりの利用者数，供給高ともに高い値を示している。ただし，1人当たりの利用金額は必ずしもそれ以外の地区と比較して多いわけではない。また，福井Z地区，富山C地区のように，週1回しか回って来なくても，利用高が他地区に比べて大きいという傾向も確認出来ない。このように，買物困難度が高い地区において1人当たりの利用高が高い訳ではなく，その実績は困難度の高い地区での利用者の多さに依っている。このことからは，買物困難な地域でも人口密度の低い地域については，移動販売を軌道に乗せることは難しいということが示唆されるのである。

第3節　生協移動販売事業の意義

以上，明らかにしたように，生協の移動販売事業は買物弱者への買物機会提

供という点で大きな意義を有しているといえる。しかし，移動販売は必ずしも買物弱者対策として始まったものではなく，現在でも同対策に純化して展開しているわけでもない。

　また，買物弱者がいるところすべてに移動販売が行き届いているわけでもない。1つには，店舗事業と不可分な事業であり，また運転手の勤務時間という上限もあるため，店舗所在地から一定の距離までしか行くことが出来ないからである。もう1つは，あくまでも経済事業であるため，利用者の密度が低下する山間僻地に際限なく入り込んでいくことは出来ない，ということである。山間部に昔から居住している住民はもともとから小売店舗が近くにない生活に慣れていて，移動販売を行っても利用度が低い傾向もあり，移動販売を限界集落的なところまで広げられない要因となっている。

　このように移動販売は，比較的都市部に近いか都市内部であって，利用していた小売店舗が廃業・撤退して不便になった地域にもっとも適した事業方式なのであって，それよりも遠隔の地域には広がりにくいという限界をもっているのである。店舗をごく少数しか展開していない生協の場合は，さらに販売エリアは限定される。ただ，今後の展開方向として検討されるべきは，生協自身が行っている無店舗販売との連携強化である。各生協とも県内各地に無店舗販売の配送センターを保有し，そこを拠点として配送網を構築している。移動販売が店舗発着とならざるを得ないことは宿命としても，2次拠点として無店舗販売の配送システムを活用すれば，より広域，遠隔地での移動販売も可能となるのではないだろうか。

〈注〉
1) 富山県にはほかに富山県生協があり，購買事業のほか介護事業や弁当宅配の事業を展開している。
2) こうした取り組みは同生協が近年進める「事業ネットワーク」戦略に基づいて生まれたものである。同戦略はこれまで縦割りだった無店舗，店舗，共済等各事業を横断的に連携させることによって組合員満足度を高めようとするものである。なお，コープいしかわでも，移動販売の担当者がかつて無店舗の配送を担当しており，移動販売に転じた後も，当時の担当地区には既知の組合員が多く，業務がより円滑に行えているという。
3) CO・OPとやまでは2008年頃に商品補充を行っていたが，費用が嵩むことから1年弱で中止している。

4) 生協には消費生活協同組合法および同施行規則によって員外利用が規制されている。山間僻地への食材提供の場合，許可を得れば組合員利用分量の20%までなら員外利用が認められる。3生協とも移動販売は店舗事業の10%未満であり，購買事業全体に占める移動販売の割合はさらに小さいものとなるので，員外利用が20%を超えることはないと考えられる。

〈主要参考文献〉

石飛猛・神山義久［2015］「沖縄市における移動販売等とともに高齢者を見守る活動に関する報告―コープおきなわによる事例―」『美作大学・美作大学短期大学部紀要』Vol.60, pp109-124。

岩間信之編［2011］『フードデザート問題―無縁社会が生む「食の砂漠」―』農林統計協会。

杉田　聡［2013］『「買い物難民」をなくせ！消える商店街，孤立する高齢者』（中公新書ラクレ）。

薬師寺哲郎［2015］『超高齢社会における食料品アクセス問題―買い物難民，買い物弱者，フードデザート問題の解決に向けて―』ハーベスト社。

（坂爪浩史・佐久山拓造）

第 10 章

地方都市における格差社会の現状
―沖縄を事例として―

はじめに

　2015年沖縄県は1972年の本土復帰から43年目をむかえた。復帰以降，本土との格差是正や自立的発展のために多額の振興予算が投じられたこと，本土資本の導入が今日の沖縄経済の発展に大きく寄与していることは言うまでもない事実である。

　本県は入域観光客の増加や全国的な人口減少の中，人口増加という一面がある一方で，全国一の失業率の高さ，県民所得や最低賃金の低さも全国一という現実がある。それは沖縄県経済が戦後米国の施政権下であるという他県とは異なった歴史的事情のもと形成された経済構造と，1990年代以降のバブル経済崩壊後，進められた様々な規制緩和の影響により作り出されている。このような失業率の高さや県民所得の低さといった点は，当然，消費と直結する問題であり，その消費と密接に関連している流通にも大きな影響を及ぼしていると考えられる。

　本章では，このような沖縄県経済の特殊性と格差の実態，そしてそのことと消費や流通との関係について考察してみたい。そこで，まずは，沖縄県における産業構造について歴史的事情からみていくことでその特殊性を明らかにして

いく。次に，この産業構造の特殊性が，沖縄都市経済をどのように形成しているのか，流通にどのような影響を与えているのかをみていくことにする。

第1節　沖縄県における産業構造の特殊性

1．沖縄県経済の発展の経緯

　わが国では幾多の戦争を経験するなかで，沖縄に土木建築事業，基地や飛行場建設などが進められ要塞基地となっていった。1945年には終結を迎えたが，沖縄は米軍に政治も経済活動もその統治下におかれることになった。自由な企業活動が制限され，そのような状況は1948年まで続き，再開後も統治下には変わりなく，米国による間接統制体制は1972年の本土復帰まで続いた。

　本土復帰を契機に，これまでの米国統制下によってもたらされた本土とのさまざまな格差是正の解消に向けて，国主導による4次にわたる「沖縄振興開発計画」（以下「計画」を略す）が実施された。1972年から2001年までの30年間においては，沖縄振興開発特別措置法[1]のもとで，主に「本土との格差是正」を大きな目的として実施された。2002年の第4次「計画」からは主として「民間主導の自立型経済の構築」を目指して実施され，2012年からの現行計画「沖縄21世紀ビジョン基本計画」は，「改正沖縄振興特別措置法」による新たな沖縄振興を県主導のもとスタートしている。

　この第4次にわたる「計画」は，沖縄県の人口や産業の，とりわけ観光産業の振興に大きく貢献している。まず，沖縄県の人口推移[2]をみると，1972年復帰時には998,627人であったものが，1982年には1,128,890人へと増加し，2000年代に入り130万人台へ，そして2011年に1,401,933人，2014年10月時点で1,422,534人にまで増加しており，沖縄県経済を支える大きな要素の1つとなっている。全国の人口増減率と比較しても，沖縄県は1位の高さとなって

いる（2012年時点）。

　他方，沖縄県における入域観光客数と観光収入の推移は図表10-1のようになっている。1975年の国際海洋博覧会の開催，92年には首里城公園の開園，97年にはパッケージツアーの低価格化の実現，2000年にはG8サミット開催などを経て，右肩上がりの増加となった。その後2001年のアメリカ同時多発テロの影響が若干見られたものの，2007年は入域客累計が1億人を突破するに至った。その後も，長期化する景気低迷の中，新型インフルや東日本大震災の影響もあり，観光収入が落ち込んだがここ近年には回復の傾向となっている。

　しかし，このような経済的な発展に向けた「計画」が推し進められる一方で，依然として解消されなかったのが基地問題である。沖縄県によると，沖縄県内にある米軍専用施設数は33であり，施設面積は23,176.3haで県土面積に占める割合は10.2％，米軍専用施設面積は22,807.5haで在日米軍専用施設の73.8％が依然として集中している現状がある（2012年3月31日現在）。

　図表10-2をみると，復帰時の1972年には県民総所得が5,013億円であり，基地関連収入が777億円（米軍等への財・サービスの提供414億円，米軍基地

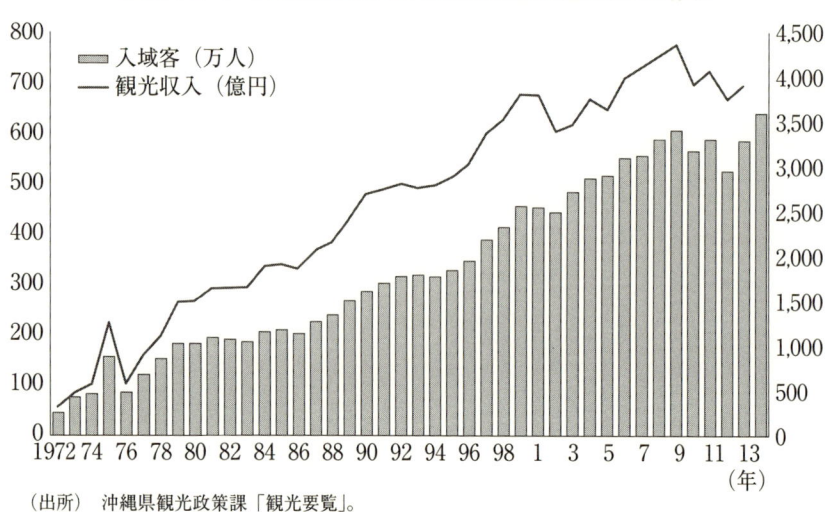

図表10-1　沖縄県における入域観光客数と観光収入の推移

（出所）沖縄県観光政策課「観光要覧」。

図表10-2　沖縄県における県民総所得および県民総所得に占める基地関連収入の割合

年	県民総所得（億円）	基地関連収入割合（%）
1972	5,013	15.5
1980	15,647	7.1
1990	29,051	4.9
2000	37,459	5.2
2005	38,717	5.2
2009	39,499	5.2
2010	39,490	5.3
2011	39,923	4.9

（出所）沖縄県知事公室基地対策課「沖縄の米軍及び自衛隊基地（統計資料集）」(2014年3月) より作成。

からの要素所得が240億円)[3)]であったため，県民総所得に占める基地関連収入の割合は15.5％となっており，非常に高い基地依存体質をあらわしていたが，1980年代半ば以降から5％台まで低下し，2011年には4.9％となっているが，基地依存には変わりはないのである。

2．沖縄の都市経済の特殊性

前項において，沖縄県経済の発展の経緯についてみてきたが，ある意味，特殊事情を抱えながら成長発展している反面，それが沖縄という都市経済においては特殊性を作り出しているという現実がある。それらは，完全失業率の高さや県民所得の低さといった全国と比較すると特徴的な指標を示すに至っている。これらについて以下でみていくことにする。

まず，沖縄県及び全国における完全失業率の推移をみていこう。内閣府「国民経済計算」をもとに，復帰後の4次にわたる国主導の「計画」との関連でみると，第1次「計画」期間の初期の段階では復帰にともなう様々な開発，中でも1950年の国際海洋博覧会の開催にむけた開発によって全国との差は2ポイント前後であったものが，2度のオイルショックという不況のあおりをうけ

1977年には全国で2.0％であったものが沖縄県では6.8％と4ポイントの差がついていた。第2次「計画」期間に入ると，円高不況と大型投資が功を奏し全国との開きはやや縮小されていた。第3次では，1990年代に突入するとバブル経済崩壊とともに，本県の失業率は右肩上がりで上昇していった。第4次，第5次の2000年代に入ると平成不況のもと全国との差は維持しつつも2013年時点では全国4.0％に対して，沖縄県は減少してきたとはいえ5.7％で，依然として全国1位の高さとなっている。

次に，「就業構造基本調査」（沖縄県）から産業別就業者数の推移をみると，沖縄県も例外なく，第3次産業への従事者が最も高く，1972年復帰当初も約6割が従事していた。全国平均が70.6％に対し，沖縄県は79.2％と全国2位の高さとなっている。それに対して，第2次産業への就業者数比率は15.4％（全国25.2％）と最下位の低さであり，とりわけ製造業は4.8（全国16.1％）と最下位，一方，建設業は9.2％（全国7.5％）と全国6位の高さとなっている（2010年時点）[4]。

図表10-3は沖縄県における15歳以上人口の就業状態を産業大分類別にみた

図表10-3　産業大分類別有業者数の状況（沖縄県）

(単位：千人)

	2007年	2012年	増減率（％）
産業	634.1	650.8	16.7
農業，林業	26.7	31.2	4.5
漁業	2.7	2.6	△0.1
建設業	67.5	66.8	△0.7
製造業	35.7	33.4	△2.3
情報通信業	15.5	12.0	△3.5
運輸業，郵便業	33.8	32.5	△1.3
卸売業，小売業	114.2	96.4	△17.8
金融業，保険業	12.6	14.9	2.3
学術研究，専門・技術サービス業	19.1	19.3	0.2
宿泊業，飲食サービス業	56.4	52.5	△3.9
生活関連サービス業，娯楽業	27.3	28.5	1.2
教育，学習支援業	36.4	35.5	△0.9
医療，福祉	69.7	87.4	17.7
複合サービス事業	4.7	5.7	1.0
サービス業（他に分類されないもの）	42.6	53.9	11.3

（出所）　沖縄県企画部統計課「就業構造基本調査（2012年度）」より作成。

ものである。2007年と比較すると，2012年10月1日現在で沖縄県の15歳以上人口（115万7,000人）のうち，約65万1,000人が有業者であり，約1万7,000人の増加となっている。そのうち，「卸売業，小売業」が9万6,000人（有業者に占める割合14.8％）ともっとも多くなっているが，5年前と比較すると，1万8,000人の減少となっている。

また，図表10-4の雇用者（役員を除く）雇用形態別の状況をみると，「正規の職員・従業員」が29万6,000人と雇用者（役員を除く）に占める割合は55.5％と多いが，5年前と比較すると，5,000人減少しており，逆に「非正規の職員・従業員」は増加している。産業別にみると，「卸売業，小売業」で約1万人の「正規の職員・従業員」が減少している。

このような状況ではあるが，前項で触れた1990年代より進められた第3次振興開発計画で情報通信産業振興地域制度の創設や沖縄振興開発特別措置法の大幅な改正などが取り組まれたことにより，情報通信関連企業が大きな躍進を示している。コールセンターやソフトウェア開発業による約40社の進出から始まり，2012年には263社で23,741人の雇用を創出する産業にまで成長してい

図表10-4　雇用形態別状況（沖縄県）

（単位：千人）

	2007年			2012年		
	雇用者（役員除く）	うち正規の職員・従業員	うち非正規の職員・従業員	雇用者（役員除く）	うち正規の職員・従業員	うち非正規の職員・従業員
総数	508.4	301.2	207.2	533.5	296.0	237.5
建設業	52.5	37.6	14.9	52.5	35.7	16.8
製造業	27.8	17.0	10.8	26.9	17.0	9.9
情報通信業	17.2	10.3	6.9	10.7	6.7	4.0
卸売業，小売業	92.7	42.9	49.8	79.0	32.2	46.8
金融業，保険業	11.7	8.0	3.7	13.9	9.7	4.2
学術研究，専門・技術サービス業	―	―	―	14.3	11.0	3.3
宿泊業，飲食サービス業	40.3	13.3	27.0	43.1	12.5	30.6
生活関連サービス業，娯楽業	―	―	―	20.1	9.7	10.4
教育，学習支援業	33.5	22.9	10.6	31.9	19.9	12.0
医療，福祉	65.9	43.0	22.9	82.3	49.6	32.7
複合サービス事業	4.7	2.9	1.8	5.8	3.1	2.7
サービス業（他に分類されないもの）	72.2	39.1	33.1	47.0	21.2	25.8

（出所）沖縄県企画部統計課「就業構造基本調査（2012年度）」より作成。

る[5]。

　さらに，図表 10-5 の職業形態別の状況をみると，この情報通信関連企業の大きな成長が確認できる。全体としては「事務従事者」が最も多く（12万2,000人），ついで「専門的・技術的職業従事者」と「サービス職業従事者」（各々9万6,000人），「販売従事者」が8万人となっている。2007年と比較すると，「専門的・技術的職業従事者」や「サービス職業従事者」は増加しているものの，「販売従事者」は減少している。この販売従事者について，図表 10-4 で示されていた「卸売業，小売業」における雇用者の大幅な減少とも関連しているものである。

　以上のような，沖縄県の産業構造とそこでの就業者状況をみると，図表 10-6

図表 10-5　職業形態別にみた状況（沖縄県）

(単位：千人)

	2007年	2012年	増減率（％）
職業区分	634.1	650.8	16.7
管理的職業従事者	15.6	12.7	△2.9
専門的・技術的職業従事者	90.1	96.3	6.2
事務従事者	120.9	121.6	0.7
販売従事者	85.3	79.6	△5.7
サービス職業従事者	91.2	96.3	5.1
保安職業従事者	14.9	17.0	2.1
農林漁業従事者	30.2	33.0	2.8
生産工程従事者	54.3	54.1	△0.2
輸送・機械運転従事者	27.8	29.1	1.3
建設・採掘従事者	46.6	43.1	△3.5
運搬・清掃・包装等従事者	42.6	44.2	1.6

（出所）　沖縄県企画部統計課「就業構造基本調査（2012年度）」より作成。

図表 10-6　全国及び沖縄県における1人当たり県民所得の推移

(単位：千円)

年	1972	1982	1992	2002	2012
沖縄県（1人当たり県所得）	418.6	1,363	2,057	2,059	2,035
全国（1人当たり国民所得）	720.8	1,898	3,083	3,055	2,972
所得格差	58.1	71.8	66.7	67.4	68.5

（注）　所得格差＝1人当たり県民所得／一人当たり国民所得×100
（出所）　内閣府「県民経済計算」（2012年）より作成。

のように，沖縄県における1人当たりの県民所得の低さをもたらしている要因になっていることがわかる。

第2節　沖縄県における小売業の発展の経緯

1. 復帰以前と復帰後の状況

　前節では，沖縄県における他県とは異なった産業構造の特殊性について考察してきたが，本節では沖縄県における主要産業の1つである流通，とりわけ小売業に関してその発展の経緯について整理していくことにする。主要産業とはいえ，年々数値としては減少傾向にはあるが，後述するように近年大手チェーンによる大型店の出店やコンビニエンスストアの展開は目覚しいものである一方で，伝統的な商店街は衰退の一途をたどっているという現状がある。これらの動きについて，どのような形で変化してきているのかの考察を行うことにする。

　まず，本土復帰以前の状況からみていくと，本県での流通の本格的な展開は，1930年に山形屋呉服店が県内初の百貨店へと事業転換を行い，正札制度，陳列式販売等導入していったのが，始まりであると考えられている[6]。その後は戦争と戦後の米国政府の統制下のもと，全国各地にもみられたヤミ市が県内各要衝地点に設置され，賑わいをみせはじめることになった。しかし，本格的な現代のような流通はまだ存在しなかった。なぜなら1948年までは米国の統制下のもと，自由企業制が認められなかったためである。その後，48年の自由企業制の再開により，現在の百貨店やスーパーといった業態や自然発生的な商店街の誕生の契機が生まれ，多くの商業活動が活発化していくのであった。

　時系列的にみていくと，1948年に現在の丸大の前身が南風原町に大城商店として開業したことに端を発し，翌年には野嵩商店（現ユニオン）が宜野湾市に，

1950年には沖縄山形屋が那覇市に現地法人化をし百貨店に業態変換を行い,同時期には現宮古島市にあたる平良市でオリタ商店が開業した。1957年には後の沖縄三越の前身である大越百貨店が那覇市にオープンし,1970年になるとオリタ商店が沖縄本島に進出し,セルフサービス方式の総合衣料品店サンエーを那覇市で開業したのであった。1970年代中ごろ,プリマート(現在のイオン琉球)というスーパーが事業を展開し始めた。いずれにしても,戦後に沖縄県の流通業は飛躍的に発展し,とくに沖縄中南部地域を中心に展開され,これ以降の沖縄経済の発展に大きく貢献することになるのである。戦後の沖縄経済は米軍の基地に支えられて成長した結果,統治者の製造業への消極姿勢のため第2次産業の脆弱体制が生まれ,県民生活はある程度軍事関連業務に参加し,そこに生活の糧を求めることで事足りるというものとなり,小売業は弱小資本で手軽に経営が可能であり,当初は特に経営上の革新も人的資源開発の必要性もかなり低かったという歴史的な問題がある[7]。

次の大きなターニングポイントは,1972年の本土復帰である。本土復帰により,本土から多くの流通資本が導入され,飛躍的な発展を遂げることになる。とりわけ,スーパーマーケットとコンビニエンスストアが成長発展していった[8]。

まずは,復帰前に設立した地元商店によるスーパーマーケット業界への参入があげられる。大城商店の「ファミリープラザ丸大」,野高商会の「フレッシュプラザユニオン」,金秀商事の「タウンプラザかねひで」などを挙げることができる。また,地元百貨店と本土資本との共同出資によるスーパーマーケットの展開がある。戦後,沖縄では日本本土を含めた外国との貿易が禁止されていたが,1946年に米国政府の一機関として琉球貿易庁が設立されたことを契機に貿易事業が開始され,黒糖等などが輸出されていた。この貿易事業を行っていた会社が,自由企業制の再開とともに,業態を転換し百貨店経営に乗り出していた。それが「リウボウ」であった。このリウボウ百貨店が1980年代に,西友との共同出資によって「リウボウストアー」を展開した。

さらに,1975年には本土資本であるダイエーがいち早く進出を行った(2005年には全店が撤退)。1990年代に入ると,沖縄ジャスコが展開を始め,プリマ

ートと合併し，2011年にはイオン琉球として新たな展開を始めた。
　一方のコンビニエンスストアの進出は，1987年にリウボウとファミリーマートが出資を行い，沖縄ファミリーマートとして事業を始めた。ローソンは，ファミリーマートの進出からかなり遅れて，1997年に進出をし，2009年に地場スーパーのサンエーと合弁会社をつくり，ローソン沖縄として躍進を遂げている。

2．沖縄県経済における位置づけと小売業の実態

　東京商工リサーチ沖縄支店が毎年公表している「沖縄県内企業売上高ランキング100」の上位10位までを図表10-7は示したものである。上位100社で売上高が2兆1,184億5,600万円と前年に比べ約4％増加しており，4年連続で最高額を更新している。同社の分析によれば，県内人口や観光客の増加，消費税増税前の駆け込み需要を背景に，小売業や飲食業などが好調に推移しており，上位10社の合計総額9,734億7,500万円は全体の46.0％を占め，沖縄県内の景気は非常に良い状況にあるが，大手と中小企業の格差も生じている。上位10社の中に，地場資本のスーパーマーケットである「サンエー」と「金秀商事」，「イオン琉球」そして「沖縄ファミリーマート」の4社がランクインしている。
　また，帝国データバンク沖縄支店による調査（図表10-8）でも，沖縄県内企業の2000年から2009年度の売上高推移をみると，建設業や卸売業では前年度比では若干の減少が見られるが，製造業は2009年度には前年度と比較すると4.2％減少しており，2006年度比で66％の水準にまで落ち込んでいる。一方，小売業は前年度比でみると1.5％増加しており，堅調な伸びを示している。
　図表10-9は，沖縄県における小売業の推移を示したものである。本県においても，1982年をピークに事業所数は減少傾向にある一方で，従業者数や年間商品販売額は増加傾向にあり，売場面積の拡大もみられる。しかし，直近のデータをみると，全国的に長引く不況と2008年以降のリーマンショックによる景気や雇用に対する先行き不安により，個人消費が低迷したことを受け，本県小売業も打撃を受け，事業所数はもちろんのこと，年間商品販売額の減少がみら

図表 10-7 「沖縄県内企業売上高ランキング 100」の上位 10

順位	2011年 商号	当期売上高(百万円)	対前年比(%)	2012年 商号	当期売上高(百万円)	対前年比(%)
1	南西石油	220,393	31.2	南西石油	237,845	7.9
2	沖縄電力	150,896	△0.6	沖縄電力	157,886	4.6
3	サンエー	140,242	2.9	サンエー	142,345	1.5
4	沖縄徳洲会	87,505	59.2	沖縄徳洲会	94,740	8.3
5	金秀商事	64,587	0	金秀商事	661,422	2.4
6	イオン琉球	61,847	2.7	イオン琉球	63,176	2.1
7	りゅうせき	50,075	7.6	りゅうせき	54,201	8.2
8	沖縄セルラー電話	45,055	△0.9	沖縄セルラー電話	47,773	6.0
9	沖縄ファミリーマート	41,084	3.0	沖縄ファミリーマート	43,260	5.3
10	日本トランスオーシャン航空	39,622	△0.7	日本トランスオーシャン航空	39,492	△0.3
	上位100社合計	1,965,615	7.4	上位100社合計	2,027,495	3.5

順位	2013年 商号	当期売上高(百万円)	対前年比(%)	2014年 商号	当期売上高(百万円)	対前年比(%)
1	南西石油	224,967	△5.4	南西石油	202,289	△10.1
2	沖縄電力	158,911	0.6	沖縄電力	172,059	8.3
3	サンエー	144,979	1.9	サンエー	153,368	5.8
4	沖縄徳洲会	99,351	4.9	沖縄徳洲会	103,671	4.3
5	金秀商事	66,672	0.8	イオン琉球	67,604	3.5
6	イオン琉球	65,312	3.4	金秀商事	65,940	△1.1
7	りゅうせき	56,690	4.6	りゅうせき	64,480	13.7
8	沖縄セルラー電話	50,439	5.6	沖縄セルラー電話	53,245	5.6
9	沖縄ファミリーマート	45,854	6.0	沖縄ファミリーマート	49,443	7.8
10	日本トランスオーシャン航空	39,722	0.6	ピーチタイム	41,376	12.2
	上位100社合計	2,041,281	1.8	上位100社合計	2,118,456	3.8

(注1) 銀行など金融機関，損保は除外。
(注2) 1月期〜12月期で集計。
(出所) 東京商工リサーチ沖縄支店より作成。

図表 10-8　沖縄県内企業の売上高推移（2000 年度～ 2009 年度）

（単位：百万円，%）

年度	全産業 売上高	全産業 前年度比	建設業 売上高	建設業 前年度比	製造業 売上高	製造業 前年度比	卸売業 売上高	卸売業 前年度比	小売業 売上高	小売業 前年度比
2000	4,913,645	—	1,040,656	—	535,616	—	1,142,552	—	727,233	—
2001	4,850,967	98.7	984,341	94.6	527,240	98.4	1,114,587	97.6	754,662	103.8
2002	4,908,718	101.2	989,712	100.5	524,241	99.4	1,097,571	98.5	756,266	100.2
2003	4,990,612	101.7	1,003,343	101.4	475,996	90.8	1,122,563	102.3	746,206	98.7
2004	4,962,762	99.4	974,888	97.2	497,765	104.6	1,137,260	101.3	749,216	100.4
2005	5,096,271	102.7	972,885	99.8	518,842	104.2	1,153,905	101.5	780,195	104.1
2006	5,136,098	100.8	919,501	94.5	542,030	104.5	1,154,913	100.1	807,054	103.4
2007	5,219,626	101.6	898,981	97.8	537,573	99.2	1,189,591	103.0	820,031	101.6
2008	5,080,584	97.3	870,832	96.9	376,406	70.0	1,167,789	98.2	839,132	102.3
2009	4,985,221	98.1	847,089	97.3	360,588	95.8	1,134,376	97.1	851,346	101.5

（注1）帝国データバンク企業概要データベースに収録されている全社（金融機関除く）を対象としたもの。
（注2）各年4月～3月決算。
（出所）帝国データバンク沖縄支店。

図表 10-9　沖縄県の小売業推移

年次	事業所数	従業者数（人）	年間商品販売額（百万円）	売場面積（m²）
1972	20,421	44,972	35,599	592,785
1974	21,129	44,712	231,065	585,687
1976	22,579	51,098	354,695	734,256
1979	23,130	54,426	421,447	848,197
1982	23,696	62,783	587,606	958,409
1985	21,843	64,246	702,782	984,893
1988	21,983	69,161	733,673	1,060,025
1991	21,492	70,938	898,976	1,200,796
1994	20,095	75,969	987,986	1,291,049
1997	17,904	69,959	963,453	1,251,713
1999	17,945	75,135	985,002	1,249,658
2002	16,834	78,784	1,028,227	1,394,725
2004	16,023	80,193	1,015,790	1,494,428
2007	14,970	80,053	1,107,843	1,577,633
2012	13,106	79,635	948,996	1,221,139

（注）沖縄県の1972年の年間販売額は3カ月分である。
（出所）商業統計調査，2012年は経済センサス。

182 第Ⅲ部 地域をめぐる格差と流通

図表 10-10 消費関連指標（沖縄県）

年	勤労者世帯 可処分所得（百円）	勤労者世帯 増減率（％）	勤労者世帯 家計消費支出（百円）	勤労者世帯 増減率（％）	大型小売店販売額（百貨店・スーパー）実数（全店）（百万円）	大型小売店販売額（百貨店・スーパー）増減率（既存店）（％）
1972	…	…	…	…	6,418	62.4
1975	1,934	31.1	1,451	29.0	15,803	146.2
1980	2,182	12.8	1,766	21.7	18,100	14.5
1985	2,756	26.3	2,090	18.3	21,564	19.1
1990	3,324	20.6	2,502	19.7	24,712	14.6
1995	3,401	2.3	2,575	2.9	34,281	38.7
2000	3,246	△4.6	2,313	△10.2	135,395	295.0
2005	3,112	△4.1	2,206	△4.6	142,723	5.4
2010	3,300	6.0	2,515	14.0	133,257	△6.6
2011	3,386	2.6	2,373	△5.6	135,029	1.3
2012	3,574	5.5	2,474	4.3	141,471	4.8
2013	3,312	△7.3	2,540	2.7	159,146	12.5

（注1） 大型小売店販売額の増減率は，既存店（調査年において当年と前年で存在した事業所）の比率である。
（注2） 大型小売店販売額の1995年以前の数値は，百貨店販売額である。
（出所） 沖縄県「家計調査」，経済産業省「商業販売統計年報」，沖縄銀行「おきぎん調査月報」

れる。図表10-10は沖縄県における消費関連指標を示したものである。県民1人当たりの所得は低いものの，勤労者世帯1世帯当り年平均1カ月間の可処分所得及び家計消費支出は，若干の増減を繰り返しながらではあるが，ほぼ横ばいで推移している。

第3節　大型店の発展と地域間問題

1．大型店の発展

全国的な動きと同じく，本県でも小売業の事業所数の減少と売場面積の拡大

がみられる。県内の小売業の店舗規模は，1980年から90年代に多くが近隣型あるいは小型店舗での営業が主であった。その後，90年代以降の規制緩和の影響を受け，本県内でも，大型店の出店がみられるようになってきた。なかでも2000年以降（2001年～2014年）の大型店の出店状況を経済産業省届出（1,000 ㎡以上）の数値をみると，サンエー 37店舗，イオン琉球 36店舗，家電量販店7店舗，ホームセンター 15店舗をはじめ，他地元スーパーやコープなども出店が見られ，そのうち10,000㎡以上の広域型ショッピングセンタータイプの店舗も10店舗みられる。代表的なものとして，2002年にサンエーが約32,000㎡（那覇市郊外），2015年にイオンモールが（中城／北中城市郊外）に約160,000㎡をオープンした。

こうした大型店の動向は，図表10-11の内閣府沖縄総合事務局調査「沖縄管内大型小売店舗販売動向」をみてもわかるように，2008年以降は全国で対前年比がマイナスか約2％程度で推移しているのに対して，沖縄県では4～9％のプラスで推移している。

これら大型店の展開は，本県の特徴の1つである基地とも大きく関係している。それはこれら大型店が基地返還跡地に都市計画の1つとして建設され，新しい商業地やまちとしての機能の一旦を担っているというのである。

図表10-11 沖縄管内大型小売店舗販売動向

	沖縄（単位：百万円，％）			全国（単位：億円，％）		
	店舗数	販売額	前年同月比	店舗数	販売額	前年同月比
2008年9月	38	10,674	△4.4	4,503	15,583	△2.2
2009年9月	39	10,926	0.9	4,634	14,936	△4.2
2010年9月	40	10,493	△4.1	4,695	14,781	△1.1
2011年9月	40	10,593	1.0	4,985	14,725	△2.5
2012年9月	42	11,582	9.3	5,068	14,707	△0.1
2013年9月	45	12,270	5.9	5,236	15,060	1.7
2014年9月	47	13,587	10.7	5,333	15,308	1.7

＊大型小売店は，従業員50人以上の小売店であって，次のいずれかに該当するものである。
(注1) 百貨店：日本標準産業分類百貨店のうち次のスーパーに該当しない商店であって，かつ売場面積が1,500㎡以上の商店。
(注2) スーパー：売場面積の50％以上についてセルフサービス方式を採用している商店であって，かつ，売場面積が1,500㎡以上の商店。
(出所) 内閣府沖縄総合事務局経済産業部「沖縄管内大型小売店販売動向」（2014年）。

1996年に県が「国際都市形成構想」を提示したが，その前提条件として県内に存在する多くの米軍基地施設を将来的に計画的・段階的に返還を求める「基地返還アクションプログラム」の実現に向けて取り組みがなされている。2009年までに返還された用地は，主に土地区画整理事業や土地改良事業などの公共事業や民間による開発が進められた。具体的には，那覇市の那覇新都心地区に官庁，金融機関そして大型商業施設，小禄金城地区（旧那覇空軍海軍補助施設）に住宅地，商業施設が，さらに北谷町桑江・北前地区（旧ハンビー飛行場等）に大型商業施設が建設され，新しい商業地，まちとして大きな発展にながっているのである[9]。

　このような大型店出店によるまち，地域の変化と消費者の買物動向について，3年ごとに沖縄県が調査を行っている。「沖縄県買物動向調査」である。以下では，この大型店出店による消費者の買物行動がどのように変化しており，それが地域にどのような影響をもたらしているのかについてみていくことにする。

2. 沖縄県内における地域間格差の問題

　図表10-12は買物動向調査による状況を表している。これは，買回品6品目（婦人服，紳士服，子供服，呉服・家具，シャツ・下着類，くつ・かばん）の平均買物出向比率[10]を用い，買回品における吸引元自治体の購買人口及び吸引力指数を算出し，県内購買人口の上位を抽出したものである。

　前回調査と比較すると，購買人口が増加したのは，宜野湾市で33,938人と最も多く，ついで那覇市の14,947人となっている。宜野湾市では，サンエーが大型商業施設をオープンさせ，隣接にドン・キホーテなどが開業したこともあり大きな増加となっている。一方，減少したのは北谷町で23,034人と最も減少数が大きく，ついで南風原町9,805人となっている。前項でみたように，那覇市や北谷町で開発が先行していたため，これらの地域に買物客が集中していたものが，新しく開発されてきた地域へ分散している状況がみられる。また，図表には上位市町村しか明記していないが，八重瀬町が2010年調査時では全体の25位であったものから今回は16位へと上昇してきている。宜野湾市と同様に，

第 10 章　地方都市における格差社会の現状　—沖縄を事例として—　185

図表 10-12　主要市町村における購買人口等（買回品総合）

市町村名	2014年度調査					2010年度調査				
	購買人口(人)	行政人口(人)	吸引力指数	地元購買率(%)	1次商圏自治体数	購買人口(人)	行政人口(人)	吸引力指数	地元購買率(%)	1次商圏自治体数
那覇市	430,114	320,581	1.34	84.1	9	415,167	315,530	1.32	82.2	7
うるま市	235,018	119,086	1.97	88.9	7	236,172	115,961	2.04	92.4	7
名護市	85,004	61,444	1.38	83.3	7	85,852	61,048	1.41	87.3	9
浦添市	76,138	112,505	0.68	52.3	0	79,326	109,853	0.72	52.9	0
豊見城市	74,502	60,771	1.23	51.6	0	66,252	57,116	1.16	51.8	0
南風原町	72,744	37,131	1.96	63.0	2	82,549	35,455	2.33	67.7	2
西原町	65,520	34,799	1.88	69.7	2	70,456	34,758	2.03	71.0	2
宜野湾市	64,999	94,774	0.69	43.4	0	31,061	92,929	0.33	25.0	0
北谷町	59,823	28,047	2.13	66.6	0	82,857	27,564	3.01	77.4	1
宮古島市	49,164	51,619	0.95	93.2	1	49,292	52,181	0.94	92.2	1
沖縄市	47,266	132,583	0.36	26.5	0	47,380	130,582	0.36	27.6	0
石垣市	43,460	47,037	0.92	85.0	1	42,256	46,922	0.90	85.0	1

（注1）購買力人口は，各市町村の行政人口に買物出向比率（＝地元購買率，流出率）を乗じて算出したものであり，傾向をみるために便宜的に算出した。
（注2）行政人口は，2014年9月1日現在の県推計人口を参照。
（注3）吸引力指数＝購買人口／行政人口
（注4）1次商圏自治体数は，買物出向比率（＝流出率）が30％以上の自治体数とし，当該自治体は含めていない。
（出所）『沖縄県買物動向調査報告書』（2014年度）。

　新たに大型商業施設が開業したことをうけ，これまで南風原町や西原町に流れていた買物客が八重瀬町地元での購買人口の増加につながっているのである。
　また，吸引力指数をみても，北谷町（2.13）や那覇市（1.34）が依然として高い数値であるが前回と比較すると減少しており，宜野湾市は0.36ポイントも上昇し，地元購買率も18.4ポイントも増加している。逆に北谷町は吸引力も地元購買率も大幅に減少している。
　いずれも広域型の大型ショッピングセンターや各種大型量販店が進出することで購買人口，当該自治体の地元購買率の上昇，周辺自治体住民の購買動向に大きな変化をもたらしている。その一方で，今回上位に浮上してこなかった沖縄市などは，かつてコザ十字路を中心として本島中南部の中心として栄えていたが，沖縄市への購買人口，吸引力，そして地元購買率は年々低下の一途をた

どっている。商店街の建物の老朽化や，地域の高齢化，従来中心部であった地域一体の道路拡張にともなうアーケードの一部撤去など様々な周辺環境の変化，そして郊外や周辺市町での大型店出店などによって集客力が弱まったといえる。

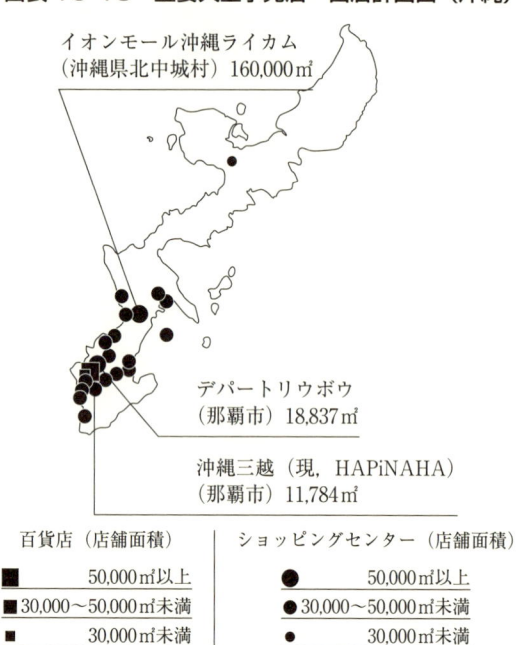

図表 10-13　主要大型小売店・出店計画図（沖縄）

イオンモール沖縄ライカム
（沖縄県北中城村）160,000㎡

デパートリウボウ
（那覇市）18,837㎡

沖縄三越（現，HAPiNAHA）
（那覇市）11,784㎡

百貨店（店舗面積）
■　　50,000㎡以上
■　30,000～50,000㎡未満
■　　30,000㎡未満

ショッピングセンター（店舗面積）
●　　50,000㎡以上
●　30,000～50,000㎡未満
●　　30,000㎡未満

(注1)　店舗面積 10,000㎡ 以上の大型小売店を表示
(注2)　百貨店および 40,000㎡ 以上のショッピングセンターについては店舗名称等も併せて表示
(注3)　2014 年 8 月末現在
(原典)　商業界「日本スーパー名鑑 2013 年版店舗編（下巻）」，日本ショッピングセンター協会ウェブサイト，各社ウェブサイト，経済産業省・各自治体ウェブサイト
(出所)　九州経済調査協会 [2014] p.34 をもとに加筆修正。

おわりに

　沖縄県は，その産業構造や基地依存という特殊性から，他県とは異なった経済構造となっている。そのような要因も影響し，県民所得の低さと失業率の高さといった全国と比較すると大きな格差が生じているのは事実である。しかし，1990年代以降の規制緩和によって，県内においては流通近代化が促進され，大型チェーン店による目覚しい発展が続いている。那覇市を中心に，宜野湾市，豊見城市，南風原町そして北中城村といった中南部地域への大型店の出店が加速される一方で，この地域内での全国的な問題でもある，地域商業，商店街等へのマイナスの影響も出ている。

　ただ，沖縄は観光客入込がある程度順調に伸びていることから，観光客による県内消費の引き上げが流通業へもプラスの影響をもたらしているといえる。そのため那覇市国際通りにある商店街は，観光客向けのサービスの展開に切り替えることで，商店街としての生き残りに大きな成果を見出しているし，直近にオープンしたイオンモールも，沖縄をイメージした雰囲気づくりを行い，観光客も巻き込む形での事業展開となっている。この点では小売業が域外からの消費活動を取り込むことで県経済の牽引の役割を果たしているといえる。しかし，地域商業，商店街問題について具体的分析にいたらなかった点は次の課題とさせていただきたい。

〈注〉
1) 第二次世界大戦末期の沖縄戦における苛烈な戦禍とその後26年余りにわたりわが国の施政権の外にあったこと（歴史的事情），本土から遠隔にあり，広大な海域に多数の離島が点在していること（地理的事情），わが国でも稀な亜熱帯地域にあること（自然的事情），国土面積の0.6％の沖縄に在日米軍専用施設・区域の焼く74％が集中していること（社会的事情）のもとで制定されている。
2) 沖縄県企画部統計課「沖縄県の推計人口」毎年10月1日現在のものを使用している。
3) 軍関係受取とは，米軍等への財・サービスの提供と米軍基地からの要素所得の合計である。この要素所得は，①軍雇用者所得，②軍用地料，そしてその他の合計である。
4) 「おきなわのすがた」（沖縄県県勢概要平成26年3月版）。

5）　沖縄県商工労働部情報産業振興課作成による「情報通信産業立地ガイド」（参考資料）。
　6）　山内ほか［2013］を参照。
　7）　上間［2003年］pp.30-34参照。
　8）　山内ほか［2013］を参照：各社ホームページを参照。
　9）　金城［1998］参照。
　10）　平均買物出向比率とは，各居住地から商店及び商業集積へ買物に出かけていく割合である。

〈参考文献〉

上間隆則［2003］『沖縄企業活性化論』森山書店。
宇野史郎・吉村純一・大野哲明編著［2008］『地域再生の流通研究―商業集積間競争とまちづくりの視点』中央経済社。
沖縄県観光政策課「観光要覧」。
沖縄県企画部統計課［2012］「就業構造基本調査」。
沖縄県商工労働部［2015］「沖縄県買物動向調査報告書」。
沖縄県知事公室基地対策課［2014］「沖縄の米軍及び自衛隊基地（統計資料編）」。
金城宏［1998］「返還跡地と新商業地―北谷町における立地メカニズム―」『産業総合研究』第6号。
九州経済調査協会［2014］『図説　九州経済2015』。
経済産業省［2014］「商業統計調査」「経済センサス」。
厚生労働省「平成26年賃金基本統計調査」。
佐久間英俊・木立真直編著［2015］『流通・都市の理論と動態』中央大学出版部。
関満博編［2012］『沖縄地域産業の未来』新評論。
帝国データバンク沖縄支店［2011］「特別企画：沖縄県内企業10年間（2000年度～2009年度）の売上高推移調査」（プレスリリース資料）。
東京商工リサーチ沖縄支店［2014］「県内企業売上高ランキング」（琉球新報2015円5月1日付け）。
内閣府［2012］「県民経済計算」。
内閣府沖縄総合事務局［2014］「沖縄管内大型小売店販売動向」。
日本流通学会監／修佐々木保幸・番場博之編著［2013］『地域の再生と流通・まちづくり』白桃書房。
番場博之編著［2014］『基礎から学ぶ流通の理論と政策』八千代出版。
山内昌斗・上間創一郎・城間康文［2013］「沖縄における企業の生成・発展に関する史的研究」『広島経済大学経済研究論集』第36号。

（林　優子）

第11章

郡部地域に居住する被災者に対する買い物支援のあり方

はじめに

　東日本大震災後に生じた大津波によって，宮城県石巻市（以下：石巻市と表記）の沿岸部に居住していた多くの住民が家屋を失った。とくに，太平洋に面し，かつ海抜が低い地域は集落全体が流出する事態となったため，震災から4年が経過した現在（2015年3月時点）も元の居住地に戻ることができない状況が続いている。

　旧市部（広域合併前までの旧石巻市[1]）で被災した住民は，震災以前の居住地から離れて仮設住宅への入居が強いられたが，大手GMSなどが立地する内陸部の商業エリアやコンビニエンスストアなどが早期に再開されたため，食料や生活物資などの購買については困窮する状況には至らなかった。しかし，旧町部（旧桃生郡と旧牡鹿郡の町）に開設された仮設住宅に居住している被災者や郡部地域に居住する在宅被災者[2]については，商店街が形成されていた市街地全域が被災したため（雄勝・牡鹿地区など），旧市部の住民と比較して食料や生活物資が調達しづらい状況が続いている。旧市部の商業エリアまでの移動についても，路線バスや住民バス[3]の運行本数が少ない状況を考慮すると容易ではない。

近年，高齢化，中心市街地の空洞化，都市のスプロール化といった問題を背景に「買い物弱者」，「食料品アクセス」，「フードデザート」に関する研究が進められている。「買い物弱者」という表現を用いる経済産業省は，その定義を「住んでいる地域で日常の買い物をしたり，生活に必要なサービスを受けたりするのに困難を感じる人たち」と位置づけ，問題が生じる背景に高齢化や人口減少などの影響で店舗が撤退する地区が増加していることや自動車が運転できない等の理由で遠くの街まで出向くことが困難に感じる人々が多くなっていることを挙げている[4]。食料品が十分に調達できない状況を「食料品アクセス問題」と表現している農林水産省は，その内容を「商店街や地域交通，介護・福祉など様々な分野が関係する問題」と位置づけつつ，国，地方公共団体の関係部局が横断的に連携し，民間企業，NPO，地域住民といった多様な関係者が連携・協力しながら継続的に取り組んでいく必要性について述べている[5]。

その一方で，茨城キリスト教大学の岩間は，フードデザート問題について「社会・経済環境の急速な変化の中で生じた『生鮮食料品供給体制の崩壊』と『社会的弱者の集住』という2つの要素が重なったときに発生する社会的弱者世帯の健康悪化問題」と位置づけた上で，「『生鮮食料品供給体制の崩壊』には商店街の空洞化などによる店までの移動距離の拡大（空間的要因）だけでなく，貧困や社会からの孤立などによる経済的・心理的距離の拡大（社会的要因）も含まれる」と述べている[6]。

それぞれの見解で説明されているように，GMSや郊外のショッピングモールが増加し，最寄り品を取り扱う近隣型・地域型商店街が衰退している状況を考慮すると，食料が思うように調達できないという現象は，地方都市や高齢化が進む地域を中心に顕在化していると思われる。だが，東日本大震災の被災地の場合は，商店街が消滅し，仮設住宅の入居等によって生活環境が急変したため，食料が調達できないという問題は一層深刻化している。同一自治体内における生活水準の格差も生じており，沿岸部の地域においては水産業の衰退が加速することが懸念される。近年では食料の調達に困窮している住民に対して国や自治体がサポート策を積極的に検討しているが，地域の多様性を考慮すると，支援のあり方は画一的であってはならない。それぞれの地域の状況を踏まえ，住

民のニーズに応じたサポート策を検討していくべきであろう。

被災地の大学に勤務する筆者ら（李・石原）は，震災後から石巻市の郡部地域に居住する住民の生活状況を確認するため，仮設住宅団地や在宅被災者が居住している集落を訪問して調査活動を行ってきた[7]。本章では，調査活動の結果を提示しながら，被災地の郡部地域に居住する被災者の買い物支援のあり方について考察していく。

第1節　郡部地域の仮設住宅に入居している被災者の生活状況

1．郡部に開設された仮設住宅の入居状況

震災後，住宅を失った住民は，避難所での生活を経て津波の被害から免れた内陸部や高台に開設された仮設住宅へ入居することになった。石巻市の場合，旧市部と旧町部で仮設住宅の入居方法が異なる。旧市部は，高齢者および身体が不自由な人を除き，抽選によって仮設住宅への入居を進めた。一方，雄勝地区，北上地区，河北地区などの旧町部は，各地域の総合支所（旧町役場）が震災前までに居住していたコミュニティごとに仮設住宅へ入居させる方法を採用した。図表11-1は，石巻市内の地区を示した地図である。図表11-2は河北地区の内陸部に開設された仮設住宅団地に入居した世帯数を示したデータである（2011年8月1日時点）。

図表11-2の通り，河北地区に開設された仮設住宅団地には，地区中心部が被災した雄勝地区出身世帯の入居率が高い（41.9％）。雄勝地区の被災者が河北地区に設置された仮設住宅への入居を進めた背景には，仮設住宅が設置できる敷地が限られていたことや小学校・中学校が河北地区に移転したことが関係している。雄勝地区と河北地区は，釜谷峠を境に隣接しているが，雄勝地区の中心部から仮設住宅団地が設置された内陸部までの距離は道のりで18～20km程

度離れている．隣接した地区であるとはいえ，雄勝地区から入居した仮設住宅の居住者は慣れない土地で不自由な生活を強いられていることが予想された．

図表 11-1　石巻市内の地区

（出所）　筆者作成．

図表 11-2　河北地区に開設された仮設住宅の出身地区別入居世帯数
（2011 年 8 月 1 日時点）

仮設団地名	北高飯野川校	三反走	三反走第2	追波川野球場	追波川多目的	合　計	地区割合（％）
河北地区	2	86	8	75	20	191	48.8
旧石巻地区	0	3	5	1	10	19	4.9
雄勝地区	70	0	16	10	68	164	41.9
北上地区	2	1	4	5	5	17	4.3
入居世帯	74	90	33	91	103	391	———
入居率（％）	100	100	84.6	100	100	———	———

（出所）　石巻市 [2011]．

2. 仮設住宅居住者に対する調査

2011年11月,筆者らは,雄勝地区・北上地区・河北地区沿岸部から河北地区内陸部に開設された仮設住宅[8]に入居した被災者に対して生活状況に関するアンケート調査を実施した（n = 174）。図表11-3は回答者の属性（性別,年代,震災前の居住地）と主要な調査項目,回答結果をまとめたものである[9]。

設問①では,近隣に居住している知人や親類の人数について尋ねた。回答の結果,「知人がいない」と回答する人が17.8％存在していたものの,8割を超える人が近隣に知人や親類が居住していることが判った。設問②では,隣人同士の相互扶助の状況について尋ねた。その結果,「協力している」と回答した人は59.4％となり,「とても協力している」と回答した人を合わせると7割の人が相互に助け合っている実態が判った。このような状況は,コミュニティ単位で仮設住宅への入居を進めたことが奏功したと言える。

設問③では,買い物の利便性について尋ねた。回答の結果,「便利」,「とても便利」と回答した人は5割を超えており,買い物環境の満足度についても5割強の人が満足しているという実態を把握した（設問⑤）。

震災前,雄勝地区の中心部には商店街が形成されていたものの,店舗数は減少する傾向が見られた。また,品揃えについても充実しているとは言い難かった。仮設住宅が設置された河北地区内陸部は,GMSや食品スーパーまでの距離が近く,雄勝地区に居住していた頃よりも買い物に出かけやすい。知人が多く,かつ隣人同士の相互扶助が成立している状況を考慮すると,仮設住宅居住者については買い物に困窮しているという様子は見られなかった。

図表 11-3　仮設住宅居住者を対象としたアンケート調査における回答者属性と調査項目・回答結果

○性別

	人数	比率
男性	62	36.7%
女性	107	63.3%
欠損値	5	──
総計	174	──

○震災前の居住地

	人数	比率
河北沿岸	73	42.0%
河北内陸	9	5.2%
北上	9	5.2%
雄勝	83	47.7%
総計	174	──

○年代

	人数	比率
20歳以下	2	1.2%
20～30歳	1	0.6%
31～40歳	15	8.8%
41～50歳	25	14.7%
51～60歳	46	27.1%
61～70歳	38	22.4%
71～80歳	36	21.2%
81歳以上	7	4.1%
欠損値	4	──
総計	174	──

①現在住んでいる地域に震災以前からの知人や親類は何人くらい居住していますか

	人数	比率
0人	31	17.8%
1～5人	45	25.9%
6人～10人	35	20.1%
11人～20人	20	11.5%
21人～30人	13	7.5%
31人～40人	2	1.1%
41人～50人	6	3.4%
51人以上	22	12.6%
総計	174	──

②現在，隣人同士で協力していますか

	人数	比率
全く協力しない	8	4.8%
協力しない	6	3.6%
どちらとも言えない	35	21.2%
協力している	98	59.4%
とても協力している	18	10.9%
欠損値	9	──
総計	174	──

③買い物の利便性について回答してください

	人数	比率
とても不便	9	5.5%
不便	23	14.1%
どちらとも言えない	47	28.8%
便利	70	42.9%
とても便利	14	8.6%
欠損値	11	──
総計	174	──

④どのくらいの頻度で買い物をしていますか

	人数	比率
ほぼ毎日	31	19.3%
週2回～3回	86	53.4%
週1回	33	20.5%
月2回～3回	11	6.8%
欠損値	13	──
総計	174	──

⑤今の買い物環境に満足していますか

	人数	比率
いいえ	21	13.3%
どちらとも言えない	54	34.2%
はい	83	52.5%
欠損値	16	──
総計	174	──

(出所)　筆者作成。

第2節 郡部地域に居住している在宅被災者の生活状況

1. 石巻市雄勝地区の状況

　雄勝地区の半島部は，リアス式海岸による小起伏山地が形成されており，漁港に隣接している高台の集落に住居を構える住民が多い。このような集落は，津波の被害を受けなかったため，震災後も自宅に居住し続けている住民が多い。仮設住宅の調査を終了した頃，筆者らは雄勝地区で医療活動に従事する知人から「雄勝地区の半島部に居住している被災者が不自由な生活を強いられている」という情報を得た。

　雄勝地区は，前節でも述べたように商店が集積していた市街地のほぼ全域が壊滅的な被害を受けた。震災後の2011年11月19日，雄勝総合支所の敷地内にプレハブ2階建ての仮設商店街「おがつ店こ屋街」が開設され，雄勝地区で被災した事業者（小規模スーパー[10]，海産物店，青果店，牛乳販売店，酒販店，飲食店，雑貨店，葬儀会社，タクシー会社，自動車整備販売会社，雄勝硯生産販売協同組合）が入居した。しかし，半島部の集落に居住している住民が仮設商店街を利用する場合，道のりで10km以上の移動を要すため，利用しやすい環境にあるとは言い難い。

　雄勝地区は，震災前から主要産業である漁業の衰退とともに，過疎化が顕在化していた。老年人口の比率も市内の他地区よりも高い水準で推移しており，高齢化率は2010年の時点で40％に達していた（図表11-4）。商店数（小売業）も人口の減少とともに減少しており，震災前は地区の中心部に商店街が形成されていたものの，品揃えが良いとは言えない状況であった。図表11-5〜11-7は，雄勝地区（2005年以前は旧桃生郡雄勝町）の人口，産業別就業人口，小売事業者数と従業者数の推移を表したグラフである。震災の影響は，過疎化が進む雄勝地区の産業の衰退と人口減少に更なる拍車をかけた。

図表 11-4　石巻市地区別年齢3区分別人口および比率（不詳人数を除く）

（震災前：2010年）

	年　少	生産年齢	老　年	計
旧市部	14,840 (12.6)	68,896 (59.9)	28,381 (27.2)	112,117 —
河北地区	1,335 (11.5)	6,658 (57.5)	3,585 (31.0)	11,578 —
雄勝地区	294 (7.4)	2,028 (50.8)	1,672 (41.9)	3,994 —
河南地区	2,075 (12.2)	9,959 (58.8)	4,914 (29.0)	16,948 —
桃生地区	909 (12.0)	4,392 (57.9)	2,281 (30.1)	7,582 —
北上地区	448 (12.1)	2,116 (56.9)	1,154 (31.0)	3,718 —
牡鹿地区	313 (7.2)	2,248 (52.0)	1,760 (40.7)	4,321 —
全　域	20,214 (12.6)	96,297 (60.1)	43,747 (27.3)	160,258 —

（震災後：2014年）

	年　少	生産年齢	老　年	計	減少率 (2010年比)
旧市部	12,749 (12.3)	62,690 (60.6)	28,001 (27.1)	103,440 —	92.3%
河北地区	1,149 (10.2)	6,585 (58.2)	3,577 (31.6)	11,311 —	97.7%
雄勝地区	115 (4.9)	1,209 (51.4)	1,029 (43.7)	2,353 —	58.9%
河南地区	2,349 (12.3)	11,166 (58.7)	5,518 (29.0)	19,033 —	112.3%
桃生地区	946 (11.9)	4,551 (57.4)	2,430 (30.7)	7,927 —	104.6%
北上地区	304 (10.4)	1,688 (57.9)	923 (31.7)	2,915 —	78.4%
牡鹿地区	214 (6.4%)	1,681 (50.6)	1,429 (43.0)	3,324 —	76.9%
全　域	17,826 (11.9)	89,570 (59.6)	42,907 (28.5)	150,303 —	93.8%

（注）　人口数は不詳人数を除いたもの。（　）内は構成比率を表わす。
（出所）　石巻市［2014］をもとに筆者作成。

第 11 章　郡部地域に居住する被災者に対する買い物支援のあり方　197

図表 11-5　雄勝地区の人口の推移（総数・年齢3区分別）

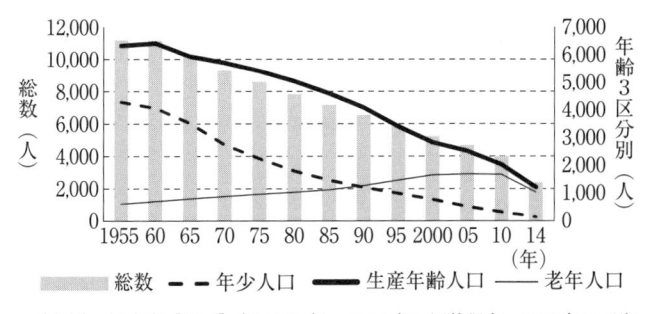

総数 　－－ 年少人口　━━ 生産年齢人口 ─── 老年人口

（出所）　石巻市［2014］（＊1955年～2010年は国勢調査，2014年は石巻市が発表した人口統計）をもとに筆者作成。

図表 11-6　雄勝地区における産業3区分別従業者数の推移

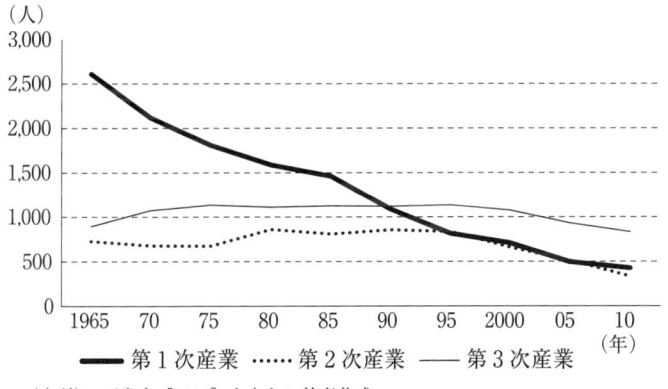

━━ 第1次産業　…… 第2次産業　─── 第3次産業

（出所）　石巻市［2014］をもとに筆者作成。

図表 11-7　雄勝地区における小売事業所数と従業者数の推移

従業者数　━━ 事業所数

（出所）石巻市［2014］・総務省統計局［2012］をもとに筆者作成。

2. 在宅被災者の生活状況に関する調査

筆者らは，2012年11月から12月にかけて雄勝地区の半島部に居住している在宅被災者に対して生活状況に関する調査を実施した。調査項目は設問①〜⑦の通りである[11]。

設問①　現在，隣人同士で協力していますか（五件法）
設問②　買い物の利便性について選択してください（五件法）
設問③　買いづらい商品を順に5つ選択してください（選択式）
設問④　主に利用する買い物施設を選択してください（選択式）
設問⑤　買い物に出かける際に利用する主な移動手段を選択してください（選択式）
設問⑥　買い物に出かける回数・頻度を選択してください（選択式）
設問⑦　買い物環境の改善に必要なサービスを選択してください（選択式）

調査方法は，調査員が在宅被災者の自宅を訪問して調査票を配付し，数日後に回収する留置法である。調査対象者の母数は121（男性41人，女性68人）であり，年代別の回答人数は81歳以上が8人，71〜80歳が39人，61〜70歳が25人，51歳〜60歳が23人，41〜50歳が11人，31〜40歳が3人である。居住地（集落）別の回答人数は，大須集落62人（51.2%），桑浜集落18人（14.9%），船越集落17人（14.1%），熊沢集落14人（11.6%），水浜集落8人（6.6%），分浜・波板集落2人（1.7%）である（図表11-8参照）。

設問①では，コミュニティにおける相互扶助の状況について調べた。その結果，「協力している」と回答する人は62.7%（69人）となり，「とても協力している」と回答した21人（19.1%）を合わせると，全体の8割（81.8%）を超える人が相互に協力し合っている状況を把握した。

設問②では，買い物の利便性について尋ねた。有効回答数110のうち，58人（52.8%）が「不便」と回答しており，「とても不便」と回答した24人（21.8%）

を合わせると，全体の4分の3を占める人が購買活動に困窮していることが判った。また，順位尺度を用いて購入しづらい商品について調べたところ（設問③），「食肉（83.3％）」と回答する在宅被災者がもっとも多く，以下「その他の食品（36.8％）」，「消耗品（34.6％）」，「鮮魚（31.6％）」，「医薬品（25.0％）」という回答が続いた。

設問④では，主に利用する商業施設について尋ねた。その結果，66.7％（68人）の人が「総合スーパー」と回答しており，以下「中小スーパー」，「ホームセンター」，「ドラッグストア」，「コンビニエンスストア」という回答が続いた。「商店街・個人商店」を利用する人は，わずか17.7％（18人）に留まった。

設問⑤では買い物の際に利用する移動手段について，設問⑥では買い物の頻度について尋ねた。その結果，72.7％（80人）の人が「自家用車」を利用すると回答しており，以下「住民コミュニティバス」（12人：10.9％），「路線バス」

図表11-8　石巻市雄勝地区の集落

(出所)　筆者作成。

(5人：4.6％）という回答が続いた。買い物の頻度については，「週1回」が31.4％ともっとも多く，以下「週2～3回」（27.3％），「月に2～3回」（21.3％）という回答が続いた。「ほぼ毎日」と回答した人は，わずか1.7％であった。

雄勝地区の場合，最寄りのGMSは旧市部に位置しており，調査対象者の半数が居住している大須集落から道のりで40km程度離れている。「中小スーパー」，「ホームセンター」，「ドラッグストア」，「コンビニエンスストア」についても，地区内に存在しないため，最寄りの店舗まで30km程度移動しなければならない。

設問④～設問⑥の結果，雄勝地区の在宅被災者は，雄勝地区内に開設された仮設商店街は利用せず，高齢であっても遠方のGMSや中小スーパーまで自家用車で移動していることが判明した。また，買い物の頻度についても，必要なときに必要なものが入手できないという状況を確認した。

設問⑦では，購買活動に関する要望・希望について尋ねた（複数回答）。その結果，「宅配サービス」を希望する在宅被災者が79.2％ともっとも多く，以下「公共交通機関の充実」（54.2％），「移動販売サービスの充実」（48.5％）という回答が続いた。調査対象者の年代と小売店までの移動距離を考慮すると，自家用車を利用して買い物に出かけることを想定しても，身体的に負担がかかる。雄勝地区に居住している在宅被災者は，自家用車を利用せずに自宅の近辺で買い物できる環境を求めていることが判った。

仮設住宅に居住する被災者と在宅被災者に対する調査が終了した後，筆者らは雄勝地区を管轄する石巻かほく商工会に調査結果を報告した。そして，在宅被災者に対する買い物支援のあり方について関係者らと協議した。図表11-7で示したように，雄勝地区は震災以前から小売店舗数が減少する傾向が見られたが，商業を生業として生活している人も少なからず存在している。筆者らは，商工会との協議の場において「管轄する隣接地区の商店街と連携しながら宅配サービスを行う必要がある」と提言したが，商工会の役員や関係者からは「被災した雄勝地区の小売業者が移動販売の再開を検討しているので，その状況を見て対応策を検討したい」という意向が寄せられた[12]。筆者らは，商工会の意向を尊重し，被災した雄勝地区の小売業者の事業再開を待つことにした。そし

て，在宅被災者に対する再調査を，移動販売事業者と連携しながら実施する計画を立てた。

3. 再調査の実施

東日本大震災から2年が経過した2013年，雄勝地区で被災した小売業者は移動販売事業を再開するようになった。また，生協による宅配サービスや他地域の事業者による移動販売も行われるようになった。筆者らは，2014年12月から2015年1月にかけて石巻かほく商工会から紹介を受けた青果店[13]が手がける移動販売に同行し，在宅被災者に対する調査活動を再度実施した。今回の調査では，在宅被災者の意見や買い物に関する要望を詳細に把握するため，訪問面接法による調査（インタビュー形式）を実施した。

調査対象者の母数は114（男性21人，女性88人，不明5人）であり，年代別の回答人数は81歳以上が19人，71～80歳が37人，61～70歳が23人，51歳～60歳が13人，41～50歳が9人，31～40歳が3人，21～30歳が2人である。居住地（集落）別の回答人数は，大須集落55人（48.2%），名振集落27人（23.7%），桑浜集落9人（7.9%），熊沢集落5人（4.4%），原集落5人（4.4%），荒集落5人（4.4%），立浜集落3人（2.6%），船越集落2人（1.8%），大浜集落1人（0.9%），未記入2人（1.8%）である。調査項目は，設問Ⅰ～Ⅷの通りである[14]。

設問Ⅰ　現在，隣人同士で協力していますか（五件法）
設問Ⅱ　買い物の利便性について回答してください（五件法）
設問Ⅲ　買いづらい商品を順に5つお書きください（選択式）
設問Ⅳ　買い物環境の改善に必要なサービスや対応を選択してください（選択式）
設問Ⅴ　現在移動販売を利用していますか（二件法）
設問Ⅵ　現在の移動販売に満足していますか（五件法）
設問Ⅶ　宅配サービスの必要性を感じますか（五件法）

設問Ⅷ　生協が行っている宅配サービスを利用していますか（二件法）

　設問Ⅰでは，2012年に実施した前回の調査（設問①）と同様に，コミュニティにおける相互扶助の状況について調べた。その結果，「協力している」と回答した人は55.3％（63人）となり，「とても協力している」と回答した28人（24.6％）を合わせると，全体の約8割（79.9％）の人が隣人同士で協力し合っていることが判った。

　設問Ⅱでは，買い物の利便性について尋ねた。有効回答数109のうち，「不便」と回答した在宅被災者は36人（33.0％）であり，「とても不便」という回答（14人：12.8％）を合わせると，45.8％の人が買い物に困窮していることが判った。その一方で，「便利」と回答した人も31人（28.4％）存在しており，2012年に実施した調査（設問②）と比較すると地元商業者による移動販売サービスは買い物の利便性を高める上で有効であることが判る。調査の際に得た自由意見を見てみると，「移動販売が定期的に巡回してくれるので震災直後と比較して買い物がしやすくなった」，「雄勝地区で長く移動販売を行っている青果店だから，顧客が欲しいものを理解しているので買い物がしやすい」という意見が寄せられている。

　設問Ⅲ（複数回答可）では，順位尺度を用いて購入しづらい商品について調べた。その結果，「消耗品」が購入しづらいと回答する人が24人（32.4％）ともっとも多く，以下「食肉」（9人：24.3％），「医薬品」（4人：10.8％）という順に続いた。買い物客に対して「消耗品」の内容について尋ねたところ，荷姿が大きい「ティッシュペーパー」・「トイレットペーパー」と回答する人が多かった。2012年に実施した調査（設問③）では「食肉」，「その他の食品」，「消耗品」，「鮮魚」，「医薬品」という商品が買いづらかったが，移動販売の再開により，食品は全般的に買いやすくなったことが判る。しかし，移動販売で取り扱わない「食肉」，「消耗品（生活物資）」，「医薬品」については，依然として買いづらい状況にあることが判った。

　設問Ⅳでは，「買い物の改善に必要なこと」について尋ねた。その結果，「移動販売」と回答する人が24人（35.3％）ともっとも多く，以下「家族の協力」

(13人：19.1％),「店の誘致」(10人：14.7％),「商業施設までの送迎サービス」(9人：13.2％)という回答が続いた。この設問と関連して,設問Ⅴと設問Ⅵでは,「移動販売」の利用状況ならびに満足度について尋ねた。移動販売の利用状況（設問Ⅴ）については,85人（84.2％）が「利用する」と回答しており,「利用していない」という回答（16人：15.8％）を大きく上回った。「移動販売」の満足度（設問Ⅵ）については,「満足している」と回答する人が49人（54.5％）ともっとも多く,「とても満足している」(17人・18.9％)を合わせると7割（73.4％）を超える在宅被災者が移動販売に満足していることが判った。

一方,設問Ⅶでは,2012年に実施した前回の結果を踏まえ,「宅配サービス」の必要性について調べた。その結果,「あまり必要ではない」と回答する人が34人（37.4％）ともっとも多く,2番目に多い「必要ではない」(22人：24.2％)を合わせると61.6％の在宅被災者が宅配サービスを希望していないことが判った。

2012年に実施した調査（設問⑦）では,「宅配サービス」を希望する在宅被災者が79.2％ともっとも多かったが,今回の調査では「宅配サービス」を希望する在宅被災者は極めて少なかった（4人：3.3％）。また,「移動販売」については,満足度が高いという状況も判明した。だが,調査の際に得た移動販売に関する自由意見（要望）を見ると,「商品数を増やして欲しい」,「販売回数を増やして欲しい」という要望も寄せられている。乳類,食肉,魚介類などの法認可業種については,営業に際して施設基準が定められており,販売事業者がこれらの商品を取り扱うためには,業種ごとに許認可を取得することが求められる。移動販売についても,販売車輌に冷蔵設備などを積載することが求められている。収益性が低下する状況において,移動販売を手がける事業者が設備投資を行うことは困難であり,顧客から要望が寄せられたとしてもその期待に応えることができない。また,移動販売の回数についても,多くの事業者が従業員を雇っていないことや家族経営であることを考慮すると,販売日数を増やすことは難しい。移動販売において利用者の満足度を高めていくためには,過疎地域における販売事業を共益・公益事業ととらえ,規制緩和や特例措置といった支援策を検討していくことが求められる。利用者から要望が寄せられている

商品数の増強や販売回数の増加についても，公的機関などが事業者間の調整を図り，対応策を検討していくことが求められるだろう。

設問Ⅷでは，生協が行っている「宅配サービス」の利用状況について尋ねた。その結果，「利用していない」(73人：73.7％) という回答が「利用している」(26人：26.3％) という回答を大きく上回った。自由意見を見てみると，「手続きが面倒である」，「サービスを受ける方法が判らない」，「現金払いができない（決済が口座振替に限られている）」，「まとめ買いになり，無駄が生じる」，「カタログでは商品のイメージができない」といった意見が寄せられた。雄勝地区は，昔から現金による取引が主に行われていたため，利便性が高いサービスであっても嫌われる傾向が見られる。金融機関の利用についても，地区中心部に所在していた銀行が被災したため，口座の入出金に手間や労力がかかる。生協は，被災者に対する支援策として手数料を割り引く措置などを実施しているが，雄勝地区ように高齢化が進展している地域については，居住者のニーズに基づき，多様な決済方法を検討していくことが求められる。

第3節 在宅被災者に対する買い物支援のあり方

1．買い物支援に関する諸見解

本章では，石巻市の郡部地域に開設された仮設住宅団地と人口の減少が進む雄勝地区において調査活動を行いながら，被災者に対する買い物支援のあり方について考察してきた。

農林水産省が全国の市町村を対象に実施した調査によると，食料品アクセス問題に対して78.8％の自治体が何らかの対策を講じる必要があると回答している。また，64.8％の自治体が買い物支援の対策をすでに実施しており，「コミュニティバス・乗合タクシーの運行等」，「空き店舗対策等の常設店舗の出店」，

「宅配・御用聞き・買い物代行サービス等」といった支援を行っている[15]。地方都市を中心に人口が減少している我が国の状況を考慮すると，食料や生活物資の調達に困窮する人々は全国的に増加していくと思われるが，震災によって人口が40%減少した雄勝地区の場合は，地区の全域が限界集落化してしまう可能性も否めない。買い物の支援策を含め，住民の生活水準を維持するための方策を検討していくことは喫緊の課題である。

　岩間は，フードデザート対策における成功のポイントとして「地域住民との結びつき」，「営利ではない目的の設定」，「採算性の確保」，「ボランティア組織の運営」，「地域住民，小売企業，行政の連携」といった観点を提示しつつ，地域住民や地元企業が主体となり地域の支え合いによって買い物の事業化をはかることや補助金に依存せずに赤字を出さない程度に事業を持続させる必要性について述べている[16]。

　一方，専修大学の川野は，フードデザート，買い物難民，買い物弱者という問題について，「小売店舗数の減少」，「居住地域の広がりによる店舗密度の減少」，「自家用車を利用した郊外型ショッピングセンターでの買い物」，「モータリゼーションの進展と公共交通機関の衰退」，「チェーン店がスクラップ＆ビルドできるようになっていること」，「少子高齢化による高齢単身・夫婦世帯の増加と自家用車の運転，重量物の運搬の困難」という要因を提示しつつ，問題の解決に向けて「小売店舗の誘致」，「輸送支援」，「移動店舗による巡回販売」，「宅配サービス」，「買い物代行サービス」といった対応を講じる必要性について述べている。さらに，その対応に際しては「既存の事業者の事業能力」，「人口密度，消費者の人数や分布」，「消費者嗜好の多様性」を考慮しながら決定していくべきとの見解を示している[17]。

　買い物支援のあり方については，人口減少に悩む自治体も対応策を検討している。山口県買い物弱者対策研究会は，買い物弱者問題の対策として「流通」（宅配サービス，移動販売，生活店舗の開設），「交通」（コミュニティタクシー等の新たな生活交通システムの導入，高齢者・障害者等へのバス・タクシーの利用助成，バス事業者へ運行経費の助成），「福祉」（地域住民が日常生活上の家事援助を有料で提供する「住民参加型による会員制の地域支え合い活動」の実

施やホームヘルパーによる生活必需品の買い物代行，見守りを兼ねた配食サービスや外出支援等の生活・家事援助）からのアプローチによる支援と「集約型都市構造の実現」（街なか居住に対する住宅取得費・家賃などの補助）をはかる必要性について述べている[18]。

2. 住民視点に基づくサポート策の創出

　石巻市雄勝地区のように第一次産業を基幹産業とする地域は，収益性の低下が引き金となって後継者不足，担い手の高齢化，廃業，地域産業の衰退という問題が連鎖的に生じており，その影響が商業に悪影響を及ぼしている。山口県買い物弱者対策研究会が提示しているように，集約型都市構造の実現により郡部の住民を中心市街地等に居住させることは生活水準や行政サービスの格差を是正するために有効な手段であると考えられるが，第一次産業を基幹産業とする地域については，産業を維持していく上で職住近接による生活が欠かせないため，別のサポート策を検討していくことが求められる。

　前節で述べた雄勝地区における移動販売は，被災者の買い物の利便性を高めるために有効であることが判った。利用者から「取扱品目を増やして欲しい」といった要望も寄せられているが，「昔から馴染みがある業者なので，欲しいものを適切に取り揃えてくれる」，「買いに出るまでの間，決まった場所で待機していてくれる」といった好意的な意見も寄せられている。さらに「重いものを購入したとき，自宅の軒先まで届けてくれる」，「欲しいものがないとき，次の移動販売時までに取り寄せてくれる」といった宅配サービスや御用聞きと類似した対応に満足している利用者も散見された。

　雄勝地区は，急激な人口減少により商業活動において採算性を確保していくことが困難な地域であるため，域外から店舗を誘致できる可能性は極めて低い。また，交通面についても，路線バスが廃止された後に石巻市が住民バスを運行しているが，地区の人口を考慮するとさらなる充実は期待できない。岩間が述べているように「地域住民との結びつき」をもつ地域の事業者が顧客のニーズに基づき移動販売を実施していくことが現実的であり，川野が指摘しているよ

うに，既存の事業者の事業能力に応じ，かつ消費嗜好の多様性を考慮しながら買い物支援策を充実させていくべきであろう。

在宅被災者に対する調査活動を通じて，筆者らは買い物支援において「販売地域に適応したアソートメント」，「利用者に対する配慮」，「複合的なサービスの提供」が必要であると感じた。「販売地域に適応したアソートメント」は，移動販売地域の利用者が求めている商品を適切に取り揃えることである。雄勝地区の移動販売事業者は，住民が求める商品を熟知している。たとえば，多くの漁村が存在する同地区では，正月やお盆の際に漁の安全を祈願するために供え物を用意するが，大須集落では神棚や仏壇にパイナップルを供える習慣がある。同地区の移動販売事業者は，歳時に応じた地域の慣習や風習を熟知しており，かつ住民のニーズを集約しながら仕入れや販売活動を行っていた。このように，地域性や郷土の文化に応じたきめ細やかな対応は，今後の買い物支援策を検討する上で重視すべき観点であろう。

「利用者に対する配慮」は，販売に際して効率化よりも利用者の立場を優先的に考慮することである。小売業は得てして効率化を図ることが求められるが，高齢者が多く居住する地域において販売活動を行う場合は非効率であっても顧客に合わせたサービスを積極的に行っていくべきである。前節で述べた雄勝地区の移動販売事業者は販売場所を細かく設定し，場所によっては50mごとに販売車を停車させていた。また，坂道が多い場所では販売車を滞留させたり，馴染みの顧客が来ないときは自宅まで赴くといった対応も行ったりしていた。

ただし，移動販売による買い物支援は，高齢化の進行と人口が減少する状況を考慮すると営利事業として収益性を維持していくことは難しい。移動販売を手がける事業者も高齢になっているため，持続性を考慮すると別の対応策を検討していく必要がある。

帯広畜産大学の杉田は，商店街を「高齢者にとっての命綱であり，社会資本であるというべきであろう」と提示した上で，「商店の営業を単なる商業活動ではなく，社会資本の構築・維持という意味を有する営みと理解していただきたい」，「商店街を守ることは子ども・女性・高齢者に不可欠の社会資本・ライフラインを守るという社会的意義がある」と述べている[19]。自治体の合併によっ

て中心市街地としての役目を終えた郡部地域の商店街は，全国的に衰退する傾向にある。中心市街地活性化法（中心市街地の活性化に関する法律）の対象とならない市街地はハード事業などを行うことが難しい。しかし，杉田が提示しているように商店街が社会資本としての役割を認識し，移動販売や宅配といった買い物支援サービスを実施していくことは，困難なことではなかろう。単一の商店街で実現できないという場合は，近隣の商店街や地方創生における拠点としての役割が期待されている道の駅などと連携していくことも模索していくべきであろう[20]。

連携事業体による移動販売は，個々の商店で手がけるよりも地域のニーズに応じた商品を幅広く取り揃えることができるとともに，その枠組みを広げることができれば多様な生活サポートを提供することができる。たとえば，医院や薬局といった医療関係者と連携することができれば，健康相談や給食サービスなどの事業も展開できるだろう。また，出張窓口や移動図書館といった行政サービスとの連携についても，生活水準の格差を是正するための一策となるであろう。近年，「新しい公共」という概念が注目されている。「新しい公共」は，「市場経済でも行政でも実現されない人々の欲求を満足させ，同時にそれによって活動に参加する人々の自己実現を図る」ことを目的としている[21]。収益事業としての商業活動と公益事業としての行政サービスは本質的に融合しにくいものだが，住民の便益が低下している地域に対しては「新しい公共」の考え方を踏まえつつ，複合的なサービスを積極的に創出していくべきである。

震災後，在宅被災者が困窮している雄勝地区の状況は，少子高齢化社会が到来した我が国の地方社会の縮図である。郡部地域に居住する住民に対する買い物支援のあり方については，雄勝地区で調査活動を継続しながら，地域の商業関係者とともに考察していく予定である。

　［付記］　本章の研究は，JSPS科研費（基盤研究［B］）の助成を受けたものであり，研究課題「東日本大震災後のコミュニティの生活再建プロセスにみる課題解決の方法」（研究課題番号：24300243）の成果の一部である。

〈注〉
1) 石巻市は，2005年4月1日に旧桃生郡5町（河南町，桃生町，河北町，北上町，雄勝町）および旧牡鹿郡牡鹿町と広域合併した。
2) 本章では，住宅の損壊を免れ，元の住宅に居住している被災者を在宅被災者と表現している。
3) 住民バスは，路線バスが廃止された地区において市が運営する住民専用のバスである。
4) 経済産業省［2011］p.2。
5) 農林水産省食料品アクセス（買い物弱者等）問題ポータルサイト。
6) 岩間［2013］p.1。
7) 李・石原［2014］pp.141-154。
8) 調査を実施した仮設住宅団地は，河北地区に開設された追波川多目的団地，追波川野球場団地，北高飯野川校団地，三反走団地，三反走第2団地である。
9) 図表7-3は，全調査項目から買い物に関する設問と集計結果を抜粋したものである。
10) 仮設商店街に入居していた雄勝地区の小規模スーパーは，仙台市内に移転した。
11) 設問番号①〜⑦は，本章執筆用に振り直している。
12) 雄勝地区の小売業者は，中小企業庁が創設したグループ化補助金を受給し，事業再開を目指していた。
13) 青果店は，雄勝地区の中心部で津波によって店舗兼自宅を失った。
14) 設問番号Ⅰ〜Ⅷは，本章執筆用に番号を振り直している。
15) 農林水産省［2013］。
16) 岩間［2013］pp.168-171。
17) 川野［2014］pp.218-220。
18) 山口県買い物弱者対策研究会［2014］。
19) 杉田［2008］pp.160-161。
20) 国土交通省［2014］。
21) 奥野・栗田［2010］p.16。

〈参考文献〉
李東勲・石原慎士［2014］「石巻郡部地域に居住する被災者の生活状況に関する調査」大竹美登利・坂田隆・日本家政学会東日本大震災生活研究プロジェクト編集『東日本大震災ボランティアによる支援と仮設住宅―家政学が見守る石巻の2年半』建帛社。
石巻市［2011］「河北地区仮設住宅入居行行政区調書」。
石巻市［2014］「石巻市統計書」，
　〈http://www.city.ishinomaki.lg.jp/d0030/d0120/d0030/index.html〉
岩間信之［2013］「改訂新版フードデザート問題―無縁社会が有無『食の砂漠』」農林統計協会。
奥野信宏・栗田卓也［2010］『新しい公共を担う人々』岩波書店。
川野訓志［2014］「21世紀の流通政策の課題」，番場博之編著『基礎から学ぶ流通の理論と政策』八千代出版。
経済産業省［2011］「買い物弱者応援マニュアル　買い物弱者を支えていくために―24の事例と7つの工夫ver2.0―【新規事例，支援制度追補版】」，
　〈http://www.meti.go.jp/policy/economy/distribution/manyuaruver2-1.pdf〉

国土交通省［2014］「地方創生の拠点となる「道の駅」の類型別機能イメージ」，
　　〈http://www.mlit.go.jp/common/001052851.pdf〉
杉田　聡［2008］『買物難民－もうひとつの高齢者問題』大月書店。
総務省統計局［2012］「経済センサス－活動調査」，
　　〈http://www.stat.go.jp/data/e-census/2012/kakuho/gaiyo.htm〉
農林水産省「食料品アクセス（買い物弱者等）問題ポータルサイト」，
　　〈http://www.maff.go.jp/j/shokusan/eat/syoku_akusesu.html〉
農林水産省［2013］「『食料品アクセス問題』に関する全国市町村アンケート調査結果概要」，
　　〈http://www.maff.go.jp/j/shokusan/eat/pdf/ankeito2.pdf〉
山口県買い物弱者対策研究会［2014］「山口県における『買い物弱者対策』について」，
　　〈http://www.pref.yamaguchi.lg.jp/cmsdata/3/c/8/3c83f1a8e09010e652ef5ab1e892f0ad.pdf〉

（石原慎士・李東勲）

事項索引

[あ行]

アソートメント 207
新しい公共 208
新しいコミュニティ 19
アディクション（嗜癖） 60
アベノミクス 24, 25

EDLP 戦略 8
EPA（経済連携協定） 106
委託販売 95
移動販売 156, 200
　——のカバーエリア 162
　——の規模と商品構成 160
　——の販売ポイント 162
意味的価値 81
インナーシティ問題 11
インフレ期待 31

SKU（最小在庫単位） 98
SC の公共性 18
SPA（製造小売業） 5, 95
NEBA（日本電気専門大型店協会） 92
FTA（自由貿易協定） 106

大型商業施設 145
大型店撤退問題 141
オープン化 75
ABC（オール・ベター・チェンジ）改革 97
オレ様化 49
卸売市場政策 103
卸売市場制度改革 108
卸売市場制度改正 103, 107
卸売市場の地域性 109

[か行]

外国人労働者の流入 10
階層格差の再生産 49, 52
階層消費 13
階層分化 76
買物機会 141
買い物困難者 138
買物困難度別 166
買い物支援 205

——のあり方 191
買(い)物弱者 167, 190
買物弱者問題 156
買物代行 160
買い物難民 205
買い物の利便性 193, 198, 202
格差社会論 2
格差是正 171
格差の構造化 3, 8
「学習Ⅲ」的消費者 60
家計最終消費支出 72
家計消費支出 182
家計調査 35, 38
家計貯蓄率 69, 72
加工食品 161
可処分所得 38, 39, 41, 42, 182
仮説検証型発注システム 9
学校を通じた成功物語 53
下流化 51
下流社会論 13
管製春闘 24
完全失業率 27, 173

疑ジニ係数 73
規制緩和 102
基礎的支出 73, 74
基地問題 172
希望格差 19
　——社会 52
規模間賃金格差 124
救貧法 48
教育格差 47
教育関係費 42
業種別流通 4
業態型流通 4, 8
共同購入 157
金融資産 31, 34, 35, 36
近隣型・地域型商店街 190
勤労者世帯の食品消費支出 119
勤労者の平均年収 71
勤労世帯の年間消費支出 71

経験価値 81
経済格差 47

経済連携協定	106
契約社員	134
系列店	90
健康志向型消費者	62
現在の享楽志向	54
県民所得	170, 173, 177
県民総所得	172
減量経営	132
公共空間のプライバタイゼーション（私化）	18
公共性	109
小売業態	3, 4
小売従業構造	6
高齢化	67
コープいしかわ	157
CO・OPとやま	157
国内家計最終消費支出	72
国民経済計算	116
国民生活基礎調査	69, 70
個性志向	55
こだわり消費	74
コト消費	74
個配	157
五分位階級別	73
コミュニティ	193, 198
コモディティ化	76
雇用格差	4
雇用関係の非正規化	3, 5, 6, 10
雇用者報酬	25
雇用のプール	127
コンパクトシティ	152
──化	139

[さ行]

サービス職業従事者	176
差異化の悲劇	57
財源不足	43
在宅被災者	189
最低賃金	170
再分配	43
差別化競争	82
三角形的欲望	58
産業構造	27
ジェントリフィケーション	11, 18
自己承認欲求の無限肥大	55
自己能力感格差	54
失業率の高さ	170

ジニ係数	68
支配的規範	48, 49, 51, 52
嗜癖	60, 62
──性	61
──的消費者	60
資本―賃労働関係	131
資本間競争	149
地元購買率	185
自由企業制	177, 178
就業構造基本調査	32, 174
自由貿易協定	106
商業に関わる公共空間	151
商業労働	121
──者の賃金水準	122
──における労働時間	124
商店街	207
消費格差	73
消費活動	39
消費基準の虚構化	58
消費者委員会	112
消費者意識	74
消費社会	16
消費者庁	112
消費主体	49, 50, 51, 55
消費スタイル	13, 49, 55
消費税	39
消費性向	74
消費の階層（分）化	10, 12, 76
消費の均質化・画一化	17, 21
消費の無時間性	49, 51, 54, 55, 56, 61, 62
消費の二極化	76
消費の美学	48
消費パターンの社会的分極化	12
食生活の変化	117
食の安全・安心	111, 112
食品安全委員会	112
食品安全基本法	112
食品安全行政	112
食品衛生法	112
食品循環資源の再生利用等の促進に関する法律	112
食品リサイクル法	112
食品流通	102
食料品アクセス問題	190, 204
ショッピングセンター	15, 205
所得	43
──格差	47
──再分配	33
──税	36, 44

──分配の平準化………………… 2
新自由主義…………………………… 32
新中間層……………………………… 67
親密圏………………………………… 55

垂直的価格体系………………… 77, 79

生活防衛……………………………… 42
生活保護………………………… 69, 70
──受給…………………………… 33
生活保障……………………………… 44
生協移動販売事業………………… 156
──の意義……………………… 167
生産者サービス部門の急成長……… 10
生産者サービス部門の成長………… 11
生鮮食品…………………………… 161
製品アーキテクチャ………………… 75
製品政策………………… 77, 80, 82
製品多様化…………………………… 81
税負担………………………………… 37
セグメンテーション・マーケティング… 76, 79
積極型消費者………………………… 62
絶対品質……………………………… 78
選択的支出……………………… 73, 74
専門サービス労働…………………… 10
専門的・技術的職業従事者……… 176

惣菜………………………………… 161
相対的貧困率…………… 26, 33, 69
贈与…………………………………… 50
ソーシャル・マーケティング……… 81

[た行]

ターゲティング……………………… 77
大規模小売店舗立地法…………… 124
大店法………………… 92, 139, 140
大店立地法………………………… 140
宅配サービス………………… 200, 203
他者の眼差し………………………… 57
脱コモディティ化…………………… 82
男女間賃金格差…………………… 123

地域間格差………………………… 184
地域社会の「ウォルマート化」……… 8
地域生協…………………………… 156
小さな政府…………………………… 37
知覚品質……………………………… 78
地区間格差……… 139, 141, 142, 146, 149, 150
地産池消…………………………… 119

地方卸売市場……………………… 108
地方創生…………………………… 208
チャネル政策………………… 77, 82
中央卸売市場……………………… 108
──法…………………………… 107
中間層………………… 28, 66, 88
中小小売業過剰化問題…………… 127
中小商業問題……………………… 149
中心市街地………………………… 141
──活性化……………………… 151
──活性化計画………………… 142
──活性化法……………… 142, 208
中流階級……………………………… 3
中流層の解体………………………… 68
調整─振興モデル………………… 140

低価格競争…………………………… 75
低失業率……………………………… 28
手伝い店員………………………… 132
テナントミックス……… 141, 147, 149
デフレ脱却…………………………… 43
伝統的コミュニティ………………… 19
伝統的商業集積……………………… 4
伝統的(な)商店街…………… 19, 177
店舗事業…………………………… 158

同一価値労働同一賃金……………… 44
等価交換原理…………………… 51, 55
特別栽培農産物に係る表示ガイドライン… 112
都市機能の郊外化………… 140, 141
都市計画法………………………… 140
都市経済…………………………… 173
都市のサービス化……………… 10, 12
トリクルダウン……………………… 25
努力の階層間格差…………………… 53

[な行]

ナショナルチェーン……………… 149

日本型雇用慣行……………………… 31
日本の賃金制度……………………… 32
入職率と離職率…………………… 128

年間収入階級………………………… 39
年間収入五分位階級………………… 72
年齢階級別の所得格差……………… 70

農産物自由貿易体制下…………… 104

農林物資の規格化及び品質表示の適正化に
　関する法律の一部を改正する法律」
　（改正 JAS 法）……………………………… 112
野村総合研究所……………………………… 14

[は行]

パート・アルバイト……………………… 6, 28
　──比率……………………………………… 131
パートの戦力化…………………………… 133
バイイングパワー………………………… 93
配送サービス……………………………… 160
パイプライン・システム………………… 54
パイプラインの機能不全………………… 52
派遣業者…………………………………… 31
派遣許可…………………………………… 31
派遣社員（店員）……………………… 28, 132
派遣労働者………………………………… 31
パノプチコン社会………………………… 57
バブル経済………………………………… 41
バリュー消費……………………………… 14
販売会社…………………………………… 90
販売従事者………………………………… 176
販売奨励金………………………………… 92

非価格競争…………………………… 75, 81
東日本大震災…………………………… 189
非正規雇用……………………………… 3, 28, 129
非正規労働者…………………………… 24, 71
100 円ショップ………………………… 17
貧困…………………………………… 24, 43
　──の連鎖……………………………… 47

不安定就業………………………………… 24
フードデザート………………………… 138, 156
　──対策……………………………… 205
　──問題……………………………… 190
フォーディズム……………………… 10, 12
物価………………………………… 39, 90
富裕層……………………………………… 36
プライベートブランド（PB）…… 95, 106
　──製品……………………………… 78
ブラック企業…………………………… 31
ブランド拡張…………………………… 81
ブランド消費………………… 49, 55, 56, 57, 58, 62
ブランド政策…………………………… 80
文化格差………………………………… 47
文化資本………………………………… 58
　──格差……………………………… 47
分裂型消費者…………………………… 62

平均消費性向……………………………… 73
法人税……………………………………… 44
ホームレス………………………………… 34
北陸 3 生協………………………… 159, 157
ポスト・フォーディズム………………… 16
ポストモダン……………………………… 58
本体論的病い……………………………… 59

[ま行]

マーケティング…………………………… 68
　──・ミックス………………………… 68
　──環境………………… 66, 68, 71, 82
マス・マーケット………………………… 71
まちづくり三法…………………………… 140
まちづくり政策……………… 139, 140, 153
まなざしの地獄…………………………… 58
まなざしの不在の地獄……………… 58, 59
学びからの逃走…………………………… 51, 54

見られていないかもしれない不安……… 57
民間最終消費支出………………………… 71

無関心型消費者…………………………… 62
無印良品…………………………………… 80
無店舗事業………………………………… 157
無店舗販売…………………………… 164, 168

名目消費支出……………………………… 87

モータリゼーション…………………… 205
モール的な消費………………………… 21
モジュール化…………………………… 75

[や行]

野菜輸入の構造化……………………… 110

有機農産物等に係る青果物等特別表示
　ガイドライン………………………… 112
豊かな社会の不平等…………………… 70

容器包装に係る分別収集及び再商品化の
　促進等に関する法律………………… 112
容器包装リサイクル法………………… 112

[ら行]

利便性消費……………………………… 14
流通系列化……………………………… 86

臨時雇用者……………………………… 6

累進課税………………………………… 37

冷凍食品………………………………… 161
レギュラシオン理論…………………… 21

労働環境………………………………… 31
労働基準法……………………………… 26, 44
労働者派遣業務………………………… 129

労働者派遣法…………………………… 129
労働集約的なサービス労働…………… 10
労働の質………………………………… 31
労働力の流動化………………………… 123
労働倫理………………………………… 48
露出症・窃視症共存…………………… 58

[わ行]

ワーキング・プア……………………… 3, 25

人名索引

アグリエッタ（Aglietta, M.）…………… 21
東浩紀…………………………………… 14, 17
新雅史…………………………………… 9
阿部真也………………………………… 22
石井淳蔵………………………………… 22
石原武政………………………………… 22, 155
岩間信之………………………………… 205
宇野史郎………………………………… 188
小沢雅子………………………………… 13
オルデンバーグ（Oldenburg, R.）……… 16

樫原正澄………………………………… 120
加藤義忠………………………………… 84, 135
苅谷剛彦………………………………… 53, 58
川野訓志………………………………… 205
北田暁大………………………………… 14, 17
木立真直………………………………… 188

サッセン（Sassen, S.）…………………… 10
ジジェク（Žižek, S.）…………………… 57
ジラール（Girard, R.）………………… 59
杉田聡…………………………………… 207
諏訪哲二………………………………… 49

田中大介………………………………… 15
田村正紀………………………………… 14
土井隆義………………………………… 55, 58, 60
徳野貞雄………………………………… 61, 62

バウマン（Bauman, Z.）………………… 47
速水健朗………………………………… 18
ピケティ（Piketty, T.）………………… 2
ベイトソン（Bateson, G.）……………… 62

三浦展…………………………………… 67, 81
見田宗介………………………………… 57, 59
森下二次也……………………………… 135
保田芳昭………………………………… 84, 136
ホルブルック（Holbrook, M. B.）……… 58

矢作敏行………………………………… 101
山田昌弘………………………………… 52
依田高典………………………………… 60, 61

若林幹夫………………………………… 16

〈編著者紹介〉

大野　哲明（おおの　てつあき）
　　1962年　熊本県生まれ
　　福岡大学大学院商学研究科博士課程後期満期退学
　　現在　九州産業大学商学部教授　博士（商学）

佐々木　保幸（ささき　やすゆき）
　　1965年　京都府生まれ
　　関西大学大学院商学研究科博士課程後期課程満期退学
　　現在　関西大学経済学部教授　博士（経済学）

番場　博之（ばんば　ひろゆき）
　　1966年　新潟県生まれ
　　駒澤大学大学院商学研究科博士後期課程満期退学
　　現在　駒澤大学経済学部教授　博士（商学）

平成27年10月20日　初版発行　　　《検印省略》
　　　　　　　　　　　　　　　　略称：格差流通

格差社会と現代流通

編著者	ⓒ	大　野　哲　明
		佐々木　保　幸
		番　場　博　之

発行者　　中　島　治　久

発行所　**同文舘出版株式会社**
東京都千代田区神田神保町1-41　〒101-0051
電話　営業03(3294)1801　振替00100-8-42935
　　　編集03(3294)1803　http://www.dobunkan.co.jp

Printed in Japan 2015　　　印刷：萩原印刷
　　　　　　　　　　　　　製本：萩原印刷

ISBN 978-4-495-64771-1

JCOPY　〈(社) 出版者著作権管理機構委託出版物〉
本書の無断複製は著作権法上での例外を除き禁じられています。複製される場合は、そのつど事前に、(社) 出版者著作権管理機構（電話 03-3513-6969，FAX 03-3513-6979, e-mail: info@jcopy.or.jp）の許諾を得てください。